国家自然科学基金项目（72262019）；
中国博士后科学基金第71批面上二等资助（2022M711427）；
国家社会科学基金重大项目（19ZDA121）；
教育部人文社科项目（21YJA790069）。

网络新媒体互动与公司治理

凌鸿程◎著

NEW MEDIA INTERACTION AND CORPORATE GOVERNANCE

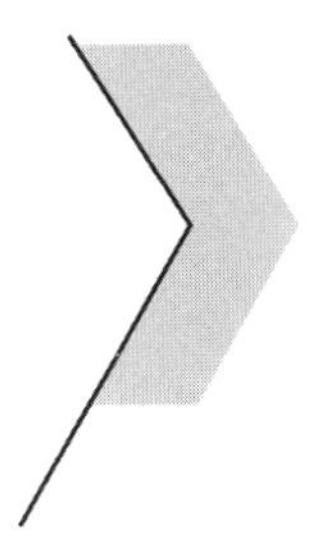

经济管理出版社
ECONOMY & MANAGEMENT PUBLISHING HOUSE

图书在版编目（CIP）数据

网络新媒体互动与公司治理/凌鸿程著.—北京：经济管理出版社，2022.12
ISBN 978-7-5096-8827-4

Ⅰ.①网… Ⅱ.①凌… Ⅲ.①互联网络—传播媒介—应用—公司—企业管理—研究—中国 Ⅳ.①F279.246-39

中国版本图书馆 CIP 数据核字(2022)第 243770 号

组稿编辑：张巧梅
责任编辑：张巧梅
责任印制：许　艳
责任校对：陈　颖

出版发行：经济管理出版社
（北京市海淀区北蜂窝 8 号中雅大厦 A 座 11 层　100038）
网　　址：www.E-mp.com.cn
电　　话：（010）51915602
印　　刷：唐山玺诚印务有限公司
经　　销：新华书店
开　　本：720mm×1000mm/16
印　　张：16
字　　数：305 千字
版　　次：2022 年 12 月第 1 版　　2022 年 12 月第 1 次印刷
书　　号：ISBN 978-7-5096-8827-4
定　　价：88.00 元

前　言

随着资本市场的不断发展，公司治理问题越来越成为学术界和实务界关注的热门话题。学者们已经从股权结构、董事会治理、高管薪酬激励等多个角度对公司治理机制进行了广泛而深入的探讨，在一定程度上为改善中国上市公司的治理水平提供了有益思路。20 世纪 90 年代，研究公司治理的学者开始将目光投向以法律为代表的外部治理机制上，认为以法律为基础的正式制度是公司治理的重要组成部分。同时有一些学者将研究视角集中在以媒体报道为代表的非正式制度上，认为媒体对公司治理具有事前约束和事后监督两种作用。得益于数字技术的快速发展，网络新媒体开始登上历史舞台，不同于传统媒体，网络新媒体是基于互联网、计算机和移动设备发展而形成的信息传播平台，具有传播范围广、开放程度高、运营成本低、使用效率高的特点，网络新媒体的快速发展对我国上市公司治理的影响存在新的特征和趋势。基于此，研究数字经济背景下网络新媒体互动的公司治理效应及作用机制，对完善中国现代公司治理制度具有重要的理论与现实意义。

本书在系统梳理媒体与公司治理相关理论与文献的基础上，结合中国国情，综合运用声誉理论、议程设置理论、沉默的螺旋理论、委托代理理论、信息不对称理论、信号传递理论，采用文献比较法、规范分析法和实证分析法，并借助 Java 编程软件，从深交所“互动易”平台收集网络新媒体互动信息。本书沿着“理论分析—实证检验—研究结论”的技术路线，着重探讨以下两方面问题：一方面网络新媒体互动对公司治理究竟有怎样的作用？另一方面网络新媒体互动是如何发挥公司治理作用的？

基于此，本书以非金融业深圳 A 股上市公司为研究对象，手工收集了 2010~2017 年投资者与上市公司在深交所“互动易”平台上的互动数据，构造了上市公司网络新媒体互动指标，检验了网络新媒体互动的公司治理效应及其内在机理。具体来说，第一步，使用企业经营绩效和企业创新活动作为治理效率的代理变量，检验了网络新媒体互动的价值效应和创新效应。第二步，基于媒体治理理论和公司治理理论，从三个方面考察了网络新媒体互动的公司治理效应的内在机理。首先，从网络新媒体互动的压力效应出发，考察网络新媒体互动对管理层盈余预告精确度及年报披露时滞的影响。其次，从网络新媒体互动的信息披露效应出发，考察网络新媒体互动对企业信息透明度的影响。最后，从网络新媒体互动的监督效应出发，考察网络新媒体互动对企业盈余管理的影响。

本书的主要研究结论如下：

第一，网络新媒体互动具有公司治理效应。具体来说，投资者与上市公司之间的网络新媒体互动越多、越广、越深，企业短期经营绩效和长期经营绩效就越好，具有价值效应；网络新媒体互动不仅有助于提高企业创新投入强度，还有助于提高企业创新专利产出，具有创新效应；网络新媒体互动的价值效应和创新效应在非国有企业中更加显著。

第二，网络新媒体互动具有压力效应。从盈余预告精确度来看：投资者与上市公司之间的网络新媒体互动，提高了管理层业绩敏感度，降低了年度盈余预告精确度，具有压力效应；在不同盈余预测性质企业中，网络新媒体互动对盈余预告精确度的影响具有非对称性，即“好消息”的盈余预告可以抑制网络新媒体互动对盈余预告产生的不利影响；网络新媒体互动对管理层盈余预告精确度的影响在非国有企业中更加显著。从年报披露时滞来看：投资者与上市公司之间的网络新媒体互动降低了年报披露时滞，提高了年报披露及时性，具有压力效应；网络新媒体互动对年报披露时滞的影响具有异质性，即网络新媒体互动对年报披露时滞的抑制作用在非国有企业、盈利企业、外部监管较弱的企业、内部激励较强的企业中更加突出。

第三，网络新媒体互动具有信息披露效应。本书检验了网络新媒体互动对企业信息透明度的影响，发现网络新媒体互动提高了企业信息透明度，具有信息披露效应。进一步研究发现，网络新媒体互动的信息披露效应具有异质性，即网络新媒体互动对企业信息透明度的提高作用在非国有企业、盈利企业、“十大”审计企业、管理层权力较大的企业中表现更加明显。

第四，网络新媒体互动具有监督效应。本书检验了网络新媒体互动对企业盈余管理的影响，发现网络新媒体互动不仅能够降低管理层应计盈余管理，还能够降低管理层真实盈余管理，具有监督效应。进一步研究发现，网络新媒体互动的监督效应具有异质性，即网络新媒体互动的监督效应在非国有企业、管理层权力较大的企业中更加显著。

本书的研究结果表明，网络新媒体互动促进了公司治理水平的提高，具有公司治理效应。同时本书的研究结论对于拓展公司治理方面的研究范畴，以及深化对新媒体治理、自愿性信息披露的认识具有重要的理论意义，也对监管部门、上市公司和投资者充分利用网络新媒体技术提高公司治理水平具有重要的现实意义。

目　录

第一章　绪论

第一节　选题背景

一、现实背景

所有权和经营权分离是现代公司制度的重要特征，也是公司治理问题产生的根源。由于所有者和经营者利益的不一致，经营者不可能按照所有者利益最大化的原则进行决策，而是通过偷懒、在职消费（Jensen and Meckling，1976）、非效率投资（Bertrand and Mullainathan，2003）、构建帝国（Jensen，1986）等方式谋取私利。Habib 和 Ljungqvist（2005）的研究发现委托代理问题导致美国上市公司的企业价值损失大约为 14.32 亿美元。根据世界银行发布的《2017 年营商环境报告》，中国中小投资者保护水平在全部 190 个国家和地区中位列第 119 位。鉴于我国投资者保护水平较差，委托代理问题导致的后果更加严重，如平新乔等（2003）就发现中国国有企业因委托代理问题，导致企业效率仅为 30%~40%。

中国作为新兴市场国家，其证券市场有两个明显特点：一是从整体上来看，证券市场的信息披露质量较差，执法效率较低，投资者的投资活动常常受到噪声的影响（Allen 等，2005；王亚平等，2009）。二是市场参与者与西方发达国家不同，发达国家市场参与者以机构投资者为主，中国市场参与者则以散户为主。根据中国证券登记结算有限公司 2015 年统计年报，截至 2015 年底，自然人投资者中，持股市值在“1 万~10 万”的最多，共有 2432.3 万户，占比 48.48%；其次是持股市值在“1 万以下”的有 1161.2 万户，占比 23.15%。也就是说按照新版分类标准，“持股市值 10 万以下”的自然人合计 3593.5 万户，占比 71.63%。个人投资者远远高于专业机构投资者，但是个人投资者信息获取渠道较少，很少有机会能够与上市公司管理层进行沟通，导致个人投资者在投资者决策中处于信息劣势（Bradshaw，2011）。

虽然我国相关机构对于中小投资者保护的重视程度日益增强，但我国上市公司的违法违规行为并未得到有效遏制，上海证券交易所2015年1月发布的报告指出，2001~2013年为股东创造价值的公司数虽然从272家上升至774家，但损害股东价值的公司数却从2001年的813家迅速增加到2013年的1835家。由此可见，我国中小投资者的保护形势是严峻的。

证券期货业信息化工作领导小组办公室《资本市场信息化建设总体规划（2014—2020）》明确指出："2020年资本市场信息化建设的总体目标是：全面建设世界一流的资本市场信息系统。"为了进一步提高投资者与上市公司沟通的有效性和及时性，深圳证券交易所在2010年1月无偿向市场参与主体（主要是上市公司和投资者）推出了"投资者互动关系"平台，在次年升级为深圳证券"互动易"平台。这是我国资本市场首次利用互联网技术，为投资者与上市公司之间的沟通提供了一个方便、快捷、集中的互动平台。这一平台的搭建为投资者获取和解读上市公司信息提供了便利，有助于投资者从浩如烟海的繁杂信息中获取有用信息。深圳证券"互动易"平台推出的目的在于促进投资者等各市场参与主体与上市公司之间的信息沟通，不仅有助于投资者与上市公司实现"零距离"接触，也为市场化监管方式找到了创新的落脚点。上海证券交易所也在2013年7月推出了类似的网络新媒体互动平台——"上证e互动"平台。

深交所推出的"互动易"平台从本质上来看就是网络新媒体，它有助于实现投资者和上市公司的双赢目标：对于投资者而言，有助于他们及时准确地了解上市公司信息，改善决策的非理性行为，降低投资风险，特别是对于中小投资者；对于上市公司而言，投资者的反馈信息有助于了解投资者的利益诉求，及时调整公司战略，以便更好地为股东创造价值。

综上所述，虽然我国资本市场规模扩张迅速，但质疑资本市场是"圈钱市""政策市"的声音不断出现，监管层被动的局面未得到根本改善，其监管效果不理想。因此，构建多层次的公司治理机制，提高投资者保护水平，维护投资者权益依然任重道远。

二、理论背景

自从公司治理问题被发现后，学者们首先将研究视角转向契约论，并在较长的一段时间之内占据主导地位。他们认为只要公司治理结构良好，因所有权和经营权分离所导致的委托代理问题就将得到解决。因此，他们主张监管部门和管理层将注意力放在优化董事会、调整股权结构以及改善激励机制等内部治理机制上，试图以此推进公司治理水平。直到拉波塔、洛配兹·西拉内斯、安德烈·施莱弗和罗伯特·维什尼四位学者（简称 LLSV）在 20 世纪 90 年代发表的一系列“法与金融”的文献中，对契约论提出强烈质疑，强调法律在公司治理中发挥了至关重要的作用，并由此奠定了公司治理的法律论基础。随后，国内外学者开始围绕社会规范、文化、宗教、媒体、税务等外部治理机制来研究公司治理问题（Coffee，2001；Stulz and Williamson，2003；Dyck and Zingales，2004；郑志刚，2007；李培功和沈艺峰，2010；陈冬华等，2013）。

有关媒体参与公司治理的文献始于 Dyck 和 Zingales 在 2003 年发表的一篇有关媒体与资本市场的文献，随后吸引了金融经济学领域的大量学者从事媒体的公司治理效应研究，并在理论界和实践中产生了强烈反响。国内外学者围绕媒体报道是否具有公司治理功能及其内在机理进行了许多研究，并逐步分化为两大基本阵营。一部分学者认为媒体能够发挥公司治理效应：首先，媒体具有信息传播功能，在公司治理中扮演着“看守人”的角色，能够识别各个行为主体的行为，并对违规行为及时曝光（Miller，2006；Dyck 等，2010；李培功和沈艺峰，2010；醋卫华和李培功，2012；胡芳，2015）；其次，媒体报道具有降低信息不对称、提高信息透明度的作用，最终提高了公司治理水平（Dyck and Zingales，2004；Joe 等，2009；Bednar，2012；杨德明和赵璨，2012；李培功和沈艺峰，2010；孔东民等，2013）。

另一部分学者则对媒体能否发挥公司治理效应提出了质疑，认为媒体本身存在缺陷，其作用不应该被夸大，应当客观理性地分析。石研（2010）认为由于内部功能和外部条件的不足，可能存在媒体传播失灵的问题，即无法实现信息资源的最佳配置。孔东民等（2013）以及李培功和徐淑美（2013）认为媒体受到政府和其他利益集团的影响，无法做出客观公正的报道，由此削弱了公司治理的作用。

随着网络技术的发展，上市公司开始采取积极主动的策略来管理媒体报道和公司舆情，积极参与到与投资者互动的过程中去。网络技术在资本市场中的应用，降低了投资者的信息收集成本，提高了投资者的信息获取和解读能力，有助于纠正有偏信息对投资者的误导（吴璇等，2017；丁慧等，2018）。既然传统媒体的治理效应研究结论形成了针锋相对的两个阵营，那么随着网络新媒体技术的出现，公司掌握了更多信息披露的主动权，投资者的信息收集能力也大为改善，那么网络新媒体技术的出现对公司治理将产生怎样的影响？这一问题值得深入系统地研究。

第二节　问题提出与研究意义

一、问题提出

从现实背景和理论背景的分析中可以发现，中国资本市场发展迅速，投资群体日益壮大，特别是中小投资者日益壮大。但中小投资者处于既被动又弱势的地位，不仅要遭受管理层内幕交易、违规行为的侵害，还要遭受大股东违规使用资金的侵害，他们的利益难以得到有效保护。继“法与金融”流派出现以后，学术界掀起了一股研究公司外部治理机制的热潮。媒体治理属于公司外部治理机制的重要内容，是被称为独立于立法、行政、司法的“第四权力”，媒体在资本市场能否发挥作用受到学者们的强烈关注。但学者们对于媒体是否具有公司治理效应的观点并不一致，其作用机理有待进一步探讨。更进一步，随着网络技术的发展，网络新媒体的影响力逐渐超过了传统媒体，而且网络新媒体为信息发布者与受众之间提供了沟通渠道，提高了投资者的信息获取和解读能力。因此，这就决定了不能简单直接地将有关传统媒体治理的理论和观点移植到网络新媒体的公司治理效应研究中去。鉴于此，本书提出了以下研究问题并尝试做出回答：

首先，在资本市场不成熟，法律制度不完善，公司内部治理机制存在缺陷的中国，网络新媒体互动能否发挥公司治理效应？具体来说，网络新媒体互动是否具有价值效应，对企业经营绩效的影响如何？又是否具有创新效应，对企业创新活动的影响又如何？

其次，如果网络新媒体互动能够发挥公司治理效应，那么其发挥治理效应的内在机理是什么？具体来说，上市公司能否通过网络新媒体互动感知来自投资者的压力？管理层感知到投资者的压力后，又会对其行为产生怎样的影响？网络新媒体互动能否发挥信息披露效应？若能发挥信息披露效应，是否具有监督效应？对企业盈余管理又有怎样的影响？

本书将通过梳理理论和文献，阐述制度背景，理论分析并实证检验网络新媒体互动的公司治理效应及其内在机理，以期从更广阔的视角为公司治理研究提供新的思路、发展新的对策。

二、研究意义

公司治理是现代公司制度运行的核心，也是近年来理论界和实务界关注的焦点。监管部门为此构建了多层次的监管体系，学者们也试图通过理论研究和实证检验为提高公司治理水平建言献策。但到目前为止，公司治理水平依然不尽如人意，有关公司治理的研究仍处于发展阶段。本书属于媒体传播学和公司治理的交叉领域，对公司治理机制的改革和创新具有重要的理论与现实意义。

（一）理论意义

在理论上，网络新媒体互动可能影响股票的市场价值和投资者的潜在评价，具有重要的理论意义。

首先，有助于拓宽公司治理的研究视角。近年来国外学者开始关注外部治理机制对公司治理的影响，但国内有关公司治理的研究仍然集中于法律制度框架内的因素，较少从媒体等视角考察法律外制度对公司治理的影响。法律制度可以实现对投资者的保护，但其效果依赖于外生的制度环境。法律外制度是公司内部治理的延伸，是公司治理体系的重要组成部分。本书重点考察网络新媒体互动是否具有公司治理效应，并分析其内在机理，有助于拓展公司治理方面的研究范畴，深化我国公司外部治理机制的认识。

其次，有助于深化自愿性信息披露对公司治理的认识。Gibbins 等（1992）认为企业信息披露包括强制性信息披露和自愿性信息披露。财务指标属于强制性信息披露的重要内容，是对公司过去业绩的总结概括。强制性信息披露只能满足投资者的基本信息需求，但投资者更关注的是能够反映企业未来发展状况的非财务指标。随着资本市场的不断发展，投资者对涉及企业未来盈利潜力的非财务信息有着更加强烈的需求。网络新媒体互动是企业自愿性信息披露的重要方面，在互动过程中可以向投资者披露更加详细的非财务信息。目前有关企业信息披露的研究大都基于强制性信息披露，鲜有研究关注自愿性信息披露对公司治理的影响。本书将自愿性信息披露和公司治理纳入统一框架下进行研究，为深入探讨两者之间的关系提供了有益思考。

最后，有助于丰富新媒体治理方面的研究。目前学术界有关媒体能否发挥公司治理效应尚无统一结论，其治理作用的实现受到诸多方面的影响。随着网络新技术的发展，网络新媒体开始出现，打破了传统媒体的信息垄断局面。基于我国转型经济的特殊制度背景，研究网络新媒体的公司治理效应具有重要的理论意义。一方面网络新媒体的信息传播迅速且覆盖面广，很容易在短期内形成巨大的舆论压力；另一方面网络新媒体目前缺乏监管，充斥着各种谣言。本书研究了网络新媒体互动的公司治理效应及其内在机理，有助于揭示新媒体发挥公司治理效应的深层次原因。

（二）实践意义

投资者作为企业权益资本的提供者，是资本市场的活跃主体。随着资本市场的不断发展，原有的市场供求关系发生了巨大的变化。在我国，投资者的交易行为日渐成熟，他们开始重视公司投资价值分析，对公司的关注不再仅仅停留在财务信息层面上，而对公司经营模式、经营战略等深层次信息有了更多关注。因此，要赢得现代资本市场的胜利，企业就必须通过各个渠道加强与投资者的信息交流。

首先，对监管层而言，可以为相关部门在制定政策措施、提高公司治理水平方面提供有益的参考。监管部门要加强对“互动易”平台的监管，并借助此平台约束管理层行为，杜绝谣言和小道消息，保护投资者利益，实现监管机制的创新。

其次，对上市公司而言，研究结果表明网络新媒体互动将对公司形成无形的压力和监督，提高互动沟通的质量是实现治理创新的关键。企业信息透明度的提高有助于改善公司与代理人之间的关系，赢得外部投资者的信任。因此上市公司应当积极主动向外界披露信息，同时也要加强对自身行为的约束，提高在资本市场中的竞争力。

最后，对于投资者而言，网络新媒体互动是投资者获取企业信息的一条重要渠道，提高了投资者获取信息的效率。通过积极主动的互动沟通，投资者可以获得更加详细的企业经营战略和管理政策信息，从而更好地了解公司和投资风险，为其科学理性的决策提供依据。

第三节　研究思路与研究方法

一、研究思路

从理论上讲，新闻媒体特有的传播功能将对资本市场产生影响，不仅能降低资本市场的信息不对称，还能影响投资者和管理层行为。新闻媒体的信息挖掘功能不仅能及时地将上市公司信息向大众公布，而且也能更好地完善公司外部治理机制。从实践来看，无论是国内媒体还是国外媒体，无论是传统媒体还是网络新媒体，有关上市公司的媒体报道比比皆是，这些媒体报道使上市公司的决策和运营更加透明化。与传统媒体相比，网络新媒体具有低成本和“裂变式”传播的优势，能够形成强大的社会影响力。网络新媒体在降低信息搜集成本和传播成本的同时，还能够解决“理性忽视悖论”，为投资者决策提供帮助，已逐渐成为上市公司信息发布和投资者关系管理的重要渠道。

本书在研究网络新媒体互动的公司治理效应及其内在机理的过程中，综合运用媒体传播学理论和公司治理理论，沿着“理论分析—实证检验—研究结论”的技术路线，对选题进行了深入研究。本书的逻辑框架如图 1-1 所示。首先，对现

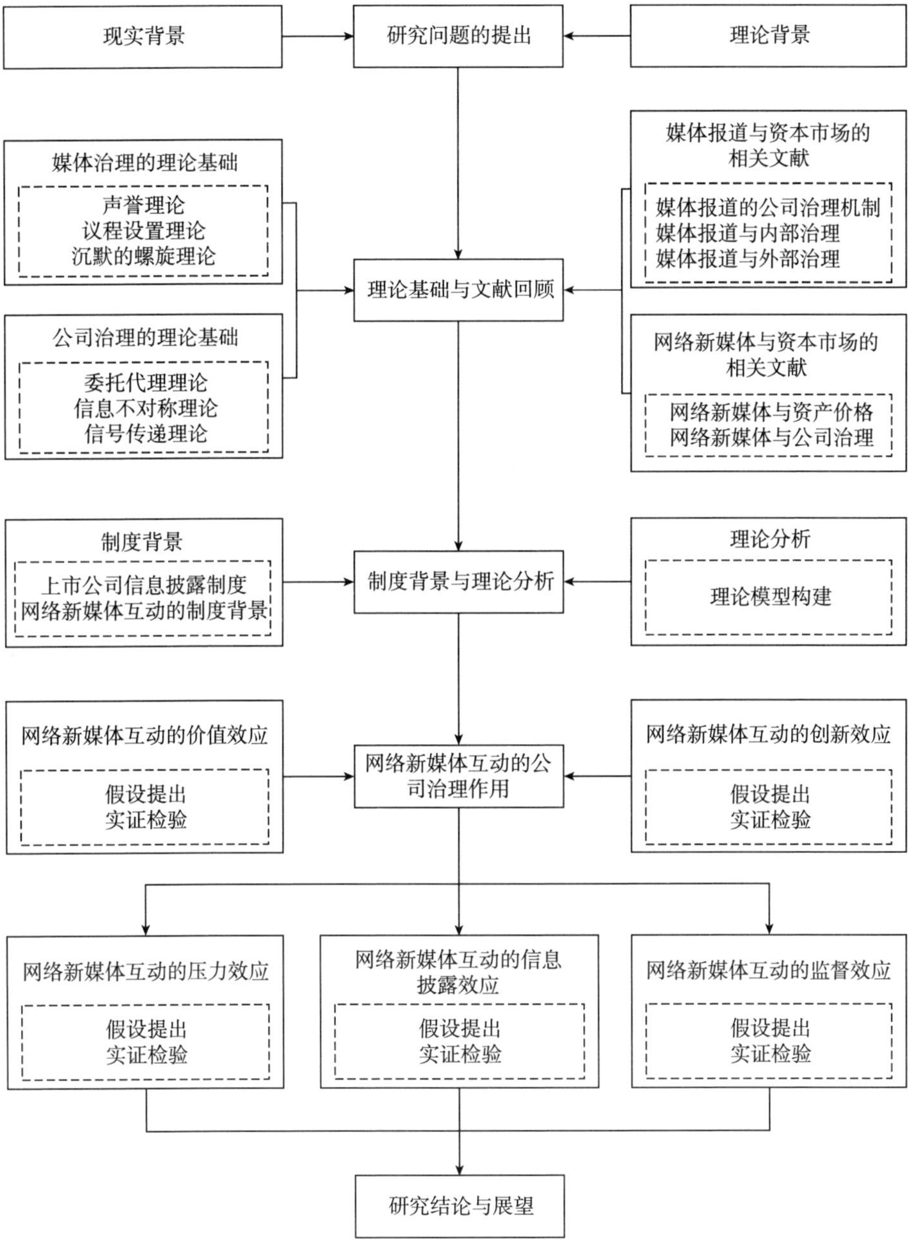

现实背景
研究问题的提出
理论背景

媒体治理的理论基础
声誉理论
议程设置理论
沉默的螺旋理论

公司治理的理论基础
委托代理理论
信息不对称理论
信号传递理论

理论基础与文献回顾

媒体报道与资本市场的相关文献
媒体报道的公司治理机制
媒体报道与内部治理
媒体报道与外部治理

网络新媒体与资本市场的相关文献
网络新媒体与资产价格
网络新媒体与公司治理

制度背景
上市公司信息披露制度
网络新媒体互动的制度背景

制度背景与理论分析

理论分析
理论模型构建

网络新媒体互动的价值效应
假设提出
实证检验

网络新媒体互动的公司治理作用

网络新媒体互动的创新效应
假设提出
实证检验

网络新媒体互动的压力效应
假设提出
实证检验

网络新媒体互动的信息披露效应
假设提出
实证检验

网络新媒体互动的监督效应
假设提出
实证检验

研究结论与展望

图 1-1　逻辑框架

实背景和理论背景进行分析，并提出了本书的研究问题、指出研究意义。其次，对我国上市公司的信息披露制度进行分析，结合实际情况对现行信息披露制度存在的问题进行了探讨。更进一步，对我国上市公司利用网络新媒体技术进行互动沟通的背景与现状进行了总结，比较分析了网络新媒体与传统媒体的差异，在此基础上构建了网络新媒体互动与盈余管理之间的理论模型。接下来，在理论分析的基础上，系统地检验网络新媒体互动的公司治理效应，实证检验主要分两步展开：第一步检验网络新媒体互动是否具有公司治理效应。具体来说检验网络新媒体互动是否存在价值效应，即网络新媒体互动是否能够提升企业经营绩效；检验网络新媒体互动是否具有创新效应，即网络新媒体互动是否能够改善企业创新绩效。这是本书实证研究检验的逻辑起点，如果未能通过，即网络新媒体互动不具有公司治理效应的话，后续研究将无法继续展开。第二步检验网络新媒体互动发挥公司治理效应的内在机理，具体来说检验网络新媒体互动是否存在压力效应，即网络新媒体互动是否会影响企业盈余预告精确度，又是否会影响年报披露时滞，以明确上市公司管理层能否感受到网络新媒体互动过程中来自投资者的压力；检验网络新媒体互动是否具有信息披露效应，即网络新媒体互动是否会影响企业信息透明度，以明确在网络新媒体互动下，投资者获取到的信息是否更加透明；检验网络新媒体互动是否具有监督效应，即网络新媒体互动是否影响企业盈余管理，以明确在网络新媒体互动下，管理层的盈余操纵行为是否得到抑制。这也是本书的核心研究问题。最后，根据本书的研究结论，提出相关的政策建议。实证研究过程均遵循以下路径：先进行理论分析，再提出研究假设，继而定义变量并构建计量模型、报告结果并进行分析讨论、稳健性检验，最后得出研究结论。

二、研究方法

本书将规范研究与实证研究相结合、定性分析与定量分析相结合、理论研究与政策建议相结合，对网络新媒体互动的公司治理效应及其内在机理进行了深入研究。本书所采用的主要研究方法如下：

（一）文献比较法

通过知网、谷歌学术、Elsevier、Wiley、EBSCO 等数据库查找相关文献，对国内外有关媒体报道的信息传播功能、媒体报道的公司治理机制、媒体报道与内部治理、媒体报道与外部治理、媒体报道与公司治理效应、网络新媒体与资产价格、网络新媒体与公司治理的文献进行比较分析，洞悉文献演变过程，为进一步构建理论假设提供支持。

（二）规范分析法

规范分析法是讨论经济社会应该怎样运行的方法，即对客观事物“应该是什

么”的陈述和规定，蕴含着对事物“好”或“坏”的价值判断。规范研究通过对经济社会运行的过程与结果进行理论分析，从而回答经济社会“应该是什么”的问题，并由此找到解决经济社会问题的对策。在本书中，对网络新媒体互动与公司治理机制“应该是什么”的问题给出了自己的看法。

（三）实证分析法

不同于规范分析，实证分析是讨论经济社会实际怎么运行的方法，是对客观事物“实际是什么”的陈述和分析，并不包含个人的价值判断。实证研究并不能回答经济社会运行是“好”还是“坏”，而是在分析经济社会运行规律的基础上，说明经济现象“实际是什么”。实证分析法包括理论实证和经验实证，前者是对事实现象的理论分析与归纳，后者则是通过统计、分析和处理大量的事实与数据来检验理论实证得到的假说。例如，本书对网络新媒体互动与盈余管理的关系既进行了理论分析，又运用上市公司的数据进行实证检验，从而能够把握网络新媒体互动与公司治理之间的关系。

第四节 研究内容与创新之处

一、研究内容

本书在对网络新媒体互动与公司治理关系的研究过程中，综合运用声誉理论、议程设置理论、沉默的螺旋理论、委托代理理论、信息不对称理论、信号传递理论等，采用文献比较法、规范分析法和实证分析法等研究方法，沿着“理论分析—实证检验—研究结论”的技术路线，对选题进行深入的研究。根据以上思路，本书分为八个章进行论述，具体安排如下：

第一章为绪论，主要阐述本书选题的理论背景和现实背景，提出研究问题和研究意义，明确研究思路，介绍研究方法，展示研究内容和可能的创新点。

第二章为理论基础与文献回顾，本章首先回顾了媒体治理和公司治理的理论基础，随后介绍国内外有关媒体报道与资本市场的主要研究成果，然后介绍了有关网络新媒体与资本市场的相关研究。

第三章为制度背景与理论分析，本章首先介绍了我国上市公司的信息披露制度，讨论网络新媒体与传统媒体的差异，分析“互动易”平台的运行现状。最后从委托代理理论出发，构建了一个网络新媒体互动与盈余管理的理论模型，为后文的实证分析提供理论基础。

第四章实证检验网络新媒体互动的公司治理效应。主要从企业经营绩效和创新活动两方面考察网络新媒体互动对公司治理的影响。为此，首先提出了研究假设，其次构建计量模型检验，最后对回归结果进行分析讨论以及稳健性检验。

第五章实证检验网络新媒体互动的压力效应。需要解决的问题包括网络新媒体互动是否影响了管理层盈余预告精确度，网络新媒体互动是否降低了年报信息披露时滞。为此，本书首先进行理论分析并提出研究假设，其次构建计量模型检验上述假设，最后报告回归结果并使用 2SLS 工具变量法进行稳健性检验。

第六章实证检验网络新媒体互动的信息披露效应。主要考察网络新媒体互动是否影响了企业信息披露考评结果。为此，首先构建研究假设，其次设置计量模型，最后根据实证结果进行分析讨论并进行企业异质性检验。

第七章实证检验网络新媒体互动的监督效应。主要考察网络新媒体互动是否影响了企业盈余管理，包括应计盈余管理和真实盈余管理。为此，首先构建研究假设，其次构建计量模型，最后根据实证结果进行分析讨论并进行必要的稳健性检验。

第八章为研究结论与政策建议，内容包括总结前文的主要研究结论，根据研究结果提出政策建议，最后指出本书的局限性和研究展望。

二、创新之处

本书通过系统地梳理有关媒体报道与公司治理的相关理论与文献，深入剖析了我国上市公司信息披露的特点以及“互动易”平台推出的制度背景，细致地考察了我国网络新媒体互动的公司治理效应及其内在机理，并力图在以下几个方面有所贡献和创新：

第一，在研究视角方面，突破了传统的研究范式，将网络新媒体互动与公司治理纳入统一框架进行探讨，为解决公司治理问题提供了一个崭新的切入点。以往对公司治理的研究主要从股权结构、法律制度等方面出发寻找答案。但在经济转型制度背景下，我国市场机制不完善、法律制度不健全使得投资者利益无法得到充分保障，因此必须从更加广阔的视角来寻找新的公司治理机制。近年来，媒体在经济社会中的作用越来越受到重视，随着 Web 2.0 时代的到来，媒体行业也发生了翻天覆地的变化，网络新媒体时代实际上就是“全民记者时代”。学术界将媒介效应研究从传播学领域拓展到金融领域，开始关注媒体在资本市场中的作用。但较为遗憾的是，目前的研究对象仅仅局限在传统媒体上，并未对网络新媒体互动的治理效应有更多关注。鉴于此，本书在理论分析、假设检验及结果讨论中更加强调网络新媒体的互动性，希望能够系统地阐释网络新媒体互动的公司治理效应及其内在机理，进而能够拓展现有研究。

第二，在研究方法上，本书搜集了 2010～2017 年较长时间跨度的数据，全部互动记录超过 200 万条，实现了网络新媒体互动的大样本实证研究。综观现有文献，尽管在媒体效应方面取得了一些经验研究证据，但主要集中在传统媒体上，而且大多采用小样本或案例研究的方法，基于大样本的网络新媒体互动研究则较为缺乏。本书借助 Java 编程软件搜集了大量的网络新媒体互动记录，不仅保障了研究结果的可靠性，还为现有研究做出了一些有益补充。

第三，在研究内容上，本书对现有文献的贡献有以下几点：

（1）本书研究了网络新媒体互动的公司治理效应及其内在机理。首先本书构建了一个网络新媒体互动作用于盈余管理的理论模型，其次探讨了网络新媒体互动的价值效应和创新效应，最后检验了网络新媒体互动的压力效应、信息披露效应和监督效应。由此形成了针对网络新媒体互动实现治理效应的完整因果分析链条，有助于深入理解网络新媒体互动发挥公司治理作用的内在机理。

（2）本书在讨论网络新媒体互动的公司治理效应时，对所有权等异质性带来的可能影响进行了深入研究，进一步丰富了媒体效应方面的研究成果。本书的实证研究结果表明，在不同所有权性质的情境下，网络新媒体互动的压力效应、信息披露效应和监督效应存在差异，因此网络新媒体互动的公司治理效应也受到所有权性质的影响。以上研究结果表明，在研究网络新媒体效应时，有必要区分所有权性质，对现有研究具有一定的借鉴意义。

（3）本书结论很好地契合了目前的现实情况，为相关部门更加全面地理解网络新媒体互动的定位和构建良好的资本市场信息环境提供经验证据。现有文献关于媒体治理效应的结论并非完全一致，而是初步分化为两大对立阵营。本书的研究结果显示出与现有文献的不同，虽然网络新媒体互动的监督效应能够弥补法律制度的不足，但网络新媒体互动的压力效应可能会导致管理层降低盈余预告的精确度。

第二章 理论基础与文献回顾

第一节 媒体治理的理论基础

一、声誉理论

在 20 世纪 80 年代，经济学家发现声誉可以作为保证契约执行的隐形机制，能够对代理人起到约束和激励的作用。1982 年 Kreps、Milgrom、Roberts 和 Wilson 四位学者构建了一个标准的声誉模型，即 KMRW 模型（Kreps 等，1982），他们认为在不完全信息的有限次重复博弈中，经理人为了获得长期利益，无论是本性欺诈还是本性诚实的个体都通过激励建立“诚实”的声誉，最终付出更大的努力达到最优水平。Barney（1991）认为声誉具有稀缺性、不完全模仿性和非替代性的特点，是一项重要的无形资产。声誉是长期动态博弈的结果，具有可交易性，不同经济主体均可从声誉交易中获益，因此声誉需要建立并维持（Klein and Leffler，1981；Mailath and Samuelson，2001）。

声誉的主体既可以是集体也可以是个人（Tsui and Gutek，1984）。集体声誉主要是指组织或公司的声誉。Fombrun（1996）认为公司声誉在公司与利益相关者的互动交易中产生，而且公司声誉可以在利益相关者之间传播扩散开来。Fombrun 和 Shanley（1990）、Roberts 和 Dowling（2002）等研究了公司声誉与企业可持续竞争之间的关系，发现公司声誉有助于企业长期保持超额利润。Deephouse（2000）的研究发现，企业声誉与企业业绩之间存在较强的相关性。Hall 和 Liebman（1998）认为公司声誉被 CEO 当作最重要的资源。较高的声誉可以为企业带来额外收益，例如吸引投资者和消费者（Fombrun，1996）、降低资本成本（Beatty and Ritter，1986）等。

个体在日常生活中，可以通过许多事情来构建个体声誉；但是在工作中，主要通过高效履行工作职责、与他人的合作性和助益性等方面体现个体声誉。Baumeister（1982）认为绝大部分个体都希望在工作中构建一种积极的形象。Anderson 和 Shirako（2008）认为声誉并不是瞬间完成的，而是随着时间的推移慢慢形成的，声誉与个体的历史行为相关，并通过个体独特的一致性行为体现出来。Zinko 等（2012）认为声誉的前置因素是人力资本、个体能力等，声誉的结果是自主性、权力、成功等。Ferris 等（2003）认为声誉实际上是一种“信号”，它有助于降低个体的不确定性。

新制度经济学理论认为，资本市场对个人声誉和公司声誉的重视有助于抑制经理人的道德风险。Fama（1980）认为个人声誉对经理人的意义非常重大，经理人的声誉决定了他未来的工作和薪资，声誉较高的经理人在未来更有可能获得更好的工作机会和更高的薪资水平。Dyck 等（2008）的研究结果表明，媒体报道将经理人的声誉和投资者利益联系起来，有助于投资者在监督经理人时克服“理性的无知”问题，提高了经理人对投资者利益的敏感性。管理层迫于媒体曝光形成的声誉压力，有动力去维护个人声誉和公司形象，进而发挥治理作用。

二、议程设置理论

议程设置理论是传播学领域提出的一个重要理论，是大众传播媒介影响社会的重要方式。该理论的思想渊源可追溯到 Lippmann 于 1922 年出版的《公众舆论》一书，他指出“大众媒体是连接社会事件与我们头脑中图像的最关键因素”。他认为舆论的反应是针对媒介创造的拟态环境，虽然他并没有正式提出“议程设置”的概念，但已经触及“议程设置”的核心。20 世纪 50 年代认知心理学的发展为议程设置理论提供了新的证据，大众媒介对传播效果的研究开始转向更为复杂微妙的个人和社会心理过程。1963 年，Cohen 出版了《新闻与外交政策》一书，书中指出“媒体并不一定能够成功地说服人们该思考什么问题，但是可以相当成功地说服它的读者去思考什么问题”。人们对世界的看法取决于大众媒体给读者描绘了一个怎样的印象。议程设置作为概念体系正式提出是在 1972 年，Mccombs 和 Shaw 在《舆论季刊》上发表的《大众传播的议程设置功能》一文，他们分别对 1968 年和 1972 年查普希尔地区的政治选举进行了研究，发现了媒体议程、公众议程和政策议程之间的联系，认为议程流向是媒体议程影响公众议程，这证实了 Cohen 等提出议程设置的设想。

随后新闻传播学领域便按照这一议程流向范式进行了深入研究。Shaw 和 Mccombs（1977）与 Winter 和 Eyal（1981）的研究发现媒介类型、媒介价值观和报道时间长短都会影响议程设置的社会效果。Palmgreen 和 Clarke（1977）发现全国性的议程设置效果比地方的好。Shaw 和 Mccombs（1977）发现议程设置效果会随着人际交流增多而削弱，而且媒介议程与公众议程的最佳匹配时间平均为 3 周。关于谁在主导议程设置方面，Murdock（1975）发现新闻媒体工作者对于塑造拟态环境发挥了重要作用。Westley（2006）认为主导议程设置的可能是特殊利益集团或压力集团。Mrogers 和 Wdearing（1988）认为完整的议程设置过程应当包括媒体议程、公众议程和政策议程。此外，Fortunato（2000）研究了 NBA 如何运用议程设置理论吸引公众注意力，Carroll 和 Mccombs（2003）发现媒体报道与企业声誉显著相关。

大众媒体议程设置可以通过影响大众信息占有和大众认为事件的重要性来影响大众行为，其途径主要有以下三个：一是认知模式，媒体可以选择性地报道或不报道某个议题，从而影响大众对议题的感知；二是凸显性模式，媒体可以通过凸显少数议题来引起大众的特别重视；三是优先顺序模式，媒体可以按照一定的优先顺序，对不同议题给予不同程度的报道，来影响大众对这些议题重要性的排序。

大众媒体主要从以下三个方面来影响人们对现实的认识：一是共鸣效果，即不同媒介的报道内容非常相似，这种“和音”是基于媒体工作者价值判断的一致性、报道内容的一致性造成的。它可以减弱公众选择性感知，加强媒体的作用，其误导作用也更强。二是累积效果，即媒体跨节目、跨时间不断重复有关报道。例如我们早上在报纸上看到了报道，开车上班路上的广播也在报道，晚上的电视新闻依然在报道。三是遍在效果，即我们可以非常容易地接触到媒体发布的信息，媒体在我们生活中普遍存在。

三、沉默的螺旋理论

沉默的螺旋理论来自 1974 年德国著名传播学者 Neumann 在《传播学刊》上发表的一篇论文，随后这个理论便迅速扩散到世界各地。该理论认为当人们发现自己的观点和大众观点一致时，倾向于积极表达自己的观点，并有勇气扩散这个观点；但是当人们发现自己的观点和大众观点相左时（没有人应和，甚至会遭受群起而攻之的时候），倾向于保持沉默。最终意见一方的沉默会造成另一方意见的增势，然后如此循环下去，便造成增势一方支持的声音越来越大，而另一方却越来越沉默，恰似一个上大下小的螺旋发展过程。沉默的螺旋理论的前提假设是大多数人会为了避免被孤立，而不发表自己独特的意见或与主流意识形态相悖的见解。

当个人表达自己意见时，需要不断考虑周围的意见分布情况（即意见气候）。大众媒体对于塑造意见气候的作用很大，因此人们可以借助媒介来形成自己的意见。随着现代媒介的不断发展，人们可以很方便地接触到各种媒介。在通常情况下，人们认为媒介上呈现的信息和观点就是主流的大众观点，于是人们在表达自己意见时倾向于采用媒介上的内容和观点，这加快了媒介观点的传播和扩散。但是如果自己意见和媒体呈现的观点不同时，人们为了避免孤立通常选择沉默。

Neumann 提出的该理论是以电视、报纸等传统媒体为主的时代。但在现代信息社会中，人们的行为方式、生活方式以及价值观念，乃至整个社会结构、社会形态都在发生改变。在网络中，人们可以通过各种途径发表自己的意见，比如电子邮件、BBS、博客、微博等，人们由最初的信息传递转化为思想共享。互联网传播过程中传播者和接收者的匿名性就决定了网络用户之间很难形成亲密的关系，这种匿名性可以使人获得一定的安全感，鼓励用户在网络中积极表达意见。网络在很大程度上满足了人们表达意见的欲望，一些在现实世界中很沉默、很内向的人却在网上积极参与讨论。人们在互联网环境下表达自己意见时不会感受到与现实生活中一样的社会群体压力，也不会因为害怕被孤立而变得沉默，于是一些学者认为“沉默的螺旋”在网络传播中可能会出现失灵，但也有一些学者认为“沉默的螺旋”在网络传播中依然以其他形式存在。但不管怎样，他们的分析都是以“沉默的螺旋”理论的核心假设作为切入点的。

第二节　公司治理的理论基础

一、委托代理理论

公司所有权和经营权的分离是委托代理问题产生的根源，委托代理问题是公司治理中最基本的问题。在股权分散的情况下，所有者和经理人之间的矛盾更加突出，所以传统的委托代理理论将研究重点集中于所有者和经理人之间的利益冲突。该理论主要是由 Jensen、Meckling、Fama 等提出的（Jensen and Meckling, 1976；Fama，1980；Fama and Jensen，1983），随后经过多年的补充与完善，已经形成了较为成熟的委托代理分析框架。它主要运用于在信息不对称、环境不确定、契约不完备的情况下，如何设计出经理人按照股东利益行事的最优契约，解决股东和经理人之间的利益冲突问题，即最优契约制度的设计安排问题。传统的委托代理理论研究主要分为两个方向：实证主义研究和委托人—代理人研究。前者主要讨论当委托方和代理方存在利益冲突时，如何设计出限制代理方自利行为的治理机制。后者主要讨论委托代理理论涉及的范式、假设、逻辑推理和数学证明，探讨委托人和代理人之间的最优契约、行为以及结果。

以 Hart 为代表的新产权理论学派打破了以往的分析范式，Grossman 和 Hart（1986）、Hart 和 Moore（1990）、Hart（1995）构建的 GHM 模型开创了不完全契约理论，并首次提出了“剩余控制权”理论，指出剩余控制权实质上就是企业所有权。所谓剩余控制权，是指在契约中，没有明确规定的或偶然事件出现时进行决策的权力归属。剩余控制权产生的根源在于契约的不完全性，剩余控制权的存在会降低无剩余控制权一方的投资意愿。GHM 模型从剩余控制权的角度出发，认为投资者的核心利益是剩余控制权，而非现金流权。

到了 20 世纪 90 年代，一些学者发现除了英美等国家的股权相对分散，大部分国家上市公司的所有权和控制权并未完全分离，股权结构相对集中，甚至高度集中（Shleifer and Vishny，1986；Holderness and Sheehan，1988；Prowse，1992）。这一现象在德国、日本、意大利等国家较为普遍，甚至美国的一些企业，大股东也普遍存在，新兴市场国家的股权集中问题更加突出。Shleifer 和 Vishny（1986）指出大股东与中小股东之间的委托代理问题需要引起重视，这类委托代理问题的严重性可能超过了股东和经理人之间的委托代理问题。大股东出于控制公司的需要，可以通过复杂的控制增强机制，以少量现金流权实现对公司的控制，最终导致企业控制权和现金流权不一致的问题。在这种情况下大股东和中小股东之间也存在利益冲突问题，中小股东不仅要遭受代理人的侵害，还要遭受大股东或控股股东的侵害。

二、信息不对称理论

传统经济理论认为，市场的每个经济个体都拥有有关市场的全部信息，也能够在完全信息的条件下做出最优决策。但是由于完全信息的获取成本巨大，经济个体的认知能力有限，这就注定了现实经济市场不可能是完全信息市场，而是不完全信息市场。由于市场信息是不完全的，经济个体的最优决策不可能通过价格体系及时、有效地传递。信息不对称就是信息不完全的一种典型表现形式，在信息传递过程中信息所有者比信息接收者拥有更多信息，因此信息所有者常常利用手中的信息优势谋取自身利益。2001 年，美国的 Akerlof、Spence 和 Stiglitz 三位经济学家获得了诺贝尔经济学奖，以表彰他们在“使用不对称信息进行市场分析”领域做出的重要贡献。

信息不对称的情况在现实经济中普遍存在，主要表现为交易双方之间信息分布不对称、交易的某一方具有信息优势。信息不对称的具体表现有以下四种：一是信息源不对称，即交易双方在信息获取来源上存在差异，能够获取一手信息的交易方处于信息优势地位；二是信息时间不对称，即交易双方在信息获取时间上存在差异，能够较早获取信息的交易方处于信息优势地位；三是信息数量不对称，即交易双方在信息获取数量上存在差异，能够获取较多信息数量的交易方处于信息优势地位；四是信息质量不对称，即交易双方在信息获取质量方面存在差异，能够获取较高信息质量的交易方处于信息优势地位。

信息不对称的类型可以从两个维度进行划分：信息不对称发生的时间和内容。信息时间不对称包括两类：交易双方在契约签订之前的信息不对称（Ex-ante）和交易双方在契约签订之后的信息不对称（Expost），前者被称为逆向选择问题，后者被称为道德风险问题。信息内容不对称也包括两类：一是交易双方个人知识的非不对称性（Knowledge），是指交易一方无法完全了解另一方的个人能力、身体状况等个人信息，从而无法做出最优决策，基于此构建的模型被称为隐藏知识模型或隐藏信息模型；二是交易双方个体行为的非对称性（Action），是指交易双方在契约签订时拥有相同的契约信息，但由于委托人对代理人进行监督的成本巨大，事后委托人无法对代理人的行为进行有效监督，基于此构建的模型被称为隐藏行动模型。

我国市场经济起步比较晚，其体制制度不完善、信息不对称问题比发达国家严重。与商品市场相比，资本市场中的交易各方更容易隐藏自己的动机和行为。资本市场的信息收集成本和监督成本更高，造成信息不对称问题也更加复杂。

三、信号传递理论

信号传递理论的基本思想是在信息不对称的情况下，处于信息优势和信息劣势的双方都试图通过某种信号传递给对方自己的真实信息，从而解决逆向选择问题。信号传递理论的开创者 Spence 在 1973 年构建了一个劳动力市场的信号传递模型，认为劳动力市场中也存在信息不对称的情况，例如雇主不清楚员工的真实能力。而教育水平可以视为员工向雇主发出的一种信号，有助于雇主了解员工的真实能力，因此教育投资水平就可以作为一种信息传递的工具（Spence，1973）。

随着信号传递理论的发展，信号传递模型被广泛运用于金融、财务、产业组织的研究中。Leland 和 Pyle（1977）提出了资本结构信号模型，认为内部人持股可以作为一种投资信号，较高的内部人持股比例，可以向资本市场传递出公司投资价值较大的信号。Bhattacharya（1979）借鉴该模型提出了股利信号模型，认为股利和股利政策也可以作为一种投资信号。Ross（1977）、Titman 和 Trueman（1986）、Allen 和 Faulhaber（1989）、Grinblatt 和 Hwang（1989）等还对资本结构信号模型和股利信号模型进行了修正和扩展，提出了其他各种各样的信号传递模型。Rodrik（1989）将信号传递模型运用于政府信誉问题，认为改革速度可以作为政府改革意愿的信号，从而区分是严肃认真的改革型政府还是欺骗型政府。

信号传递模型在国内也被广泛应用，取得了丰硕的成果。袁锋等（2004）构建了技术声誉信号模型，分析了在信息不对称情况下，如何破解企业 R&D 合作过程中的逆向选择问题。谢江林等（2009）构建了 R&D 信息披露信号模型，分析了在资本市场存在逆向选择的情况下，如何解决中小高新技术产业融资难问题。徐菱芳和陈国宏（2012）利用信号传递模型，讨论了产业集群内中小企业融资过程中的逆向选择问题。姜文（2012）比较了企业间的知识共享过程和信息传递过程，发现企业间的知识共享过程实际上就是企业间相关知识的信息传递过程。

面对资本市场中的信息不对称的环境，投资者可能出现逆向选择问题，无法实现资源最优配置。根据信号传递理论，上市公司有动力向投资者自愿披露更多信息，增加投资者对企业的信心。因此在资本市场中，上市公司可以向投资者透露一些利好消息，比如较高的公司治理水平、较高的企业核心竞争力、较好的社会声誉等。对于投资者而言，企业所处的内外部环境越好，投资者需要承担的风险越小、投资收益越高。所以高质量的企业愿意披露更多的信息，投资者也会将这些信息作为评价公司优劣的信号和投资决策的依据。

第三节　媒体报道与资本市场的文献综述

一、媒体报道的信息传播功能

媒体最重要的功能就是生产、传播、披露信息，这些是媒体发挥其他功能的基础（Miller，2006）。随着现代信息社会的到来，媒体报道逐渐成为投资者了解上市公司信息、企业动态的重要渠道（Dyck and Zingales，2003）。张纯和吴明明（2015）检验了媒体的信息解释功能和信息挖掘功能，结果发现媒体主要通过信息解释而不是信息挖掘来发挥治理作用。在有关媒体报道信息传播功能的研究中，国内外学术界通过构建数理模型，主要考察了媒体信息披露对资产价格、投资者行为等方面的影响。

就媒体报道对资产价格的影响而言，媒体报道是否可以影响资产价格，不同阶段的研究结论并不一致。基于半强势或强势有效市场的研究认为，市场价格可

以部分反映或完全反映企业的所有公开信息。Berry 和 Howe（1994）考察了《华尔街日报》的财经媒体报道情况，认为从短期来看，财经媒体报道对股价波动、成交量和投资收益的影响并不显著。Deangelo 等（1996）研究了宏观经济报道与股票市场指数之间的关系，未发现财经媒体报道与资产价格之间存在显著关系，他们认为财经媒体报道只是一个单纯的信息载体，传递的是路人皆知的消息，信息含量不大，对股价的影响微乎其微。但半强势或强势有效市场的假定并不适用于新兴市场国家，随着学术界对资本市场研究的不断深入，学者们逐渐认识到媒体还具有缓解各市场参与主体之间信息不对称的作用，提高了信息透明度和信息披露质量，证明了媒体报道的信息传递功能。Merton（1987）分析了财经媒体报道对资本市场的影响，发现财经媒体有助于上市公司信息的扩散，以及吸引投资者竞相购买上市公司的股票，增加了股票流动性，降低了融资成本，提高了公司价值。希勒（2016）对过去 60 多年的多次金融危机进行了研究，发现媒体报道虽然未直接导致股价下跌，但是却引起投资者对股价震荡和经济形势的密切关注，间接激化并加速了金融危机。Fang 和 Peress（2009）的研究发现媒体报道有助于缓解资本市场摩擦，提高资本市场定价效率。Bushee 等（2010）认为媒体报道有助于信息的传播和扩散，可以缓解信息不对称的程度。

学术界主要从两个角度考察媒体报道对投资者的影响：投资者认知偏差和投资者关注度。从投资者认知偏差来看，Merton（1987）认为信息不对称是导致投资者认知出现偏差的原因，因此投资者倾向于购买自己所熟悉的股票。Dyck 和 Zingales（2003）从投资者理性角度出发，认为媒体报道提高了信息可信度，增加了知情交易者的数量，影响了投资者决策。Rhodes-Kropf 等（2005）认为财经媒体报道为资本市场参与主体提供了及时、丰富的信息，提高了投资者信息获取、加工和处理的能力。Barber 和 Odean（2008）认为媒体报道通过投资者注意力分配影响投资者行为。从投资者关注度来看，Hirshleifer 等（2009）的研究发现财经媒体对非年报信息的报道会影响投资者对年报信息的关注，同时这两者呈现反方向变动的关系。Barber 和 Odean（2008）发现超额收益、极端交易量以及新闻都可以吸引投资者的注意力，影响投资者随后的净买入行为。Dorn 和 Huberman（2007）发现投资者对媒体报道越关注，就越倾向于购买股价波动大的股票。Tetlock 等（2008）的研究发现媒体报道可以引起投资者关注，并通过提高企业信息透明度来降低企业融资成本。

二、媒体报道的公司治理机制

（一）媒体治理的传统监督机制

所谓媒体治理的传统监督机制，就是媒体报道增加了公司治理问题被监管部门查处的概率，提高了监管部门行政介入的可能性，换句话说媒体发挥公司治理功能主要是通过监管部门的介入。所以媒体的传统监督机制能否发挥作用依赖于司法部门或行政部门的介入，如果司法部门或行政部门不作为，那么传统监督机制就难以发挥作用。支持传统监督机制的学者认为，处于转型中的经济体，其法律制度不完善，无法充分保障投资者的利益，因此政府管制就成为一种有效的替代机制（Glaeser and Shleifer，2001；Pistor and Xu，2005；李培功和沈艺峰，2010）。在法律难以完备的情况下，行政手段介入可以提高执法效率（Pistor and Xu，2005）。Dyck 和 Zingales（2004）的研究发现即使不存在明确的法律规定以及违法后应当承担的法律责任，媒体报道也有助于抑制国有企业内部人谋取私人利益。李培功和沈艺峰（2010）认为媒体发挥传统监督机制的理论框架如图 2-1 所示。

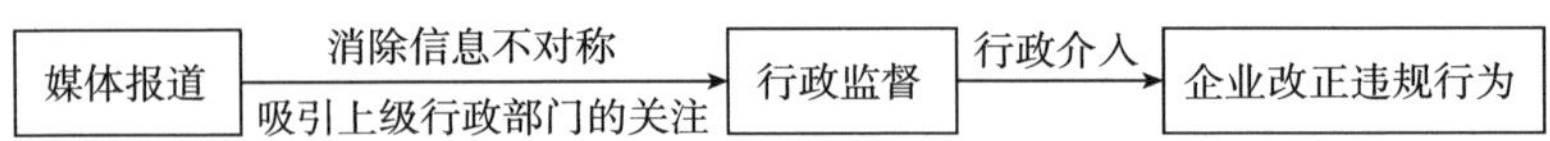

图 2-1 传统监督机制理论框架

那么媒体报道是如何引起行政监督的呢？Hahn（1998）认为可以从成本—收益的范式分析政府是否进行规制。行政监督的成本包括直接成本和间接成本，直接成本是监管部门实施有效监督所耗费的资源和费用，间接成本是监管部门由于监管的实施导致创新和发展方面的损失。行政监督的收益包括监督部门的自身收益、市场收益和社会受益。首先，媒体报道有助于降低监管的直接成本。监管部门的直接成本就是部门的立法成本、执法成本和监管对象的守法成本（李秋香，2005；张松孝，2014）。媒体议程设置为监管部门搭建了一个及时、广泛听取社会各方意见的渠道，提高了证券监管决策的科学性，有效地降低了立法成本，推进了立法进程。媒体在信息挖掘方面具有优势，弥补了监管不到位、不充分的漏洞，其信息传播功能能够缓解资本市场参与主体之间的信息不对称问题，也降低了执法成本。媒体对法律政策的宣传和传播有利于提升法律法规的知晓度和震慑力；媒体对违规行为的披露提高了被查处的概率，减少了对投资者的非法侵害，降低了经济主体的守法成本。其次，媒体报道有助于降低监管的间接成本，减少市场效率损失。罗进辉（2012）认为媒体报道加强了对上市公司的监督，提升了上市公司的信息透明度，间接提高了上市公司从事道德风险的成本。媒体也会曝光那些对中小投资者保护不力的企业，增加了投资者逆向选择的成本，提高了资本市场效率。最后，媒体报道有助于提高监管收益。媒体报道对信息的收集、分析和传播不仅有助于改善投资者投资决策的科学性，还有助于监管

部门提高监管效率。媒体报道对信息的挖掘有助于提高知情交易比例，从而提高了资本市场运行效率。媒体作为“第四权力”，可以协助监管部门纠正市场失灵，防范金融风险，提高整个社会经济效益。

（二）媒体治理的声誉机制

钱颖一（2000）认为法律和声誉是维持市场有序运行的互补性机制。在现实经济社会中，建立健全的法律制度需要高额的成本，因此声誉机制对于经济转轨的新兴市场国家来讲是非常重要的。媒体治理的声誉机制主要表现在激励和惩罚两个方面：首先，良好的声誉对个人来讲，有助于个人利益的实现，对企业来讲，是一种重要的无形资产；其次，声誉一旦受损，对个人来讲，将影响未来的职业发展和薪酬待遇，对企业来讲，将直接影响公司商誉和企业价值。张维迎（2002）认为声誉机制治理作用的发挥依赖于诸多条件，其中最关键的是损害声誉的行为必须付出较大代价。罗宏和张玮倩（2011）认为媒体发挥声誉治理机制的理论框架如图 2-2 所示。

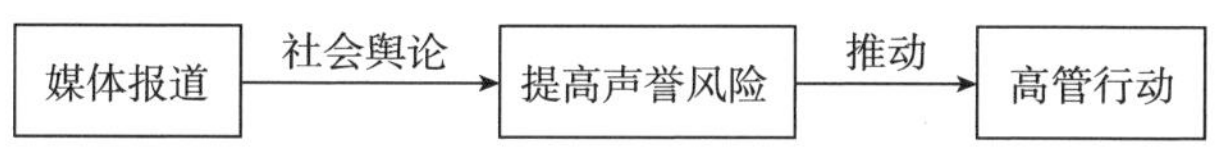

图 2-2　声誉机制理论框架

根据 Dyck 等（2008）的研究，媒体主要通过以下三种途径影响声誉。首先，媒体报道将促进政治家（议员、政府官员等）修改并有效实施公司法。Besley 和 Prat（2006）认为政治家担心媒体曝光他们的不作为行为会影响他们在公众中的形象，危及未来的政治生涯。其次，媒体报道将迫使公司经理层努力维持良好的声誉。Fama（1980）、Fama 和 Jensen（1983）认为经理人未来的工作机会和薪资水平取决于未来雇主对于经理人是否严格履行责任的信念，为了避免长远的货币损失，经理人有动力努力维持良好的声誉。最后，媒体报道将影响经理人的社会声誉和公众形象。经理人为了避免在人际交往中的尴尬，也会努力维持公众形象。一个经典的案例就是 Robert Monks 购买了《华尔街日报》一整个版面来刊登股东建议，以此敦促 Sears 董事会成员改进管理（Dyck 等，2008）。

我国学者也对媒体声誉机制发挥公司治理作用进行了研究。醋卫华和夏云峰（2012）的研究发现因违法、违规行为产生的公司声誉损失大约是市值损失的 52.92%。李焰和秦义虎（2011）的研究发现媒体对独立董事的负面报道，提高了独立董事辞职的概率。郑志刚等（2011）的研究发现媒体负面报道可以吸引投资者的关注，这对注重声誉的经理人形成无形的约束。李焰和王琳（2013）构建了一个声誉受损模型，提出了声誉共同体的概念，认为媒体负面报道不仅导致公司声誉受损，降低了企业价值，还会导致责任主体声誉受损。张建平和余玉苗（2013）的研究发现媒体负面报道越多，审计师对上市公司的审计定价就越高。陈红等（2014）认为媒体负面报道可以直接影响公司和股东声誉，能够有效抑制大股东的“掏空”行为。

（三）媒体治理的市场压力机制

所谓媒体治理的市场压力机制，就是媒体报道可以传递资本市场的压力（投资者对短期和长期盈余的反应），从而发挥公司治理作用。Fang 和 Peress（2009）认为不管媒体报道是否真实，大量的媒体报道将影响股票价格。上市公司的薪酬激励制度和外部接管制度，导致经理人对于股价变动异常敏感，所以股价变动将影响经理人行为。于忠泊等（2012）认为媒体发挥市场压力机制的理论框架如图 2-3 所示。

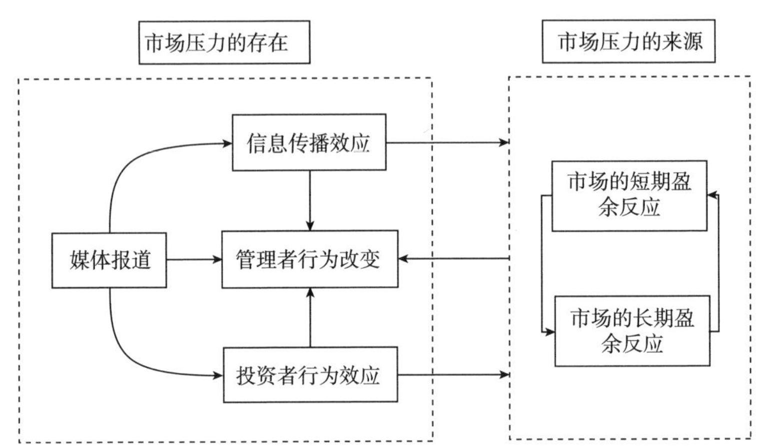

图 2-3　市场压力机制理论框架

Zhao 和 Chen（2008）、Ge 和 Kim（2014）的研究发现董事会效率越高、监督愈加充分，管理层的盈余管理行为越严重，导致这一结果的原因是董事会的监督给管理层带来巨大的业绩压力，如实披露有关信息会损害管理层利益（比如减少货币薪资、被迫辞职等），因此管理层采取了隐瞒披露的策略。Fu 和 Liu（2007）、Zhao 等（2012）的研究发现，如果公司存在反收购条款，管理层面临的业绩压力更低，因此将更加积极地为股东创造价值。这一结论与传统的“壕沟”理论相冲突，它支持了市场压力假设。

国内学者也对媒体报道的市场压力机制进行了研究。于忠泊等（2011）对媒体报道的传统监督机制和市场压力机制进行了检验，其研究结论支持了市场压力

机制理论。媒体报道的信息收集、挖掘、分析和传播功能有助于投资者了解上市公司，给管理层带来巨大的业绩压力。根据传统监督机制，媒体报道提高了企业盈余管理被发现的可能性，增加了处罚力度，因此在媒体大量报道的情况下，基于应计项目的盈余管理应该较低；而真实盈余管理具有较强的隐蔽性，监管部门难以察觉，因此媒体报道增加了上市公司基于真实活动的盈余管理。但根据市场压力机制理论，如果管理层无法在短期内改变经营绩效，迫于资本市场预期的压力，而且基于真实活动的盈余管理会损害企业未来价值（Gunny，2010），因此管理层会进行更多基于应计项目的盈余管理。于忠泊等（2012）从市场压力的角度考察了媒体报道与盈余信息市场反应的关系，发现媒体报道放大了盈余信息短期市场反应，提高了盈余信息反应的速度和程度。

三、媒体报道与内部治理

（一）媒体报道与董事会治理

从现有研究来看，媒体报道有助于提高董事会治理效率。Dyck 等（2008）的研究中列举了一个典型案例，Robert Monks 是一个股东积极主义者，他曾经向 Sears 董事会提出了股东建议，但董事会拒绝了该股东的提议，于是 Monks 购买了《华尔街日报》一整个版面来公开股东提出的建议，并把公告的标题命名为"Sears 毫无作为的资产"。文中刊登了 Sears 的董事会成员名单，同时列举了董事会对 Sears 公司业绩平淡应承担的责任。该公告刊登后不久，Sears 董事会表示将接受 Monks 的建议。Skeel（2001）的研究发现 Monks 在《华尔街日报》刊登公告后的 5 个月，Sears 董事会治理效率得到明显提升。Joe 等（2009）的研究发现当公司董事会被媒体曝光，指出其治理效率低下后，董事会将采取多项措施提高董事会治理效率，例如更换 CEO 或董事会主席、增加外部董事。Bednar（2012）的研究结果表明媒体负面报道虽然提高了董事会的形式独立性，但并未提高其社会独立性。在国内的研究中，醋卫华（2011）发现董事会构成在丑闻前后发生了明显变化，发生丑闻的公司为了重建企业声誉、挽回投资者信心，将通过增加独立董事比例来加强董事会的监督功能。李焰和秦义虎（2011）研究了媒体负面报道对独立董事行为的影响，结果发现媒体负面报道量提高了独立董事的离职概率，越重视自己声誉的独立董事的离职概率越大，这就说明声誉机制对于独立董事群体发挥了很好的治理作用。

（二）媒体报道与公司高管

有关媒体报道与公司高管治理的文献主要围绕高管薪酬和高管行为两个角度展开。在高管薪酬方面，Johnson 等（1997）以美国 1993 年的 186 家上市公司为样本，考察了媒体报道对高管薪酬和公司业绩的影响，结果发现媒体负面报道不仅降低了高管薪酬水平，还影响了高管薪酬结构，并提高了高管薪酬—业绩敏感性。Core 等（2008）分析了媒体监督对 CEO 薪酬的影响，发现没有足够的证据表明媒体负面报道能够降低 CEO 薪酬。Kuhnen 和 Niessen（2012）的研究却发现媒体报道对高管薪酬总量没有影响，但媒体负面报道对高管薪酬结构有影响，具体来说是降低期权授予规模，同时增加不太容易引起争议的报酬。我国许多学者也对媒体报道与高管薪酬问题进行了研究，杨德明和赵璨（2012）的研究发现在我国特殊的制度背景下，媒体对于薪酬乱象发挥了一定的监督职能，但这一职能的发挥有赖于政府和行政主管部门的介入。姜凌和许润发（2014）的研究发现媒体对上市公司的关注提高了高管薪酬，但随着负面报道数量的增多，高管薪酬水平随之下降。张玮倩等（2015）基于薪酬替代的视角研究媒体负面报道对高管薪酬的影响，结果发现媒体报道虽然促进了高管货币性薪酬的下降，却提高了高管在职消费水平，媒体负面报道对高管货币性薪酬和在职消费总和的影响不降反升，高管薪酬过高或激励无效的问题依然需要依靠政府机构介入和完善行政立法。曹越等（2016）考察了媒体正面报道、负面报道对高管薪酬的影响，结果发现媒体正面报道显著提高了高管薪酬，但负面报道却降低了高管薪酬，特别是对于市场化程度较低地区的企业。张俊民和肖志超（2016）基于倾向性匹配得分法（PSM）对媒体监督能否发挥治理作用进行了再检验，结果发现只有多年持续报道才能抑制高管薪酬过快增长，媒体治理作用的发挥有赖于行政介入和持续性报道形成的舆论压力。

在高管行为方面，Jessen（1986）的研究发现媒体负面报道加强了社会舆论对企业投资行为的关注，促使 CEO 放弃有损公司利益的投资决策。Chatterjee 和 Hambrick（2007）指出媒体正面报道能够给 CEO 带来积极情绪，影响 CEO 投资决策。Brown 等（2009）的研究结果表明屡获殊荣的 CEO 自信心更强，倾向于为自己著书立传，并表现得更加激进。Pierre（2012）构建的理论模型指出，媒体曝光的威胁将抑制 CEO 将项目资源转向个人消费。国内许多学者也研究了媒体报道对高管行为的影响，李培功和沈艺峰（2010）考察了媒体报道在完善公司治理、保护投资者权益方面的积极作用，结果发现媒体曝光的增加提高了公司改正违规行为的概率，特别是市场导向性的媒体报道。戴亦一等（2011）研究了媒体报道对中国上市公司财务重述行为的影响，结果发现媒体报道可以有效遏制财务重述行为，但地方政府对媒体的管制将大大削弱媒体的监督治理效率。权小峰和吴世农（2012）的研究结果表明媒体关注能够有效抑制管理层的盈余管理行为。吴超鹏等（2012）发现媒体曝光所形成的强大社会舆论压力可以有效约束存在政治关联的高管行为。孔东民等（2013）从中小股东利益保护的角度出发，发现媒体关注降低了公司盈余操纵和违规行为的发生。罗进辉（2018）实证检验了媒体报道对公司高管薪酬契约有效性的影响，结果发现媒体报道显著提高了高管的薪酬—业绩敏感性，特别是对于国有企业和所处地区制度化水平较高的企业。

（三）媒体报道与大股东

目前研究媒体报道对大股东治理的文献不多。Dyck 和 Zingales（2004）的研究结果表明媒体报道能够有效降低公司私有控制权收益，对中小投资者起到保护作用。徐莉萍和辛宇（2011）发现媒体关注度越高，公司治理环境越好，非流通股股东私有收益越小，中小股东所面临的信息风险就越低。孔东民等（2013）考虑到媒体治理角色存在“监督”与“合谋”两种可能，但实证结果表明媒体关注在中国上市公司的各个层面都体现了媒体的监督治理功能，媒体关注可以抑制大股东“掏空”行为。陈红等（2014）基于声誉理论，发现媒体披露的上市公司信息形成股东和企业声誉，媒体监督能够有效约束大股东利益侵占行为，而且上市公司知名度越高，大股东的利益“掏空”行为和公司违规行为就越少。孟庆斌等（2015）利用随机动态优化方法构建了媒体监督对控股股东侵占行为的理论模型，媒体监督将对控股股东自身利益产生两种效应——财富分配效应和资产减值效应，控股股东的最优侵占取决于这两种效应的相对强弱，随着媒体曝光力度的增强，迫使控股股东重视自身利益，减少对中小股东的利益侵占行为，但如果控股股东与媒体合谋将造成控股股东更加大胆地侵占中小股东利益。李明和叶勇（2016）基于中国的特殊制度背景，考察了媒体负面报道对控股股东掏空行为的影响，研究结果表明媒体负面报道有助于降低控股股东的掏空行为，特别是对于非国有上市公司的负面报道。张横峰（2017）基于犯罪心理学的风险规避理论实证检验了媒体报道对私有控制权收益的影响，发现媒体报道量越大，公司私有控制权的收益越小，在会计稳健性较强的情况下，媒体报道量对公司私有控制权的收益影响不显著。

（四）媒体报道与代理成本

金融经济学家基于委托代理理论，认为媒体在公司治理中扮演着监督角色，有助于减少管理层的机会主义行为、降低委托代理成本。Jensen 和 Meckling（1976）认为在股权结构高度分散的条件下，所有权和经营权的分离产生了第一类代理问题，即股东和管理层之间的委托代理问题。Shleifer 和 Vishny（1997）的研究结果表明，除英美外的其他国家公司股权相对集中，普遍存在控股股东情况，由此产生大股东剥削中小股东的第二类代理问题，即大股东与中小股东之间的委托代理问题。Dyck 等（2008）研究了媒体在公司治理中的角色，发现媒体报道的监督作用迫使管理层和股东降低谋取个人利益的行为。罗进辉（2012）基于双重代理成本的视角，使用联立方程模型考察了媒体报道对公司双重代理成本的影响，结果发现代理成本越高，媒体报道量越大，同时媒体大量报道能够有效降低公司的双重代理成本，这种治理作用在第一类代理问题中更突出。梁红玉等（2012）考察了媒体监督、公司治理与代理成本之间的关系，结果发现媒体报道有助于降低企业代理成本，同时提高代理效率。叶勇等（2013）以2007~2011年受到监管机构处罚的公司为样本，考察了法律环境、媒体监督与代理成本之间的动态关系，结果发现良好的法律环境和媒体负面报道均有助于降低公司代理成本。王恩山和戴小勇（2013）基于中国法律不完善的制度背景，发现媒体报道能够通过信息传播机制、声誉机制降低代理成本，而且媒体报道与法律制度之间存在着相互替代的关系。叶勇等（2013）发现违规公司在被调查前，已有32.1%的公司遭到了媒体的负面曝光，进一步研究发现媒体报道降低了公司的代理成本，特别是违规严重的公司。彭桃英和汲德雅（2014）研究了媒体监督、内部控制质量与管理层代理成本之间的关系，发现媒体监督和内部控制质量均有助于降低代理成本，而且媒体监督与内部控制质量存在互补效应。凌士显和白锐锋（2017）的研究发现媒体监督有助于降低保险类上市公司的代理成本，而且媒体监督与董事会治理之间存在互补效应。

四、媒体报道与外部治理

（一）媒体报道与行政监督

在转型经济国家，股权结构不合理、董事会公开竞聘机制和经理人市场不完善，声誉机制对管理层和股东的约束有限，媒体治理作用无法有效发挥，因此行政监督是保护投资者利益的替代机制。Dyck等（2008）认为媒体监督发挥声誉机制的其中一条途径就是促使政治家们积极完善公司法，如果政治家的不作为被媒体曝光，将危及他们未来的政治生涯。Dyck等（2013）认为媒体使议员对公众的利益诉求更加敏感，政策制定者常常将新闻中所涉及的公司治理问题进行整理并反馈。Gorman等（2010）认为媒体管理控制功能得以发挥的基础是行政介入，媒体报道可以影响政府机构的相关立法和执法。Damberg和Rimark（2012）认为政治家们非常关注公众舆论，因此常常按照媒体报道的价值观行事。李培功和沈艺峰（2010）的实证研究结果表明媒体报道将引起行政机构对公司的关注，由此提高了公司违规成本，促使企业减少违规行为。杨德明和赵璨（2012）认为媒体报道的治理作用，必须依赖于行政部门的介入。刘启亮等（2014）发现媒体负面报道提高了公司被监管部门行政处罚的概率，证实了我国媒体报道—监管介入—投资者起诉的治理模式。张玮倩等（2015）的研究发现媒体负面报道对高管货币性薪酬和在职消费总和的影响不降反升，高管薪酬过高或激励无效的问题依然需要政府机构介入和完善行政立法。

（二）媒体报道与法律环境

媒体报道与法律环境在公司治理作用中的关系也是学术界非常感兴趣的问题

之一。Dyck 等（2008）较早就对这一问题进行了研究，发现法律制度不完善的国家或地区，媒体监督是法律外制度保障投资者利益的重要机制。郑志刚（2007）在回顾国内外公司治理现状时也指出媒体报道是法律外制度的重要治理机制。叶勇等（2013）发现媒体监督与法律环境在公司治理中存在替代关系，即在法律环境较好的地区，媒体监督抑制代理成本的作用较小，但在法律环境较差的地区，这种抑制作用却更加突出。王恩山和戴小勇（2013）也得出了媒体报道与法律制度在公司治理中存在着相互替代关系的结论。刘启亮等（2013，2014）研究了经济转轨国家的公司治理问题，发现媒体治理机制的发挥主要依靠完善的法律制度。黄雷等（2016）在研究媒体报道、法律环境与企业社会责任信息披露之间的动态关系时，发现良好的法律环境提高了媒体报道对上市公司的监督效应。陈克兢（2017）研究了媒体监督和法治水平对盈余管理的治理作用，发现媒体监督是约束上市公司盈余管理有效的法律外替代机制。王翊和许晓卉（2018）在研究媒体报道、制度环境与公司社会责任履行三者的关系时，发现在法律制度环境较好的地区，其媒体负面报道、深度报道和市场导向型报道在促进企业社会责任履行方面作用更加突出。

（三）媒体报道与市场中介

会计师事务所和证券机构是资本市场中重要的中介机构，媒体报道也会影响中介机构的行为。在审计费用方面，吕敏康和冉明东（2012）发现媒体将通过认知模式和显著性模式影响审计师的信息占有和风险因素权重判断，导致审计师更加关注企业盈余管理行为，这增加了审计费用。张建平和余玉苗（2013）基于 Simunic 审计定价模型，考察了媒体监督对审计定价的影响，发现媒体负面报道提高了审计费用，但这种正向作用仅存在于国有企业。冉明东和贺跃（2014）发现媒体对上市公司的高关注度，提高了审计师担心审计失败带来的风险，因此审计师会要求更高的预期风险补偿，以及提高审计收费溢价。刘启亮等（2014）探讨了媒体报道对审计收费的影响及其实现路径，发现媒体负面报道越多，审计收费就越高，但这种正向关系只存在于高诉讼风险环境。肖志超和张俊民（2016）基于事务所向特殊普通合伙制转变的制度背景，发现媒体负面报道提高了审计费用，对异常审计费用的影响显著为正。冉明东等（2016）从事务所声誉、公司治理和产权性质三个视角考察了媒体报道对审计费用溢价的影响，发现“十大”事务所和国有企业对媒体报道的审计收费溢价更强烈。

在审计质量方面，彭桃英和邱兆东（2014）使用主成分分析法和 Heckman 两阶段模型，考察了制度环境、媒体监督对审计质量的影响，发现在制度环境水平较低的地区，媒体监督提高审计质量的作用更突出。周兰和耀友福（2015）基于议程设置理论和铺垫效果理论，考察媒体监督、审计契约稳定性与审计质量的关系，发现媒体负面报道提高了审计质量。吴伟荣和郑宝红（2015）基于高层梯队理论和公共压力理论，发现媒体监督在既有任期影响审计质量中起到了正向调节作用。吕敏康和冯丽丽（2017）基于“信息传递—感知改变—行为调整”的传导机制，发现媒体正面报道越多，对应的审计质量越低，但审计师的职业能力有助于缓解这种从众效应。李小光等（2018）从信息效应与监督效应的视角，考察了媒体关注、审计投入与审计质量之间的关系，发现媒体关注提高了审计质量，审计投入在媒体关注与审计质量之间起到完全中介的作用。

在审计意见方面，Mutchler 等（1997）发现《华尔街日报》对公司债务及或有损失的披露，提高了审计师出具“非标”审计意见的概率。Joe（2003）发现媒体负面报道将影响审计师的审计决策，造成审计误判。余玉苗等（2013）考察了媒体监督对审计师意见决策的影响，发现媒体负面报道越多，审计师出具“非标”审计意见的概率越大。戴亦一等（2013）发现媒体负面报道促使上市公司更换更高质量的审计师，但在地方政府质量较低的地区中，媒体的监督作用被大大削弱了。张龙平和吕敏康（2014）基于新闻传播学中沉默的螺旋和图式理论，考察了媒体评价对审计判断的影响及作用机理，发现媒体正面评价越高，审计师出具标准无保留意见的概率越大，且这种影响会随着审计师风险容忍度的提高而加强。吕敏康和刘拯（2015）发现投资者关注提高了审计师出具“非标”审计意见的概率，但这种影响会随着媒体正面评价的提高而降低。张丽达等（2016）通过结构方程模型中的路径分析发现，媒体负面报道提高了审计师出具“非标”审计意见的概率，这种影响是通过内部控制中介效应实现的。周兰和耀友福（2018）基于新闻传播学的议程设置理论，发现媒体监督能够有效减少审计意见购买行为。耀友福（2018）运用 Lennox 的审计意见购买模型，发现媒体负面报道降低内部控制审计意见购买行为。

在证券分析师跟踪方面，Lowenstein（1996）的研究结论表明财经媒体和金融分析师都具有监督效应，他们共同迫使公司董事会变得更加积极和独立。Knyazeva（2007）认为媒体和分析师都是公司治理的重要外部监督机制。Gong 和 Gul（2011）认为媒体是分析师跟踪和市场监督的重要补充机制。杨世鉴（2013）的研究结果表明媒体和分析师跟踪之间相互影响，是公司治理的重要互补机制。谭松涛等（2015）以 2003~2011 年中国上市公司为样本，考察了媒体报道对分析师预测行为的影响，发现媒体关注能够显著降低分析师的预测乐观度和预测偏差，这种影响在财务信息透明度较差的公司更加明显。吕敏康和陈晓萍（2018）的研究结果发现分析师关注了股价信息含量的提高，而媒体报道通过对现有信息的解释增强了这种促进效应。

五、媒体报道的公司治理效应

（一）媒体报道与信息质量

现有研究普遍认为媒体报道具有缓解资本市场信息不对称的作用（Dyck and Zingales，2004；Miller，2006；Bednar，2012）。Haw 等（2004）的研究发现媒体报道有助于提高企业会计信息质量。Bushee 等（2010）认为媒体报道降低了盈余公告的信息不对称程度。杨世鉴（2013）发现媒体报道有助于上市公司业绩预告披露质量的提高。陶莹和董大勇（2013）以利益相关者理论为理论基础，考察了媒体关注对企业社会责任信息披露的影响及其作用机制，发现政策导向报道、非负面报道有助于提高企业社会责任信息披露，但市场导向报道、负面报道却对企业社会责任信息披露产生了负面影响。李明等（2014）的研究发现不管是正面媒体报道还是负面媒体报道，均有助于提高企业信息透明度。薛有志等（2014）认为公司 IPO 前的媒体报道可以通过信息传播降低信息不对称程度，媒体报道的治理作用在信息不对称程度较高的企业中更加明显。龚光明和黄诗音（2014）发现媒体报道可以缓解因企业多元化经营所导致会计信息质量下降的问题。李晓慧和杨坤（2015）发现被出具“非标”审计意见的公司，会计信息透明度较差，只有媒体关注和独立审计协同治理才能提高其会计信息质量。王帆（2016）以2009~2014 年 307 家上市公司为样本，发现企业社会责任方面的负面报道可以显著提高企业信息质量。张俊民和张晓（2017）发现在国有企业中，媒体报道可以调节经理人防御与会计信息透明度之间的负向关系。张琦和郑瑶（2018）发现媒体的信息中介功能和声誉治理功能均能够提升政府决算信息的披露质量。马壮等（2018）发现媒体负面报道越多，管理层进行盈余管理的动机越强，迫于市场压力，导致管理层倾向于选择隐蔽性较强的真实盈余管理。

（二）媒体报道与企业社会责任

如果企业担心自身会发生一些“不良”行为，那么企业就会尽量去积极履行社会责任，也就会受到大众媒体的广泛宣扬和褒奖。可见，媒体报道形成的社会舆论压力及基于此形成的社会规则将对上市公司形成巨大的压力，迫使公司牺牲部分股东利益，从而做出一些满足社会利益的决策。许多学者认为媒体报道有助于企业履行社会责任，徐莉萍等（2011）研究了“汶川地震”时公司的捐赠行为，发现媒体报道提高了公司的捐赠水平，即媒体报道推动了企业积极履行社会责任。陶莹和董大勇（2013）从多个方面研究了媒体报道对企业社会责任信息披露的影响，发现政策导向报道和非负面报道均能够提高企业社会责任的信息披露，并据此验证了声誉的中介作用。徐珊和黄健柏（2015）使用熵权法度量了企业社会责任，媒体监督对上市公司企业社会责任存在显著的正向影响，特别是媒体负面报道，考虑到企业异质性，媒体报道对企业社会责任的正向影响在竞争性行业、环境高敏感的行业和消费者高敏感的行业更加显著，但在政府干预程度较高的地区，媒体在监督企业社会责任履行方面作用更弱。高洁等（2016）的研究发现更高的媒体关注会引致更高水平的企业社会责任，这种作用在全国性媒体，特别是财经类媒体关注的情况下更加突出。吴德军（2016）的研究结果也发现媒体关注越高，企业社会责任水平就越高，这种正向关系在非敏感性行业中更加显著，表明公司治理和媒体关注对企业社会责任水平的影响存在替代效应。王波等（2017）研究了媒体关注和市场化进程对企业社会责任履行的影响，发现媒体关注和市场化进程均对企业社会责任履行产生了显著的正向影响，同时媒体关注和市场化进程对企业社会责任履行的影响存在互补效应。国外也有一些类似的研究，Zyglidopoulos 等（2012）的研究结果发现媒体关注推动了企业社会责任的履行。Rupley 等（2012）以 2000~2005 年 127 家公司为研究对象，考察了公司治理因素和媒体报道对自愿性环境信息披露的影响，发现媒体报道提高了企业自愿性环境信息披露水平，特别是负面报道，媒体对公司的负面曝光迫使公司通过改善自愿性环境信息披露来改变公司形象。Zhang 等（2013）以中国上市公司为研究对象，发现媒体监督在促进企业节能减排方面发挥了积极作用。

（三）媒体报道与公司绩效

学者们也对媒体报道是否影响公司绩效的问题进行了研究，但结论并不一致。一些学者认为媒体报道有助于提升企业绩效，例如 Joe 等（2009）认为媒体报道有助于增加股东财富；Nguyen（2015）发现在财富 500 强企业中，媒体报道越高则企业的托宾 Q 值越高；郑志刚等（2011）的实证研究结果发现，媒体报道改善企业绩效的途径是声誉机制，因此对于注重声誉的经理人，企业绩效改善作用突出；孔东民等（2013）发现媒体关注较高的企业，其生产率、经营绩效和社会责任均较高；朱学义和谭雪萍（2014）认为媒体监督可以抑制或缓解非效率投资，保护投资者利益不被侵害；李常青等（2016）研究了 2008 年 1 月至 2015 年 7 月上市公司 330 次重大资产重组事件，发现媒体报道影响越积极，重组绩效就越好，进一步区分媒体态度后发现正面报道和负面报道对重组绩效的影响并不对称，即正面报道越强，重组绩效越好，而负面报道对重组绩效没有影响（投资者对于负面报道存在“鸵鸟效应”）；郭照蕊和黄俊（2018）以 2007~2015 年上市公司为样本，发现媒体报道治理作用主要通过提高高管薪酬，进而激励高管努力程度来提高公司未来经营绩效。姚益龙等（2011）选取中国快速消费品行业的上市公司为样本，考察媒体监督对企业绩效的影响及其机制，发现媒体监督对企业绩效的影响取决于经营途径效应、财务途径效应和公司治理途径效应的合力大小，最终得出了媒体监督与企业绩效之间呈现出一定程度的 U 型关系的结论，即媒体负面报道从短期来看会导致企业绩效下降，但从长期来看企业绩效会恢复甚至上升。另一些学者对媒体报道有助于企业绩效提升的观点持怀疑态度，例如 Malmendier 和 Tate（2008）发现媒体正面报道并不能解决 CEO 未来履职不佳、公司业绩不升反降的问题。Jackson 和 Roe（2009）对媒体报道与公司绩效之间的关系进行了分析，认为媒体报道或许与公司绩效不存在必然联系。黄辉（2013）则发现媒体负面报道也可能降低公司经营绩效，即媒体报道的情绪越负面，公司绩效就越低，但媒体报道的质量及深度分析可能有助于提高企业经营绩效。

（四）媒体报道与违规纠偏

媒体常常被学者们认为是一种重要的违规纠偏机制，媒体负面报道有助于管理层做出符合股东利益的行为。Dyck 等（2008）分析了媒体压力对公司行为的影响。Dyck 等（2013）发现公司的违规行为会引发大众媒体竞相报道，迫使相关责任主体纠正其违规行为。Joe 等（2009）发现媒体对董事会的低效行为进行曝光，也会迫使公司董事会纠正行为。李培功和沈艺峰（2010）以《董事会》杂志评选的 50 家"最差董事会"公司为样本，研究了媒体报道是否会导致行政机构介入，并促进企业改正违规行为，结果表明媒体报道有助于提升公司治理水平。孔东民等（2013）的研究结果表明媒体报道有助于降低公司盈余操纵行为、关联交易以及违规行为。肖淑芳等（2014）使用新闻搜索引擎收集了样本公司股权激励的媒体报道情况，发现媒体报道量越大，公司出于完善自身激励管理机制的动机，越倾向于修订股权激励方案。周开国等（2016）发现媒体报道有助于降低公司违规的频率，而且媒体报道对于频繁违规的企业治理效果更加明显。杨宜和赵一林（2017）以 2009~2016 年发生违规行为的上市公司为样本，发现媒体关注度越高，公司发生违规的可能性越低，同时负面报道、政策导向类媒体更能显著减少公司违规行为。

第四节　网络新媒体与资本市场的文献综述

目前，研究微博、微信、Twitter 等网络新媒体的文献还为数不多。例如 Chevalier 和 Mayzlin（2006）研究 Amazon. com 和 Barnesandnoble. com 两个网站书评对销售量的影响。Moe 和 Trusov（2011）研究了消费者在线评级对产品销售量的影响。Bonson 等（2012）认为网络新媒体对于提高公共部门实体的互动性、透明度和开放性意义重大。目前有关网络新媒体与资本市场的研究主要围绕资产价格和公司治理两个方面展开。

一、网络新媒体与资产价格

在 IPO 溢价方面，林振兴（2011）认为投资者网络论坛讨论包含了重要信息，发现投资者关注与 IPO 溢价显著正相关。南晓莉（2015）也对投资者网络论坛讨论对 IPO 溢价的影响进行了研究，发现股票网络论坛讨论意见分歧与 IPO 溢价存在显著正相关关系，特别是对于小盘股，盈利能力弱、承销商能力低的小公司股票。

在股价同步性方面，胡军和王甄（2015）研究了微博开通与股价同步性之间的关系，发现开通微博的公司股价同步性更低，原因在于微博主要通过分析师的信息解读作用进入股价。谭松涛等（2016）以深交所上市公司作为实验组，上交所上市公司作为对照组，借助双重差分的方法考察互联网沟通对资本市场信息效率的影响，发现深交所“互动易”平台的开通降低了上市公司股价同步性，同时也降低了分析师盈余预测的绝对偏差，这就说明互联网沟通有助于改善投资者获取信息的准确性。周冬华和赵玉洁（2016）借助微博这一网络新媒体，认为上市公司信息披露的“公告独白”向“多渠道对话”转变，有助于提高上市公司信息披露广度，发现上市公司官方微博披露数量与股价同步性负相关，特别是机构投资者持股比例较低的上市公司。刘海飞等（2017）认为以微博、微信为代表的网络新媒体深刻地影响着金融市场参与主体的学习、认知习惯，为此构建了一个微博信息质量评价指标体系，发现微博信息质量与股价同步性显著负相关。孙鲲鹏和肖星（2018）发现投资者在社交媒体上的信息交流降低了股价同步性，特别是在 2013 年最高法院对互联网虚假诽谤信息进行法律层面的管制后。何贤杰等（2018）发现上市公司在微博中披露的经营活动及策略类信息有助于降低股价同步性，特别是聘请十大会计师事务所、信息透明度越高以及分析师跟踪人数越多的公司。

在股价运行方面，Bollen 等（2011）利用格兰杰因果分析和自组织模糊神经网络，从六个维度（平静、警觉、肯定、重要、善良和快乐）来测量 Twitter 情绪，发现公众情绪可以提高道琼斯工业平均指数预测的准确性。Zhang 等（2011）收集了 6 个月的 Twitter 信息，并构建模型度量每天推文的情感值，发现通过分析推文中的情感状态，就可以预测第二天股市的走势。Rao 和 Srivastava（2012）研究了推文与金融市场的关系，发现股票价格和指数的变动在短期内受到 Twitter 情绪的重大影响。Chen 和 Lazer（2013）的研究结果也发现可以根据推文情绪信息来预测未来股价变化。王孝钰（2016）手工收集上市公司在新浪微博上发布的信息，并对上市公司微博业绩披露行为进行研究，发现上市公司通过微博重复发布利好消息后会引起股票价格上升，而未通过微博发布利好消息的公司

股价则不会上升。徐巍和陈冬华（2016）发现微博信息披露可以为当日带来超额回报和超额成交量，而且使用微博传统公告信息的市场反应更强。叶德磊等（2017）使用“股吧”中发帖数量作为投资者关注度指标，发现投资者关注度和公司新闻均能显著影响当周股价波动幅度。王夫乐和王相悦（2017）考察了新浪微博反映的社会情绪对股市收益的影响，发现社会情绪和股市收益正相关，但社会情绪波动与股市收益负相关；高涨的情绪与股市收益正相关，但低落情绪与股市收益无关。孟志青等（2018）基于东方财富网“股吧”评论数据，使用文本挖掘技术合成网络情感指数，发现在短期内网络情绪对个股收益有一定的预测作用。孙艳梅等（2018）借助文本挖掘工具构建了媒体关注度和媒体语气指数，发现媒体具有抑制股价崩盘风险的作用，社交媒体对于降低股价崩盘风险的作用更加突出，证实了媒体具有缓解信息不对称，增加隐藏坏消息的难度、违规成本和声誉损失成本的作用。唐斯圆和李丹（2018）根据东方财富网“股吧”这一自媒体平台的发帖量来度量投资者关注，发现投资者关注和投资者的“看涨”和“看跌”情绪都能对股价崩盘风险产生影响。

在流动性方面，Blankespoor 等（2014）认为在通常情况下，上市公司的信息披露往往只惠及一部分投资者，投资者之间存在较为严重的信息不对称，这降低了市场流动性。而新媒体技术的普遍使用有助于改变这一现状，研究发现通过 Twitter 进行信息披露有助于产生额外新闻，并降低了异常买卖价差，提高了异常买卖深度，这与 Twitter 缓解信息不对称有关。王冰和潘琰（2017）对上市公司的微信信息披露情况进行了研究，发现通过微信披露信息可以提高换手率、成交量和波动率，特别是对于规模较小的公司。李思龙等（2018）考察了投资者互动与股票流动性之间的关系，发现投资者互动有助于增加股东基数，而且信息不对称越严重，投资者互动对股票流动性的促进作用越强。

二、网络新媒体与公司治理

尹飘扬和熊守春（2017）研究了网络“股吧”论坛的网络舆论压力对公司治理的影响，发现网络舆论压力有助于提升公司治理水平，中小股东在“股吧”中提出的利益诉求得到了上市公司的积极回应。在声誉机制方面，晁罡等（2015）对比分析了新媒体时代 3 个典型事件中涉及的 4 家企业，探讨了企业社会责任在声誉危机和声誉修复中的作用机制，发现在新媒体时代，因企业社会责任缺失行为导致声誉危机爆发的可能性会越来越大。在高管薪酬方面，杨晶和吴翠凤（2013）手工收集了 2008~2010 年东方财富网“股吧”的数据，发现“股吧”的中小投资者对高管薪酬特别关注，这将对高管薪酬产生抑制作用，而且网络舆论对高管薪酬的影响比传统舆论更为广泛。杨晶等（2017）发现网络负面舆论可以提高国有企业高管薪酬—业绩敏感性，同时也可以抑制国有企业高管与员工薪酬差距，表明网络负面舆论有助于提高国有企业高管薪酬的效率性和公平性。在分析师盈余预测方面，胡军等（2016）研究了上市公司微博开通对分析师盈余预测的影响，发现分析师将利用微博信息修正盈余预测，同时分析师的预测偏差和预测分歧均显著下降，进一步的研究发现上市公司开通微博后，公司股价对分析师盈余预测修正的反应更大。在审计方面，尹美群等（2016）发现微博公众号对上市公司的负面报道越多，其审计费用越高，而且这种效应在审计单位为“非十大”的企业中更加敏感。赵梅等（2017）发现审计师对于新媒体发布的公司信息非常关注，新媒体发布的负面信息越多，审计师出具“非标”审计意见的可能性越大。尹美群和李文博（2018）发现网络媒体关注度有助于抑制公司风险，审计质量在网络媒体关注度和风险抑制之间发挥部分中介作用。在代理成本方面，莫冬燕和张颖（2017）实证检验了微信新媒体关注对代理成本的影响，发现微信新媒体关注有助于降低上市公司的第一类代理成本和第二类代理成本，而且相对于报纸媒体，微信新媒体对两类代理成本的抑制作用更加显著。韩少真等（2018）的实证结果表明网络新媒体可以有效抑制上市公司的非效率投资，但这种抑制作用依赖于其他外部治理环境。在内部控制方面，徐静等（2018）的研究发现网络新媒体有助于降低内控缺陷所导致的市场负面反应。在经营绩效方面，王卫星和左哲（2018）认为网络新媒体的出现弥补了传统媒体信息披露时效性差、成本高的缺点，实证结果也表明企业开设官方微博有助于提升经营业绩，而进一步的研究结果还表明微博信息披露越多，企业经营绩效越好。

第五节　本章小结

通过对理论的回顾和文献的梳理，可以发现媒体的公司治理作用是当今理论研究的热点，特别是网络新媒体的治理作用。本章从媒体治理的理论基础、公司治理的理论基础、媒体报道对资本市场的影响、网络新媒体对资本市场的影响四个方面进行综述，这些研究成果具有重要的理论意义和现实意义，同时我们可以得到以下启示：

第一，在法律制度不完善、监管不力的经济环境中，媒体报道可以起到公司治理作用。媒体报道发挥公司治理作用主要有以下三条渠道：传统监督渠道、声誉渠道和市场压力机制。媒体报道不仅可以影响企业内部治理，还可以影响企业外部治理。从媒体报道的公司治理效应来看，结论并不一致。这一研究与实践工作紧密联系，媒体报道对上市公司的影响无疑是重要的，有关媒体报道与上市公司的研究也是必要的。从现有的研究文献来看，有关网络新媒体对上市公司影响的研究才刚刚起步，许多问题依然有待研究。有关网络新媒体的公司治理效应的研究更是少之又少，因此本书有助于从理论上补充网络新媒体发挥公司治理效应的文献。

第二，媒体作为重要的信息传播媒介，可以为公众提供大量的信息（Miller，2006）。媒体报道对资本市场具有重要意义，但媒体报道治理作用的发挥有赖于报道内容的客观真实性。如果媒体存在迎合公众偏好的心理，那么报道内容的客观真实性将难以保证。如果媒体报道能够及时发现上市公司的违规行为，同时其后续跟踪报道能够监督上市公司对违规行为进行纠偏，那么此时媒体报道则扮演着“看守人”的角色，从而提高了公司治理水平。

第三章　制度背景与理论分析

本章首先阐述了研究的制度背景，包括我国上市公司信息披露的政策规定、投资者与上市公司通过网络新媒体互动的发展现状，说明我国监管部门在上市公司信息披露方面做出的努力，以及网络新媒体互动有可能在其中发挥的积极作用。然后构建了一个理论分析框架，研究网络新媒体互动影响上市公司信息披露，进而作用于盈余管理的传导机制，为实证研究提供理论基础。

第一节　制度背景

一、上市公司信息披露制度体系

改革开放以来，我国资本市场的发展大致可以分为以下三个阶段：从1978~1992年是我国资本主义市场的萌芽阶段，这一阶段的内在推动力是中国经济转轨过程中的企业内在需求，这一时期以分隔的区域性试点为主，但这种发展模式缺乏规范和监管；从1993~1998年是全国性资本市场的形成和初步发展阶段，统一的监管体系在这一阶段初步确立，出台了一系列相关的法律法规和规章制度，但也存在体制和机制缺陷的问题；从1999年至今是资本市场的进一步规范和发展阶段，这一阶段带动了股份制公司在中国的普及，推动了现代企业管理制度，完善了相关的法律制度和会计制度，建立了现代社会信用体系，使上市公司日益成为中国经济的重要组成部分。

我国资本市场自20世纪80年代问世以来，经历了40多年的发展，逐渐从新兴传统的资本市场发展成为成熟健全的资本市场。上海证券交易所在1990年11月26日挂牌成立，次年7月3日挂牌成立了深圳证券交易所，这标志着我国证券市场发展的开端。目前初步形成了以《公司法》《证券法》为主体，相关行

政法规和部门规章为补充的多层次、全方位信息披露制度体系，如图 3-1 所示。

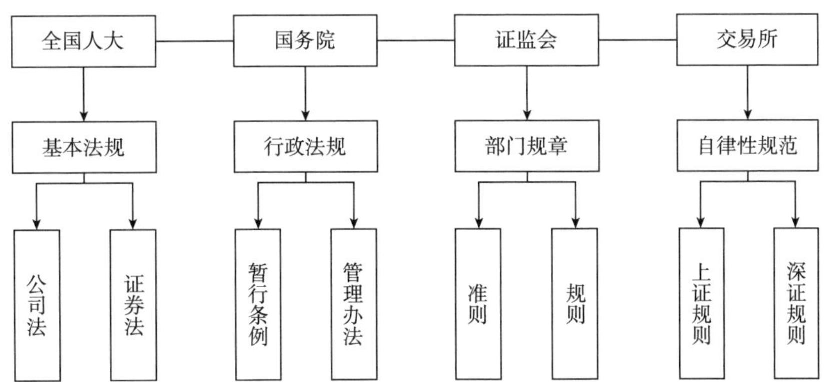

图 3-1　我国上市公司信息披露制度体系框架

（一）按制度体系划分信息披露制度

按照我国制度体系，可以将上市公司信息披露划分为以下四个层次：

第一层次是由最高立法机关（全国人大）制定的基本法律，包括《中华人民共和国公司法》《中华人民共和国证券法》《中华人民共和国刑法》等组成的基本法律。

第二层次是由国务院颁布的有关证券市场的行政法规，例如国务院颁布的《国务院关于股份有限公司境内上市外资股的规定》《股票发行与交易管理暂行条例》《可转换公司债券管理暂行办法》等法规。

第三层次是由证券监管部门制定的规章，其法律效力仅次于法律和行政法规。例如中国证监会颁布的《上市公司信息披露管理办法》《公开发行股票公司信息披露实施细则》《证券发行与承销管理办法》《证券市场禁入规定》等。

第四层次是自律性规范，主要是指证券交易所制定颁发的市场规则和中国证券业协会制定颁发的行业守则。我国上市公司信息披露制度体系如图 3-1 所示。

（二）按市场主体划分信息披露制度

依据证券市场的主体，将信息披露制度划分为一级市场信息披露制度和二级市场信息披露制度。一级市场是发行人以筹集资金为目的，按照一定的法定程序，向投资者出售新证券所形成的市场，又被称为发行市场或初级市场，所以一级市场信息披露也可以叫作发行市场信息披露，主要包括招股说明书、上市公告书、配股说明书。二级市场是已发行证券通过买卖交易实现流通转让的市场，又被称为交易市场或次级市场，所以二级市场信息披露也可以叫作交易市场信息披露，主要包括年报、半年报、季报等定期报告或临时报告。我国上市公司现行信息披露类型及内容如图 3-2 所示。

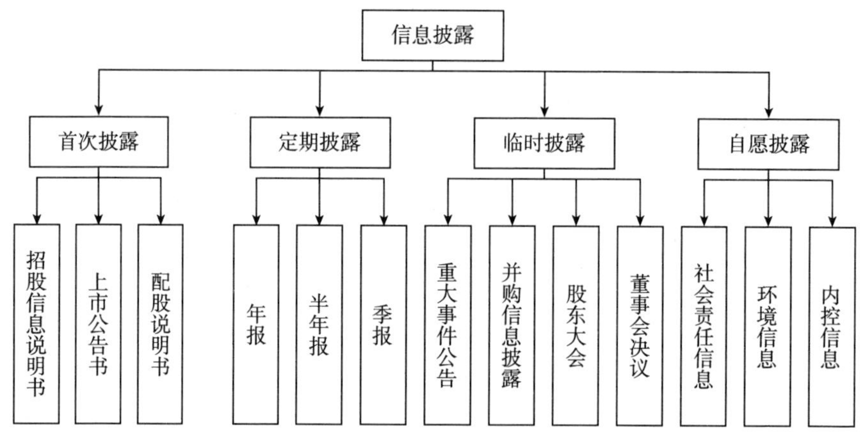

图 3-2 我国上市公司现行信息披露类型及内容

（三）按监管主体划分信息披露制度

从信息披露的监管主体来看，我国上市公司信息披露的监管部门主要是证券监督管理委员会、上海证券交易所、深圳证券交易所、中国注册会计师协会，这些部门各司其职，共同监督上市公司的信息披露。具体来说证券监督管理委员会的监管范围最广，也最具权威性，主要负责初次信息披露的监管；而上海证券交易所和深圳证券交易所居于一线的监管地位，但监管范围有限，主要负责持续性信息披露的监管；中国注册会计师协会处于间接监管地位，主要通过对会计师事务所的监督来实现对上市公司信息披露的监管。

二、上市公司信息披露内容

目前我国上市公司信息披露的内容是以强制性信息披露为主、自愿性信息披露为辅，且自愿性信息披露日益受到重视。根据监管要求，上市公司信息披露需要遵循真实性、及时性、准确性、完整性和规范性五方面的原则。深圳证券交易所还根据上市公司信息披露的内容进行信息披露考评，从总体考评结果来看上市公司信息披露质量不高。但上市公司信息披露渠道不断多元化，主要包括传统报纸渠道和互联网渠道。

（一）自愿性信息披露日益受到重视

随着资本市场的不断发展，上市公司的内外部经营环境变化复杂，上市公司进行自愿性信息披露的动机不断增强，自愿性信息披露的内容不断丰富。第一，这是为了满足投资者的信息需求。从客观上来讲，投资者总希望尽可能多地了解

上市公司的信息。随着投资者对上市公司信息需求深度和广度的不断提升，投资者的信息需求不仅仅局限于对财务信息有详细的掌握，还希望了解更多企业的非财务信息，倒逼上市公司自愿披露更多的非财务信息。第二，为了争夺有限的投资者。随着资本市场的不断扩大，上市公司的数量不断增多，上市公司对投资者的争夺更加剧烈。因此上市公司将采取各种方式展示其竞争优势，以获得投资者的青睐。投资者选择某只股票，不是对过去或现在进行的投资，而是对未来进行的投资。强制性信息披露是建立在历史成本信息上的，无法完全满足投资者的需求，而自愿性信息披露具有一定的前瞻性，可以对投资者的决策产生一定的指导作用。第三，为了承担社会责任，树立正面的公司形象。上市公司的目标是多元化的，从短期来看是为了追求高利润，但从长期来看希望树立勇于承担社会责任的形象，比如保护环境、服务社会等。上市公司积极披露企业社会责任信息，有助于提高上市公司的形象和公信力。所以上市公司存在多种动机选择主动披露更多的非财务信息，事实上许多上市公司通过自愿性信息披露来展示其核心竞争力。

表 3-1 是润灵环球责任评级（RKS）关于企业社会责任信息披露情况的汇总，可以反映沪深 A 股上市公司在 2009~2016 年企业自愿性信息披露情况。本书研究发现：①从企业社会责任信息披露份数来看，规模逐渐扩大。在 2009 年沪深 A 股上市公司共发布了 314 份企业社会责任报告，2016 年发布企业社会责任报告的上市公司高达 747 家。但相对于整个沪深 A 股市场来讲，企业社会责任信息披露比例依旧偏低。②从企业社会责任信息披露得分来看，其质量不断改善。在 2009 年企业社会责任信息披露得分均值只有 29.8 分（满分 100 分），2016 年的得分均值提高到了 42.5 分。

表 3-1　企业社会责任信息披露情况

年份	企业社会责任信息披露份数	企业社会责任信息披露得分均值
2009	314	29.8
2010	471	32.7
2011	518	34.9
2012	582	37.1
2013	644	39.0
2014	681	40.5
2015	707	42.6
2016	747	42.5

资料来源：润灵环球责任评级（RKS）。

（二）上市公司信息披露原则

证券监督管理委员会在2007年颁布的《上市公司信息披露管理办法》，要求上市公司在进行信息披露时需要遵循以下五个基本原则：

一是真实性原则。真实性原则首先要求信息披露需要以客观事实或有事实基础的客观判断为依据，其次要求如实反映客观情况。真实性是体现信息有效的核心，因此信息不能是虚假的或错误的。二是准确性原则。准确性原则首先要求信息披露语言明确、贴切，简明易懂、不得误导，其次要求不得夸大事实，比如预测性信息披露。上市公司在表述时不得使用概念模糊的词语或语句，所披露的信息要明确其含义。三是完整性原则。完整性原则要求上市公司做到内容完整、要件齐备、格式合规，要充分揭示风险和不确定性。更加具体地说，上市公司要对那些所有可能影响到股东或投资者做出错误判断的信息都进行披露，其信息披露要全面、周密、完整，不仅要披露对公司股价有利的因素，对公司股价不利的风险也要披露。四是及时性原则。及时性原则要求上市公司应当在规定期限内披露所有对股票及其衍生品种交易价格可能产生较大影响的信息。信息的一个明显特点就是时效性，缺乏时效性的信息是没有价值的，投资者只有参考具备时效性的信息才有助于做出正确决策。信息披露及时性的要求也是为了防止内幕交易，是保护投资者利益的一种手段。五是公平性原则。公平性原则要求上市公司应当同时向所有投资者公开披露重要信息，确保所有投资者可以平等地获取同一信息，不得私下提前向特定对象单独披露、透露或泄露。这一原则实际上是对信息披露方式和渠道等做出的相关规定或要求。

虽然监管部门要求上市公司必须遵循真实、准确、完整、及时、公平等的原则公开披露重要信息，但从实践的结果来看，并没有充分履行。表3-2是沪深A股上市公司在2000~2017年年报披露时间的分布情况，反映了上市公司信息披露及时性的履行情况。可以发现绝大部分上市公司选择在3月或4月披露年报信息，选择在1月或2月披露年报信息的上市公司比重很小。由此可以看出，绝大部分上市公司倾向于延迟披露年度报告，甚至一些公司到了4月最后期限才披露其年度报告。而且从趋势上来看，越来越多的企业选择在4月披露年度报告。这样来看，我国上市公司信息披露的及时性亟待提高。

表3-2 上市公司年度报告披露时间分布

年份	总样本	1月		2月		3月		4月	
		数量	比重	数量	比重	数量	比重	数量	比重
2000	1053	39	3.70%	179	17.00%	472	44.82%	363	34.47%
2001	1108	23	2.08%	132	11.91%	485	43.77%	468	42.24%

续表

年份	总样本	1月		2月		3月		4月	
		数量	比重	数量	比重	数量	比重	数量	比重
2002	1116	57	5.11%	112	10.04%	420	37.63%	527	47.22%
2003	1193	24	2.01%	167	14.00%	487	40.82%	515	43.17%
2004	1288	37	2.87%	129	10.02%	518	40.22%	604	46.89%
2005	1295	28	2.16%	140	10.81%	475	36.68%	652	50.35%
2006	1392	35	2.51%	121	8.69%	505	36.28%	731	52.51%
2007	1516	42	2.77%	187	12.34%	566	37.34%	721	47.56%
2008	1576	12	0.76%	147	9.33%	618	39.21%	799	50.70%
2009	1757	38	2.16%	186	10.59%	741	42.17%	792	45.08%
2010	2112	57	2.70%	155	7.34%	1006	47.63%	894	42.33%
2011	2351	17	0.72%	212	9.02%	1062	45.17%	1060	45.09%
2012	2482	21	0.85%	136	5.48%	1019	41.06%	1306	52.62%
2013	2534	35	1.38%	138	5.45%	1061	41.87%	1300	51.30%
2014	2741	41	1.50%	154	5.62%	1095	39.95%	1451	52.94%
2015	2919	43	1.47%	160	5.48%	1108	37.96%	1608	55.09%
2016	3254	23	0.71%	146	4.49%	1244	38.23%	1841	56.58%
2017	3503	12	0.34%	89	2.54%	1120	31.97%	2282	65.14%

资料来源：Wind 数据库。

（三）上市公司信息披露质量

我国股票市场的发展时间较短，从总体上来看上市公司信息披露质量不高。深圳证券交易所从 2001 年开始每年对在深圳发行上市的 A 股进行信息披露考评。表 3-3 是深圳挂牌上市的主板、中小板和创业板企业在 2001～2017 年各年度的信息披露考评情况，它可以反映我国上市公司信息披露的整体质量。

表 3-3　上市公司信息披露考评情况

年份	总样本	不合格（D）		合格（C）		良好（B）		优秀（A）	
		数量	比重	数量	比重	数量	比重	数量	比重
2001	517	35	6.77%	251	48.55%	201	38.88%	30	5.80%
2002	509	33	6.48%	197	38.70%	239	46.95%	40	7.86%
2003	507	25	4.93%	173	34.12%	268	52.86%	41	8.09%
2004	502	22	4.38%	147	29.28%	303	60.36%	30	5.98%

续表

年份	总样本	不合格（D）		合格（C）		良好（B）		优秀（A）	
		数量	比重	数量	比重	数量	比重	数量	比重
2005	547	35	6.40%	149	27.24%	308	56.31%	55	10.05%
2006	592	32	5.41%	188	31.76%	313	52.87%	59	9.97%
2007	690	27	3.91%	234	33.91%	363	52.61%	66	9.57%
2008	759	19	2.50%	206	27.14%	454	59.82%	80	10.54%
2009	812	18	2.22%	147	18.10%	550	67.73%	97	11.95%
2010	1168	16	1.37%	191	16.35%	806	69.01%	155	13.27%
2011	1411	24	1.70%	169	11.98%	985	69.81%	233	16.51%
2012	1537	19	1.24%	193	12.56%	1082	70.40%	243	15.81%
2013	1536	17	1.11%	159	10.35%	1064	69.27%	296	19.27%
2014	1618	32	1.98%	147	9.09%	1103	68.17%	336	20.77%
2015	1746	40	2.29%	210	12.03%	1136	65.06%	360	20.62%
2016	1869	52	2.78%	218	11.66%	1222	65.38%	377	20.17%
2017	2089	57	2.73%	276	13.21%	1381	66.11%	375	17.95%

资料来源：深圳证券交易所官网。

通过表 3-3 可以发现，从整体趋势来看，企业信息披露质量呈现不断改善的趋势，但信息披露质量仍有待进一步提高。从 2001～2017 年信息披露考评为 C 或 D（合格或不合格）的上市公司逐年下降，信息披露考评为 A 或 B（优秀或良好）的上市公司逐年增加。到 2017 年信息披露考评为优秀的上市公司比重大约只有 20%，同时大约还有 3%的上市公司信息披露考评为不合格。

（四）上市公司信息披露渠道

目前来看，上市公司进行信息披露的渠道众多。首先，一般来说，传统的书、报纸、杂志等都是上市公司进行信息披露的常用渠道，许多上市公司经常定期在金融类报刊上披露信息。其次，报纸是中国上市公司进行信息披露的普遍渠道，证券市场信息披露的指定报纸包括《证券日报》《中国证券报》《上海证券报》《证券时报》《金融时报》《证券市场周刊》《中国改革报》等。

随着现代信息技术的不断发展，互联网渠道也逐渐成为上市公司信息披露的重要渠道。海外进行信息披露的主要渠道是通过互联网发布，网络已经走进了我国千家万户，上市公司国内信息披露渠道也开始走向电子化。电子化信息披露方式更加便于上市公司管理，可以提高信息披露的及时性和公平性，对于投资者来说查询和存档也更加便捷。目前我国上市公司在国内通过互联网进行信息披露的

途径主要有以下两个：一是证券监督管理委员会指定的三家网站：上海证券交易所网站、深圳证券交易所网站、巨潮资讯网，最初是为了方便上市公司发布定期报告，2003 年以后也开始披露其他信息。在 2009 年，证券监督管理委员会指定了 5 家创业板信息披露网站：巨潮资讯网、中国资本证券网、中国证券网、中证网、证券时报网。二是上市公司官方网站，许多自愿性信息披露都发布在上市公司官方网站上。

三、网络新媒体——“互动易”平台

“互动易”平台的互动方式是上市公司的董事会秘书或者证券事务代表回答投资者的提问，具有较强的互动性。深圳证券交易所发布的《关于深圳证券交易所上市公司投资者关系互动平台（“互动易”）有关事项的通知》（深证上〔2013〕278 号）明确指出：“上市公司不得通过‘互动易’透露、泄露未公开重大信息。一旦出现透露、泄露未公开重大信息情形的，上市公司应当立即通过中国证监会指定媒体发布正式公告，并采取其他必要措施。”根据这一规定，上市公司在回答投资者提问时，只能回复未触及信息披露标准的信息，对于触及信息披露标准的信息，应当在中国证监会指定媒体上披露后，方可通过“互动易”平台进行回复。这种互动方式有助于投资者排除干扰信息，掌握关键信息，而且有助于投资者对上市公司披露的信息进行解读，优化投资者的信息解读过程。如果投资者对上市公司公布的信息存在任何疑惑，都可以通过深圳“互动易”平台要求上市公司答疑解惑。无论是从信息获取还是从信息解读来看，“互动易”平台都可以起到优化信息披露的作用。而且“互动易”平台是一个开放的平台，投资者与上市公司的互动过程以在线文字形式呈现，这就意味着全体投资者都可以查阅，具备网络新媒体的特点。Hales（2009）的研究表明：投资者可以通过观察他人的信息行为来优化自身决策。这就意味着，“互动易”平台的开放性可以保证那些没有参与互动的投资者通过浏览阅读其他投资者与上市公司的互动过程来优化自身信息行为，从而间接提高信息获取与解读能力。

“互动易”平台的功能特性和制度背景可以保证互动过程的信息质量。首先，投资者与上市公司的互动过程受到深圳证券交易所监督，具备事后追责的法定效力；其次，“互动易”平台由深圳证券交易所负责运营，能够保证互动记录的真实性和完整性；最后，上市公司在回复投资者提问时严禁使用虚假信息。

根据收集到的互动记录，可以将“互动易”平台的互动信息分为以下几类：①咨询行业、产品、经营等方面的信息。一方面是投资者向上市公司咨询经营模式、研发进展、专利情况等专业性较强的内容，这些难以通过查阅其他资料获得权威的答案。另一方面是投资者针对一些披露缺乏连续性的信息进行咨询，这些资料难以从海量的公告中快速检索获得。②求证公司传闻。以微博、微信、股吧为代表的新媒体门槛低、成本低，淡化了媒体的“守门员”角色。新媒体的匿名性和裂变式传播，普通投资者无法辨别信息真伪，导致投资者在众多信息中迷失，此时投资者可以在“互动易”平台上进行求证。③向公司提供各种建议。一方面投资者作为上市公司的股东，有动机向公司进言献策。另一方面投资者也有可能是产品的使用者，即消费者，他们也可能对产品的改进提供建议。④对公司的经营状况提出质询。作为股东，投资者有权力对公司的生产经营情况、盈利情况、募集资金应用情况提出质询。

投资者与上市公司通过互动沟通，一方面提高了投资者的信息获取渠道和信息解读能力，有助于投资者理解上市公司的经营决策；另一方面上市公司也能及时了解到投资者的心声和关注点，对上市公司形成无形的监督，并做出相应的战略调整。

四、网络新媒体与传统媒体的差异

随着互联网技术的不断发展，新兴互联网媒体开始登上历史舞台，出现了各种各样的新媒体，比如微博、公众号等交流平台。新媒体的出现削弱了传统媒体的话语权，并逐渐成为用户的第二个媒体选择。以报纸、电视为代表的传统媒体，其内容生产模式是专业生产内容（PGC），而新媒体的内容生产模式则是用户生产内容（UGC）。国内外许多学者都对“新媒体”进行了定义：美国杂志《连线》认为“新媒体就是所有人对所有人的传播”；美国媒介理论专家保罗·莱文森认为新媒体具备的特征是“一旦其内容贴到网上，人们就可以使用、欣赏，并从中获益，而且这个是按照使用者方便的时间去使用，而不是按照媒介确定的时间表去使用”；我国学者匡文波认为“新媒体应该是数字化互动式新媒体”。通过对上述定义的总结可以发现，新媒体的核心特征是数字化和互动化，数字化就要求以数字技术为基础，互动化就要求在传播过程中用户存在互动。从本质上看，“互动易”平台属于新媒体的范畴，用户既是信息发布者，又是信息接收者。新媒体的开放性、及时性、互动性等特点契合资本市场的公平、公开、公正的原则。

（一）传统媒体的特点

第一，传统媒体的报道更加权威、更加专业。相对于新媒体，传统媒体的体制机制更加规范、从业人员更加专业、法律法规约束性更强，因此传统媒体的信息发布需要通过层层审核，信息更加真实可靠，所以传统媒体也常常肩负着“守门员”的角色。第二，传统媒体的容量有限。由于传统媒体的业务处理能力有限，而且存在版面限制的问题，这就导致传统媒体的信息承载无法跟新媒体相媲

美。第三，传统媒体的时效性不强。社会中每时每秒都在产生新的信息，传统媒体受制于业务处理能力，无法随时收集分散的信息，也无法随时向社会报道，如遇到突发事件将力不从心。第四，传统媒体的控制性较强。传统媒体受到法律法规和政府部门的强度控制，这种强控制性具有两面性，一方面可以确保报道的权威性和专业性，另一方面也将导致一些问题，例如对于一些“敏感”问题将不被报道。第五，传统媒体的传播是单向的。传统媒体的特点是媒体单向地向受众传播信息，缺乏互动。虽然近年来，传统媒体也通过微博、公众号等途径与受众交流，提高了互动性，但并未从根本上改变传统媒体“单向”传播的特点。

（二）新媒体的特点

第一，新媒体的时效性极强。新媒体时代就是“全民记者时代”，人人都可以使用各种社交软件即时发布最新消息。无论在哪个角落、哪个时间，当事人都可以通过朋友圈、微博、论坛等平台发布内容。第二，新媒体具有较强的互动性。新媒体不存在进入门槛，任何人在遵守一定规则的前提下，都可以自由发布、传播信息。而且新媒体允许信息发布者、传播者和受众之间进行互动，打破了时间和地域的限制。第三，新媒体传播过程中存在非理性。新媒体的受众大部分是普通公众，他们并未经过专业的训练，也不具备相关的专业知识，无法甄别信息的真伪。如果突然发生某个事件，公众往往过于乐观或过于悲观，无法理性地看待问题。第四，新媒体的控制性较弱。新媒体往往缺乏监督，法律法规对它的约束性不强。虽然有关法律对新媒体平台和信息发布者提出了要求，但是信息发布者的匿名性、低门槛性无法完全受到法律约束。

五、“互动易”平台运行状况

近年来，学术界开始重视新媒体对资本市场的作用，新媒体可以实现投资者与上市公司之间及时、高效的沟通，弥补了传统媒体时效性差的缺陷，监管机构对于上市公司使用新媒体来进行信息披露的态度也愈加开放。例如美国证券交易委员会早在2013年就发表声明，上市公司只要提前告知投资者将在哪个媒体平台发布信息，就可以自由在Twitter、Facebook等新媒体平台披露信息。为了适应新形势下的信息需求，深圳证券交易所推出了“互动易”平台。为了对深圳“互动易”平台有一个大致了解，本书对2010~2017年“互动易”平台的运行状况进行了描述性统计分析。

（一）时间特征的描述性统计

截止到2017年12月31日，深圳“互动易”平台上的投资者提问累计2332440条，其中有效提问2117126条，上市公司回复率为95%，日均页面浏览量达到100394次。从总体来看，“互动易”平台越来越受到投资者的青睐，越来越多的机构投资者、证券分析师也开始不断通过这一平台向上市公司提问。

表 3-4 列示了深圳“互动易”平台自开通以来有效沟通频数的时间分布，从中可以发现：在平台开通之初只有 816 家投资者与上市公司进行了互动沟通，占深圳 A 股市场的 71.27%，每家投资者与上市公司的互动沟通次数平均为 16.02 次，互动沟通最多的次数为 396 次；但是在 2011 年，投资者与上市公司进行互动沟通的比例高达 94.16%，互动沟通的频数平均为 37.59 次，互动沟通最多的次数为 641 次；到了 2017 年，整个深圳 A 股市场中的股票是 2078 只，参与互动的企业有 2073 家，互动比例高达 99.76%，也就是说基本上所有的深圳 A 股投资者与上市公司有互动沟通过程，同时互动沟通的频数平均为 130.90 次，互动沟通最多的次数高达 2457 次。从平均来看互动频数最高的是在 2014 年，其次是 2016 年，原因在于 2014 年经历大牛市，接着 2015 年开始进入熊市。

表 3-4 深圳“互动易”平台有效沟通频数时间分布

年份	深圳 A 股（只）	参与互动企业（家）	参与互动比例（%）	互动频数均值	互动频数标准差	互动频数最小值	互动频数最大值
2010	1145	816	71.27	16.02	33.51	1	396
2011	1387	1306	94.16	37.59	63.40	1	641
2012	1516	1511	99.67	78.77	117.01	1	1422
2013	1517	1512	99.67	168.26	204.98	1	2318
2014	1599	1589	99.37	228.18	260.75	1	3718
2015	1731	1718	99.25	216.85	227.17	1	2562
2016	1855	1845	99.46	166.52	190.67	1	2835
2017	2078	2073	99.76	130.90	161.68	1	2457

资料来源：作者收集整理。

（二）行业特征的描述性统计

表 3-5 列示了深圳“互动易”平台有效沟通频数行业分布，上市公司最多的行业是机械装备制造业（2914 家），其次是信息技术业（2311 家）。从参与互动比例来看，最高的来自木材、家具制造业（98.39%），随后是造纸印刷业（97.45%）、建筑业（97.39%）和电子制造业（97.38%）；最低的来自电力、燃气及水的生产和供应业（92.51%），随后是批发和零售贸易（93.94%）、房地产业（94.12%）和传播与文化产业（94.39%）。可能的原因是木材、家具制造业（C2），造纸印刷业（C3）、建筑业（E）的经营存在较大的不确定性，投资者对企业的经营情况密切关注；电子制造业（C5）的科技含量较高，普通的投资者无法理解或解读上市公司披露的信息，因此需要通过这一平台与上市公司直接沟通；而电力、燃气及水的生产和供应业（D），批发和零售贸易（H），房地产业

（J）和传播与文化产业（L）披露的信息更容易被投资者获取和解读。

表 3-5 深圳“互动易”平台有效沟通频数行业分布

行业代码	深圳 A 股（只）	参与互动企业（家）	参与互动比例（%）	互动频数均值	互动频数标准差	互动频数最小值	互动频数最大值
A	170	163	95.88	105.97	116.84	1	758
B	217	210	96.77	132.22	182.53	1	1160
C0	476	457	96.01	142.27	224.56	1	2318
C1	305	295	96.72	125.98	147.73	1	969
C2	62	61	98.39	155.82	439.11	1	3361
C3	196	191	97.45	125.42	151.70	1	1123
C4	1340	1296	96.72	121.36	167.29	1	2457
C5	191	186	97.38	162.20	150.43	1	705
C6	915	882	96.39	130.87	164.39	1	1346
C7	2914	2817	96.67	133.23	172.04	1	2835
C8	831	807	97.11	180.99	218.01	1	1525
C9	63	61	96.83	109.18	113.50	4	609
D	347	321	92.51	75.95	82.38	1	517
E	307	299	97.39	132.23	189.73	1	1232
F	187	179	95.72	87.09	131.13	1	848
G	2311	2246	97.19	183.29	234.48	1	3718
H	462	434	93.94	118.93	225.84	1	2562
I	158	150	94.94	111.11	147.43	1	1337
J	459	432	94.12	109.48	144.72	1	999
K	665	644	96.84	126.63	187.06	1	1849
L	196	185	94.39	193.18	226.88	1	1631
M	56	54	96.43	252.80	381.45	1	1623

注：使用证监会 2001 年行业标准进行分类，行业分类依次为：（A）农林渔牧业；（B）采掘业；（C0）食品饮料制造业；（C1）纺织服饰制造业；（C2）木材、家具制造业；（C3）造纸印刷业；（C4）石油化工业；（C5）电子制造业；（C6）金属、非金属制造业；（C7）机械装备制造业；（C8）医药制造业；（C9）其他制造业；（D）电力、燃气及水的生产和供应业；（E）建筑业；（F）交通运输、仓储业；（G）信息技术业；（H）批发和零售贸易；（I）金融、保险业；（J）房地产业；（K）社会服务业；（L）传播与文化产业；（M）综合类。

资料来源：作者收集整理。

从互动频数均值来看，最高的来自综合类（252.80 次），随后是传播与文化产业（193.18次）、信息技术业（183.29次）和医药制造业（180.99次）；最低的来自电力、燃气及水的生产和供应业（75.95次），随后是交通运输、仓储业（87.09次），农林渔牧业（105.97次）和其他制造业（109.18次）。可能的原因是综合类（M）、传播与文化产业（L）、信息技术业（G）和医药制造业（C8）的经营业务较为复杂，投资者难以通过公开披露的信息获取必要信息，因此互动沟通的频数就比较高。而电力、燃气及水的生产和供应业（D），交通运输、仓储业（F），农林渔牧业（A）和其他制造业（C9）的业务较为简单，投资者能够方便获取和解读公开信息。

（三）地域特征的描述性统计

表3-6列示了深圳“互动易”平台有效沟通频数地域分布，上市公司最多的省份是广东（2761家），随后是浙江（1416家）、江苏（1314家）和北京（1030家）。从参与互动的比例来看，最高的是宁夏（98.44%），随后是重庆（98.04%）、贵州（97.73%）和北京（97.67%）；最低的是甘肃（90.60%），随后是天津（91.61%）、江西（92.00%）和辽宁（92.46%）。从互动频数均值来看，最高的是青海（269.17次），随后是贵州（204.38次）、北京（204.18次）和宁夏（185.41次）；最低的是甘肃（83.82次），随后是西藏（94.00次）、广西（98.43次）和山西（98.89次）。

表3-6 深圳“互动易”平台有效沟通频数地域分布

省份	深圳A股（只）	参与互动企业（家）	参与互动比例（%）	互动频数均值	互动频数标准差	互动频数最小值	互动频数最大值
北京	1030	1006	97.67	204.18	279.15	1	3718
天津	155	142	91.61	159.81	169.85	1	959
河北	237	230	97.05	136.23	172.82	1	1138
山西	131	123	93.89	98.89	157.16	1	909
内蒙古	75	72	96.00	147.97	173.51	1	963
辽宁	305	282	92.46	136.61	179.75	1	1153
吉林	173	166	95.95	164.33	247.63	1	1914
黑龙江	70	65	92.86	149.00	151.64	1	639
上海	474	461	97.26	137.22	164.82	1	1738
江苏	1314	1264	96.19	130.55	178.97	1	2562
浙江	1416	1379	97.39	125.48	154.15	1	1774
安徽	387	372	96.12	131.42	201.95	1	2046
福建	467	450	96.36	124.59	147.85	1	1228
江西	150	138	92.00	119.32	141.88	1	936
山东	825	803	97.33	125.27	159.59	1	1529

续表

省份	深圳A股（只）	参与互动企业（家）	参与互动比例（%）	互动频数均值	互动频数标准差	互动频数最小值	互动频数最大值
河南	329	315	95.74	117.83	176.27	1	2097
湖北	393	374	95.17	129.33	154.57	1	1087
湖南	423	409	96.69	131.67	186.28	1	2252
广东	2761	2675	96.89	149.27	203.49	1	3361
广西	144	136	94.44	98.43	105.44	1	792
海南	134	129	96.27	159.66	264.34	1	1631
重庆	153	150	98.04	127.33	205.48	1	1335
四川	471	457	97.03	153.26	224.80	1	2318
贵州	88	86	97.73	204.38	271.85	1	1491
云南	139	135	97.12	149.44	199.46	1	1139
西藏	34	32	94.12	94.00	116.16	1	453
陕西	177	172	97.18	98.93	140.43	1	1083
甘肃	117	106	90.60	83.82	83.30	1	427
青海	31	29	93.55	269.17	218.52	2	1085
宁夏	64	63	98.44	185.41	203.46	1	880
新疆	161	149	92.55	136.54	186.18	1	1475

资料来源：作者收集整理。

第二节　网络新媒体互动与盈余管理的作用机理

国外许多学者基于经理人的不同动机建立了多种理论模型分析盈余管理行为。本书借鉴 Sun 等在 2014 年构建的模型（Sun，2014），在其基础上引入代理人向委托人披露有关企业生产经营的信息 θ，模型假设经理人的报酬基于期末发布的财务盈余水平，该盈余水平可能不是企业的真实盈余水平，但经理人对于企业的生产经营至关重要，无论经理人是否进行盈余管理，委托人都愿意委托经理人进行生产经营。

一、模型假设

假定风险偏好中性的委托人（股东）雇佣风险偏好厌恶的代理人（经理人）进

行生产经营活动。经理人在生产经营过程中可以自由选择努力水平 e，但其努力水平无法被委托人观察到。假设努力水平 e 有且只有两种取值，即 $e \in \{l, h\}$，且 $l<h$，l 表示经理人选择较低的努力水平，h 则表示经理人选择较高的努力水平。经理人在选择相应的努力水平时，需要为之付出相应的成本，用成本函数 $C(e)$ 表示。为了便于分析，进一步假定代理人选择较低努力水平需要付出的成本为 0，即 $C(l)=0$；较高努力水平需要付出的成本为 c，即 $C(h)=c>0$。同时，经理人的效用函数 $U(\cdot)$ 具有严格单调递增和严格凹的特性，即 $U'(\cdot)>0$，$U''(\cdot)<0$。经过经理人的生产经营活动后，企业获得盈余 y，假设企业盈余 y 也有且只有两种取值，即 $y \in \{L, H\}$，且 $L<H$，L 表示企业获得较低的盈余水平，H 则表示企业获得较高的盈余水平。企业真实盈余受到经济环境和经理人努力水平影响，假定经济环境的波动是随机的，因此企业盈余水平也是随机的，且企业取得 L 和 H 盈余水平的概率与经济环境的波动一致。经理人选择的努力水平会影响盈余水平波动与经济环境波动的一致性，假定经理人选择的努力水平为 h 时，企业获得较高盈余水平 H 的概率为 p_H；经理人选择的努力水平为 l 时，企业获得较高盈余水平 H 的概率为 p_L，其中 $p_H>p_L$。

模型的契约时序图如图 3-3 所示。首先委托人向代理人提供一份契约，代理人自由决定接受与否。随后代理人选择努力水平进行生产经营，由于代理人具有企业生产经营的私有信息，可以判断是否有机会进行盈余管理。假定代理人可以进行盈余管理的概率为 x，那么无法进行盈余管理只能如实报告盈余的概率为 $(1-x)$。最后代理人向委托人发布盈余报告，委托人根据代理人提供的盈余报告执行契约。

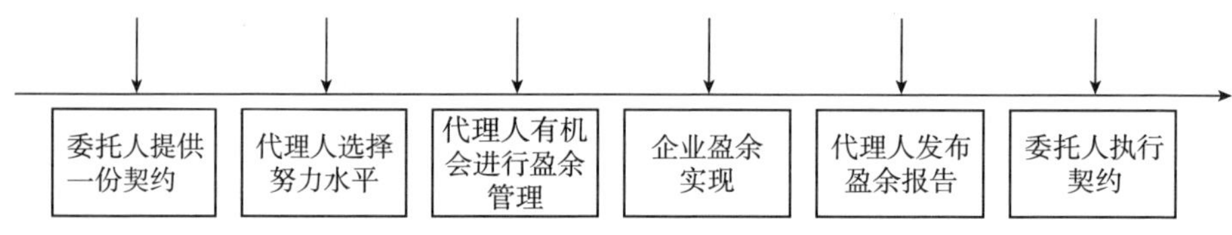

图 3-3　模型的契约时序图

模型中，如果经理人向委托人提交的财务盈余报告并非企业的真实盈余水平，那么经理人就进行了盈余管理。但是经理人进行盈余管理也会为其带来一定的成本，这个成本受到盈余管理程度 $(H-L)$ 和代理人向委托人披露有关企业生产经营的信息 θ（即网络新媒体互动）的影响。假设管理层了解有关企业生产经营的信息为 $\bar{\theta}$，那么 $\theta \in (0, \bar{\theta})$。于是管理层进行盈余管理需要付出的成本可以表示为 $\phi(H-L, \theta)$，其中 $\phi_1>0$，$\phi_2>0$。如果经理人报告的盈余水平与真实盈余一

致，即未进行盈余管理，那么 $\phi(0,\ \theta)=0$；如果不一致，即进行盈余管理，那么 $\phi(H-L,\ \theta)=\psi(\theta)>0$，其中 $\psi'(\theta)>0$。由于经理人存在报酬激励，因此只可能对 L 水平的盈余进行操纵并报告为 H 水平的盈余，反之经理人没有激励进行反向的盈余管理。

由于薪酬契约的设计基于双方都可以观测到的并可以被量化的指标——企业财务盈余，因此经理人获得的薪酬取决于期末的盈余报告。经理人的薪酬也有两种情况 w_i，$i\in\{L,\ H\}$，其效用可以表示为 $U(w_i)=u_i$。由于在该模型框架下，经理人有一定的概率 x 进行盈余管理，同时企业盈余还受到另一随机变量的影响——经济环境，只要经理人报告的企业盈余 $y\in\{L,\ H\}$，代理人就难以判断经理人是否进行了盈余管理。

二、模型建立

在委托代理模型框架下，委托人和代理人存在利益冲突。委托人的目标在于期望代理人选择较高的努力水平，以此取得较高的盈余水平；代理人的目标在于实现个人效用最大化。假定 $V(\cdot)=U^{-1}(\cdot)$，即经理人获得效用 u_i 所必须支付的成本，由于 $U(\cdot)$是严格单调递增的和严格凹的，所以 $V(\cdot)$是严格单调递增的和严格凸的。在此情形下，最优的薪酬契约设计必须能够激励经理人选择较高的努力水平，同时如实报告企业盈余水平。

经理人通过选择努力水平和盈余报告策略 $R(y)$，以实现个人效用最大化，若经理人如实报告企业盈余，表示为 $\bar{R}(\cdot)$，即 $\bar{R}(L)=L$，$\bar{R}(H)=H$。因此，经理人的个人效用可以表示为：

$$U_m[e,\ R(y)]=xE[u_{R(y)}-\phi(R(y)-y,\ \theta)-C(e)]+(1-x)E[u_{\bar{R}(y)}-C(e)] \tag{3-1}$$

其中，第一项表示经理人进行盈余管理后的期望效用，第二项则表示经理人未进行盈余管理的期望效用。

委托人的目标是最大化企业利润，即支付给代理人最少的工资，同时期望代理人选择较高的努力水平，即通过制定 u_i，$i\in\{L,\ H\}$ 来激励代理人。委托人提供的薪酬契约可以表示为：

$$\min_{u_L,u_H}E[V(u)\mid h]=x[p_HV(u_{R(H)})+(1-p_H)V(u_{R(L)})]+(1-x)[p_HV(u_{\bar{R}(H)})+(1-p_H)V(u_{\bar{R}(L)})] \tag{3-2}$$

$s.t.$

$$IC:\ E[U(h,\ R(y))]=xE[u_{R(y)}-\phi(R(y)-y,\ \theta)-C(e)\mid h]+(1-x)E[u_{\bar{R}(y)}-C(e)\mid h]\geqslant\bar{U} \tag{3-3}$$

$$IR1:\ h = \arg\max_{e\in\{l,h\}} E[U(e,\ R(y))]$$
$$= \arg\max_{e\in\{l,h\}} xE[u_{R(y)} - \phi(R(y)-y,\ \theta) - C(e)] + (1-x)E[u_{\overline{R}(y)} - C(e)] \quad (3-4)$$

$$IR2:\ R(y) = \arg\max_{r\in\{L,H\}} u_r - \phi(r-y,\ \theta),\quad \forall y\in\{L,\ H\} \quad (3-5)$$

其中，目标函数是激励经理人的期望成本，第一项表示经理人进行盈余管理后的委托人需要支付预期成本，第二项则表示经理人未进行盈余管理后的委托人需要支付预期成本。同时约束条件有三个：第一个条件（3-3）是参与约束，$\overline{U}$ 是经理人的保留效用，经理人选择较高努力水平时获得的效用高于保留效用；第二个条件（3-4）是努力水平激励相容约束，经理人选择较高努力水平时获得的效用高于选择较低努力水平时获得的效用，即经理人的最优选择是较高的努力水平；第三个条件（3-5）是盈余报告激励相容约束，经理人如实报告企业盈余时获得的效用高于进行盈余管理时获得的效用，即经理人的最优选择是如实报告企业盈余。

根据以上条件委托人可以制定最优的薪酬契约，即$\{u_L^*,\ u_H^*\}$，经理人选择最优的行动方案，即$\{e^*,\ R(y)\}$。在经理人选择最优的努力水平 $e^*=h$ 后，有四种盈余报告策略：$(a)\{R(L)=L,\ R(H)=H\}$；$(b)\{R(L)=H,\ R(H)=H\}$；$(c)\{R(L)=L,\ R(H)=L\}$；$(d)\{R(L)=H,\ R(H)=L\}$。经过分析后可以发现策略(c)和(d)不是理性选择，经理人没有激励进行向下盈余管理，因此理性经理人的盈余报告策略只有(a)和(b)。

三、模型求解

上述薪酬契约的激励相容约束可以表示为：

$$IR1:\ x[p_H(u_H-c)+(1-p_H)(u_H-\psi(\theta)-c)]+(1-x)[p_H(u_H-c)+(1-p_H)(u_L-c)] \geqslant x[p_Lu_H+(1-p_L)(u_H-\psi(\theta))]+(1-x)[p_Lu_H+(1-p_L)u_L] \quad (3-6)$$

$$IR2:\ u_L \geqslant u_H-\psi(\theta)$$
$$u_H \geqslant u_L \quad (3-7)$$

可解得：

$$IR1:\ u_H-u_L \geqslant \frac{c-x(p_H-p_L)\psi(\theta)}{(1-x)(p_H-p_L)} \quad (3-8)$$

$$IR2:\ u_H-u_L \leqslant \psi(\theta)$$
$$u_H-u_L \geqslant 0 \quad (3-9)$$

根据公式（3-8）可知，这是满足努力水平激励相容约束情况下，委托人制定薪酬契约时必须满足的条件。在此条件下，经理人的最优选择是较高的努力水平，不满足该条件的契约将无法给予经理人薪酬激励。由于该薪酬契约是由委托人提供的，经理人的效用取决于薪酬，经理人要获得较高的效用，委托人就必须付出较高的薪酬成本。委托人为了实现利益最大化，必然会选择付出最小的薪酬成本，因此最优的薪酬激励契约为：

$$u_H-u_L=\frac{c-x(p_H-p_L)\psi(\theta)}{(1-x)(p_H-p_L)} \tag{3-10}$$

根据公式(3-9)可知，这是满足盈余报告激励相容情况下，委托人制定薪酬契约时必须满足的条件。在此条件下，经理人没有激励动机进行盈余管理，换句话说，委托人制定的薪酬契约 u_H-u_L，不宜差距过大，否则经理人将坚决进行盈余管理。

根据前文的假设，经理人进行盈余管理的概率 $x\in(0,\ 1)$，盈余管理的成本 $\psi'(\theta)>0$，公式(3-10)对 $\psi(\theta)$ 求导可得：

$$\frac{\partial(u_H-u_L)}{\partial\psi(\theta)}=-\frac{x}{1-x}<0 \tag{3-11}$$

根据公式(3-11)可知，随着盈余管理成本 $\psi(\theta)$ 的不断增大，u_H-u_L 将不断减小。那么 u_H-u_L 将无限减小吗？事实上，这是不可能的。我们来考虑下述情况：假设经理人无法进行盈余管理，即 $x=0$，那么最优的薪酬激励契约为：

$$u_H-u_L=\frac{c}{p_H-p_L} \tag{3-12}$$

也就是说，u_H-u_L 无法无限减小，它必须超过某一固定值，否则经理人将不会接受该契约。结合公式(3-10)和公式(3-12)，可得 $\psi(\theta)$ 的临界值：

$$\psi(\theta)=\frac{c}{p_H-p_L} \tag{3-13}$$

因此，该薪酬契约可以用图 3-4 表示。从图 3-4 中可以看出，委托人提供的最优薪酬契约线为 ABC，该薪酬契约线兼顾了经理人的努力水平和盈余报告策略。

到目前为止，尚未对参与约束条件进行分析，结合公式(3-3)和公式(3-10)，可以求解出最优薪酬契约的 u_H 和 u_L：

$$u_H=\bar{U}+\frac{c(1-p_L)}{p_H-p_L} \tag{3-14}$$

$$u_L=\bar{U}+\frac{c(1-p_L)}{p_H-p_L}-\frac{c-x(p_H-p_L)\psi(\theta)}{(1-x)(p_H-p_L)} \tag{3-15}$$

由于本书研究的重点在于企业盈余管理行为，公式（3-13）是盈余管理的临界值，因此经理人如实报告企业盈余的充分必要条件为：

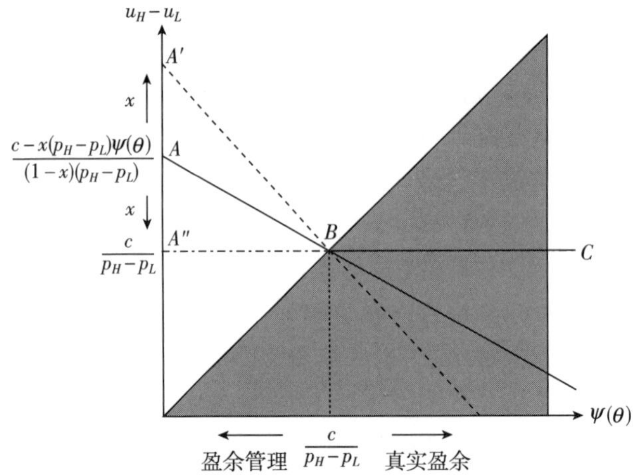

图 3-4 最优薪酬契约

$$\psi(\theta)>\frac{c}{p_H-p_L} \tag{3-16}$$

在足够的薪酬激励条件下，经理人根据个人效用最大化的原则选择努力水平，但经过努力之后不一定能够取得较高的真实盈余水平，如果进行盈余管理的成本太小，经理人具备盈余管理动机，无论如何都将会进行盈余管理；只有当盈余管理成本足够大时，经理人才会如实报告企业盈余。经理人是否进行盈余管理取决于三个因素：盈余管理成本、经理人努力成本、经理人选择较高努力与较低努力时产生较高盈余的概率之差。盈余管理成本取决于期间代理人向委托人披露的有关信息 θ（即网络新媒体互动），后两项取决于公司外部竞争环境。

四、模型结论

通过以上分析，得到了经理人是否如实报告企业盈余的充分必要条件，下面就根据这一条件对经理人的盈余管理行为进行分析。

（1）假设所有行业都面临着相同的盈余管理成本 $\psi(\theta)$，但不同行业经理人的努力成本 c 存在差异，那么经理人努力成本 c 越高，就越容易发生盈余管理行为。

假设市场中每个行业的平均盈余管理成本都取决于监管部门的严厉程度以及国家政策，但是不同行业所面临的竞争程度不同，在竞争更加激烈的行业中，经理人必须付出更大的努力才能取得较高的盈余，比如花费更多的时间和精力用于生产经营；但对于垄断势力更强的行业，经理人无须付出很大努力就可以取得较高的盈余。假设 $\psi^*(\theta)=c/(p_H-p_L)$，代表了经理人盈余管理成本的临界值，如果经理人的盈余管理成本高于这一临界值，那么经理人将如实报告企业盈余，反之，经理人就会进行盈余管理。因此，如果经理人需要付出较大的努力 c 才能取得较高的盈余，那么就需要给予经理人较高的薪酬激励才能使他选择较高的努力水平。随着努力成本 c 的提高，盈余管理成本的临界值 $\psi^*(\theta)$ 也会随之提高，经理人如实报告企业盈余的充分必要条件 $\psi(\theta)>\psi^*(\theta)$ 也将难以成立，由此引发的结果就是经理人有动机进行盈余管理。

（2）假设所有行业的经理人都面临着相同的努力成本 c，但不同行业的盈余管理成本 $\psi(\theta)$ 存在差异，那么盈余管理成本 $\psi(\theta)$ 越高，其盈余管理行为就越容易被抑制。

假设所有行业的竞争程度相同，但不同行业由于其业务范围的不同，平均盈余管理成本存在差异。对于 $\psi(\theta)$ 越高的行业而言，$\psi(\theta)>\psi^*(\theta)$ 就越容易成立，那么盈余管理就越不容易发生，盈余管理行为就会被抑制。经理人进行盈余管理的成本主要取决于以下两个方面：一是经理人进行盈余管理所必须花费的成本，包括会计政策选择和真实交易操作，这些成本与公司内部治理环境息息相关，内部治理机制越好的企业，盈余管理难度越大，盈余管理的成本也就越大。二是经理人的盈余管理行为被识破后所必须花费的成本。经理人进行盈余管理可以获得一定的收益，但是一旦被识破，经理人就需要为此损失经济利益和道德声誉。经理人进行盈余管理后能否被识破不仅取决于企业内部治理环境，也取决于企业外部治理环境。完善的企业内外部治理机制可以提高经理人进行盈余管理的成本，经理人如实报告企业盈余的充分必要条件 $\psi(\theta)>\psi^*(\theta)$ 将更容易成立，由此便可以抑制经理人的盈余管理行为。

（3）在其他条件不变的情况下，盈余管理成本 $\psi(\theta)$ 越高，薪酬激励效果越强。

根据公式(3-11)可知，$\partial(u_H-u_L)/\partial\psi(\theta)<0$。这就表明随着盈余管理成本的增加，无须提供较高的薪酬激励经理人也会选择较高的努力水平并如实报告盈余。$\psi(\theta)$ 表示经理人进行盈余管理的成本，$\psi(\theta)$ 越大则表示经理人进行盈余管理的难度越大，进而影响经理人是否选择较高的努力水平。如果经理人不努力取得低盈余后通过盈余管理报告高盈余获得高效用的概率小于经理人努力工作并取得高盈余获得高效用的概率，经理人的最优选择是付出较高的努力水平。在其他条件不变的情况下，随着盈余管理成本 $\psi(\theta)$ 的增加，经理人所要求的 u_H-u_L 将随之下降。如果进行盈余管理的成本越大，经理人在取得较低盈余时通过盈余管理来获得较高效用将越来越不值得，因此经理人的最优选择是付出较高努力水平来提高取得较高盈余的概率，其激励效果越强。

（4）在 $\psi(\theta)<c/(p_H-p_L)$ 的情况下，盈余管理的概率 x 越大，薪酬激励将逐

渐失效。

公式（3-10）对 x 求导可得：

$$\frac{\partial(u_H-u_L)}{\partial x}=\frac{c-(p_H-p_L)\psi(\theta)}{(1-x)^2(p_H-p_L)} \tag{3-17}$$

如果 $\psi(\theta)<c/(p_H-p_L)$，那么 $\partial(u_H-u_L)/\partial x>0$。这就说明随着经理人进行盈余管理概率的增加，经理人如实报告企业盈余所要求的薪酬激励也会随之提高。x 代表了经理人进行盈余管理的机会，x 越大则表明经理人进行盈余管理的可能性越大，经理人努力水平的选择将会受到影响。如果经理人选择较高努力水平并取得较高企业盈余获得较高效用的概率小于经理人选择较低努力水平并通过盈余管理提高企业盈余取得较高效用的概率，则经理人的最优选择是较低的努力水平。在其他条件不变的情况下，随着盈余管理机会 x 的增加，经理人所要求的 u_H-u_L 也会随之增加，否则经理人只会付出较低的努力水平，在出现较低企业盈余时，通过盈余管理来取得较高收益。因此如果进行盈余管理的机会越大，经理人将想尽一切办法进行盈余管理，但其努力水平并不会因为激励水平的提高而上升。随着盈余管理机会的增加，薪酬激励将逐渐失效，无论如何都无法激励经理人选择较高的努力水平，其盈余报告策略是 $\{R(L)=H,\ R(H)=H\}$。在这种情况下，特别是对于盈余管理成本不高的企业而言，其薪酬激励将完全失效，股东希望通过提供更强的报酬激励来促使经理人付出较高的努力水平，但经理人的应对策略是盈余管理而非提高努力水平。

第三节　本章小结

本章首先介绍了制度背景，包括上市公司信息披露制度的体系和内容、“互动易”平台推出的背景以及网络新媒体与传统媒体的差异、“互动易”平台的运行状况，以便对网络新媒体互动和上市公司信息披露有大致了解。我国上市公司信息披露具有以下三个特点：自愿性信息披露日益受到重视、信息披露质量普遍不高、信息披露渠道多样化。同时网络新媒体具有四个明显的特征：时效性较强、互动性较强、存在非理性、控制性较弱。

随后在委托代理理论的基础上，构建了一个网络新媒体互动对企业盈余管理的理论模型，首先假设经理人的收益与企业业绩正相关，同时经理人具有盈余管理动机。委托人向代理人提供一份契约，由代理人选择是否接受。如果代理人接受契约，则代理人随后选择努力水平，并在考核期选择是否进行盈余管理。发现

是否进行盈余管理取决于管理层为提高公司业绩所付出的努力成本与管理层为进行盈余管理所付出的成本之间的权衡。例如产品竞争程度提高了管理层提高业绩付出的努力成本，从而导致管理层的盈余管理行为；公司治理水平的完善能够增加管理层进行盈余管理的成本，从而抑制管理层的盈余管理行为；网络新媒体互动有助于降低资本市场的信息透明度，这也将抑制管理层进行盈余管理。同时还发现盈余管理机会降低了薪酬激励的有效性，而且盈余管理机会越多，薪酬激励有效性越低。

第四章 网络新媒体互动的公司治理效应

根据前文所提出的研究思路，对网络新媒体互动的公司治理效应研究分两步展开：第一步是检验网络新媒体互动是否具有公司治理效应？如果答案是肯定的，那么将进行第二步检验，继续考察网络新媒体互动是如何实现公司治理效应的，其作用机理是什么？结合第二章的理论基础和第三章的制度背景，本章进行第一步检验，考察网络新媒体互动的公司治理效应。本章将公司治理效应分为价值效应和创新效应两部分，分别对网络新媒体的价值效应和创新效应进行检验。如果通过验证，则在后续章节对第二步进行更加深入的研究。

第一节 网络新媒体互动的价值效应

不同于传统媒体，网络新媒体是基于互联网、计算机和移动设备发展而形成的信息传播平台，具有传播范围广、开放程度高、运营成本低、使用效率高的特点。在传统媒体中，媒体主要通过报纸、杂志、电视等介质传播信息。而网络新媒体的信息来源和传播渠道发生了巨大变化，在时效性和互动性方面具有无法比拟的优势。网络新媒体是“全民记者时代”，用户不仅是信息接收者，还是信息发布者。网络新媒体的快速发展打破了传统媒体的信息垄断，增加了信息传播的维度，降低了投资者的信息获取成本。网络新媒体的信息传播能力对资本市场的影响不容小觑。

一、研究假设

大众媒体作为社会舆论的一部分，是实现民主监督的重要组成部分（Besley and Prat，2006），投资者与上市公司的网络新媒体互动行为直接影响公司的行为

和决策。已有研究发现新闻媒体是公司外部治理机制的重要组成部分，例如 Dyck 等（2008）、李培功和沈艺峰（2010）发现媒体报道有助于纠正公司的违规行为；戴亦一等（2011）发现媒体报道能够有效遏制财务重述行为；Liu 和 McConnell（2013）、黄俊等（2015）发现媒体报道会迫使管理层放弃有损公司价值的并购；Farrell 和 Whidbee（2002）、吴超鹏等（2012）认为媒体这种非正式的外部治理机制将通过社会舆论压力约束管理层行为。网络新媒体对公司治理的影响可能更加重要，莫冬燕和张颖（2017）实证检验了开通微信公众号对代理成本的影响，发现开通微信公众号有助于降低上市公司的第一类代理成本和第二类代理成本，而且相对于报纸媒体，微信新媒体对两类代理成本的抑制作用更加显著。韩少真等（2018）的实证结果表明网络新媒体可以有效抑制上市公司的非效率投资，但这种抑制作用依赖于其他外部治理环境。尹飘扬和熊守春（2017）研究了网络“股吧”论坛的网络舆论压力对公司治理的影响，发现网络舆论压力有助于提升公司治理水平，中小股东在“股吧”中提出的利益诉求得到了上市公司的积极回应。因此，可以认为新闻媒体能够发挥监督职能，提高了公司信息透明度，抑制了管理层偷懒、卸责乃至谋取私利等机会主义行为。网络新媒体与传统媒体相比，网络新媒体的一大特点就是互动性，互动性的存在降低了投资者获取目标信息的成本。

从行为金融的视角来看，投资者受到有限关注的影响，不能对所有公开信息做出及时反应（Dellavigna and Pollet，2009），只有那些被投资者关注到的信息才会被反映到股票价格中（权小锋和吴世农，2010）。Barber 和 Odean（2008）认为有媒体报道的股票更加容易吸引投资者的关注，有关信息能够快速融入股票价格中。但是如果投资者有效关注不足时，股票价格就不能及时反映信息（Hirshleifer 等，2011）。也就是说投资者关注能够提高股票流动性，苏冬蔚和熊家财（2013）认为股票流动性也是一种重要的治理机制。杨晶等（2017）发现网络负面舆论可以提高国有企业高管“薪酬—业绩”敏感性，同时也可以抑制国有企业高管与员工薪酬差距，表明网络负面舆论有助于提高国有企业高管薪酬的效率性和公平性。在分析师盈余预测方面，胡军等（2016）研究了上市公司微博开通对分析师盈余预测的影响，发现分析师将利用微博信息修正盈余预测，同时分析师的预测偏差和预测分歧均显著下降，进一步的研究发现上市公司开通微博后，公司股价对分析师盈余预测修正的反应更大。

实际上网络新媒体互动就代表着投资者对股票的关注程度，只有关注该股票的投资者才会与上市公司互动。网络新媒体的开放性特点可以确保所有关注该股票的投资者都能获取到互动的信息。同时网络新媒体的互动性和“裂变式”传播的特点赋予了新媒体能够在短时间内形成巨大的舆论压力，对管理层的约束能力更强。为此，本书基于以上分析提出了假设 H1 和假设 H2：

假设 H1：在其他条件不变的情况下，网络新媒体互动提高了企业短期绩效；

假设 H2：在其他条件不变的情况下，网络新媒体互动提高了企业长期绩效。

二、数据来源与研究设计

（一）数据来源与样本选择

有关投资者与上市公司网络新媒体互动的数据来源于深圳证券交易所“互动易”平台（以下简称“互动易”平台，网址为 http：//irm. cninfo. com. cn/szse/index. html）的“问答”板块。我们使用 Java 编程软件抓取了“互动易”平台从 2010 年 1 月 1 日至 2017 年 12 月 31 日的问答记录共 2332440 条，包含 2076 家深圳市 A 股上市公司。考虑到“互动易”平台的主要服务对象是在深圳证券交易所上市的公司及其投资者，同时“互动易”平台的最早上线时间为 2010 年 1 月，因此本书将研究样本限定为 2010~2017 年的深圳上市公司。产权性质数据来源于 CCER 数据库，机构投资者数据来源于 Wind 数据库，其他数据来源于 CSMAR 数据库。同时，借鉴已有研究的做法，按照如下标准对初始样本进行预处理：①剔除金融保险行业样本；②剔除资不抵债的样本；③剔除相关财务数据缺失的样本。最终得到 1830 个企业共 10935 个年度—企业样本。此外，为了排除异常值对回归结果的影响，所有连续变量均在 1%和 99%分位数上进行 Winsor 缩尾处理。

（二）变量选择与定义

1. 被解释变量——企业经营绩效

本书选取总资产收益率（*ROA*）和托宾 Q（*Tobinq*）作为企业绩效的衡量指标。总资产收益率是衡量企业经营绩效的重要指标，该指标在学术界被广泛使用，但该指标可能会受到盈余管理的影响。鉴于此，本书还使用托宾 Q 作为辅助性指标，即公司资产的市场价值与对应重置成本的比率。如果托宾 Q 大于 1，表明市场价值大于重置成本，对于投资者来说追加投资是有利可图的；如果托宾 Q 小于 1，表明投资者倾向于放缓或减少投资。CSMAR 数据库提供了四种有关托宾 Q 的计算方法，本书选择的托宾 Q 的定义为（股权市值+债务净值）/总资产，其中非流通股每股价值按照流通股每股市值计算。

2. 解释变量——网络新媒体互动

“互动易”平台的问答数据包括提问者的个人信息、上市公司信息、提问信息和回答信息，其中提问信息包括提问时间和提问内容，回答信息包括回答时间和回答内容。本书将收集到的问答记录进行归类整理，可以得到上市公司 i 在第 t 年与投资者的有效互动情况。

本书将投资者与上市公司的网络新媒体互动分为互动频度、互动广度和互动

深度三个方面。具体定义如下：①互动频度（*CommFre*），年度投资者与上市公司在“互动易”平台的有效问答数加 1 取自然对数；②互动广度（*CommScope*），年度参与上市公司“互动易”平台的有效问答提问人数加 1 取自然对数；③互动深度（*CommDep*），本书认为“互动易”平台的问答中，投资者向上市公司所提问题的长度以及上市公司回答的长度可以反映出投资者对某个事项的深入了解程度，提问深度（*CommDepq*）为投资者在“互动易”平台所提问题的总字数加 1 取自然对数，回答深度（*CommDepa*）为上市公司在“互动易”平台针对投资者问题做出回答的总字数加 1 取自然对数。

3. 控制变量

借鉴温素彬和周鎏鎏（2017）、黄琦星和温馨（2018）的做法，为了控制公司其他特征与企业绩效之间可能存在的关系，还加入了如下控制变量：①公司治理变量包括第一大股东持股比例（*Top*1），用第一大股东持股数与总股本的比值表示；机构投资者持股比例（*Inst*）用机构投资者持股数与总股本的比值表示；高管持股比例（*Manager*）用管理层持股数与总股本的比值表示；董事会规模（*LnBoard*）用董事会总席位的自然对数表示；独立董事比例（*Indep*）用独立董事席位占董事会总席位的比例表示；两职合一（*Dual*），若董事长总经理两职合一则取值为 1，否则取值为 0。②公司特征变量包括企业规模（*LnSize*），用企业总资产的自然对数表示；上市年限（*LnAge*）用已上市年限的自然对数表示；资产负债率（*Lev*）用企业总负债与总资产的比值表示；发展能力（*Growth*）用主营业务收入增长率表示；是否为国有企业（*State*），如果实际控制人为国有单位则取值为 1，否则取值为 0。同时，本书还加入年份哑变量、行业哑变量、地区哑变量以控制年份固定效应、行业固定效应和地区固定效应，各变量的具体定义如表 4-1 所示。

表 4-1　变量定义与说明

变量类型	变量符号	变量名称	变量定义
被解释变量	*ROA*	总资产收益率	净利润与总资产的比值
	Tobinq	托宾 Q	（股权市值+债务净值）/总资产
解释变量	*CommFre*	网络新媒体互动频度	“互动易”平台有效问答数加 1 取自然对数
	CommScope	网络新媒体互动广度	“互动易”平台有效问答的提问人数加 1 取自然对数
	CommDepq	网络新媒体互动提问深度	“互动易”平台所提问题的总字数加 1 取自然对数
	CommDepa	网络新媒体互动回答深度	“互动易”平台针对问题做出回答的总字数加 1 取自然对数

续表

变量类型	变量符号	变量名称	变量定义
公司治理变量	*Top*1	第一大股东持股比例	第一大股东持股数与总股本的比值
	Inst	机构投资者持股比例	机构投资者持股数与总股本的比值
	Manager	管理层持股比例	管理层持股数与总股本的比值
	LnBoard	董事会规模	董事会总席位的自然对数
	Indep	独立董事比例	独立董事席位占董事会总席位的比例
	Dual	管理层权力	若董事长总经理两职合一则取 1，否则取 0
公司特征变量	*LnSize*	企业规模	总资产的自然对数
	LnAge	上市年限	已上市年限的自然对数
	Lev	资产负债率	总负债与总资产的比值
	Growth	发展能力	主营业务收入增长率
	State	是否为国有企业	如果实际控制人为国有单位则取值为 1，否则取值为 0

（三）计量模型构建

为了检验前文提出的研究假设，本书采用 OLS 计量回归模型，考察网络新媒体互动对企业经营绩效的影响。具体计量模型如下：

$$Perform_{it}=\beta_0+\beta_1 Comm_{it}+\beta_2 Controls_{it}+\sum\delta_t Year_t+\sum\gamma_i Ind_i+\sum\varphi_i Region_i+\varepsilon_{it} \tag{4-1}$$

其中，被解释变量 $Perform_{it}$ 是上市公司 i 第 t 年的经营绩效，包括总资产收益率（*ROA*）和托宾 Q（*Tobinq*）；解释变量 $Comm_{it}$ 是上市公司 i 第 t 年在深交所“互动易”平台与投资者的互动情况，包括网络新媒体互动频度、互动广度和互动深度三个方面；$Controls_{it}$ 是包括公司特征、股东治理、董事会治理和高管治理等一系列的控制变量；*Year* 用以控制年度固定效应，*Ind* 用以控制行业固定效应，*Region* 用以控制地区固定效应；β 为各变量的回归系数，ε 为随机干扰项。根据这一模型，如果 $\beta_1>0$，则表明网络新媒体互动提高了企业经营绩效，反之则降低了企业经营绩效。

三、实证结果分析

（一）描述性统计分析

主要变量的描述性统计分析如表 4-2 所示，可以发现以下几点：

（1）样本期间上市公司总资产收益率（*ROA*）均值为 0.042，中位数为 0.039，标准差为 0.050，表明大多数企业的盈利能力不强；托宾 Q（*Tobinq*）均

值为2.973，中位数为2.310，标准差为2.075，表明大多数上市公司具备投资价值，其市场价值高于重置成本。

表 4-2　主要变量的描述性统计

变量	样本量	均值	标准差	最小值	p25	中位数	p75	最大值
ROA	10935	0.042	0.050	-0.146	0.016	0.039	0.067	0.194
Tobinq	10935	2.973	2.075	0.959	1.607	2.310	3.604	12.600
CommFre	10935	4.189	1.477	0.000	3.466	4.466	5.204	6.852
CommScope	10935	3.980	1.465	0.000	3.178	4.248	5.011	6.676
CommDepq	10935	8.088	1.986	0.000	7.447	8.488	9.297	11.086
CommDepa	10935	8.307	1.938	0.000	7.709	8.698	9.456	11.141
*Top*1	10935	0.336	0.143	0.090	0.225	0.313	0.427	0.726
Inst	10935	0.352	0.229	0.000	0.147	0.340	0.529	0.847
Manager	10935	0.173	0.215	0.000	0.000	0.041	0.345	0.699
LnBoard	10935	2.123	0.190	1.609	1.946	2.197	2.197	2.639
Indep	10935	0.374	0.053	0.333	0.333	0.333	0.429	0.571
Dual	10935	0.314	0.464	0.000	0.000	0.000	1.000	1.000
LnSize	10935	21.791	1.097	19.636	20.994	21.667	22.418	25.156
LnAge	10935	1.927	0.780	0.000	1.386	1.946	2.639	3.178
Lev	10935	0.392	0.209	0.043	0.220	0.374	0.548	0.865
Growth	10935	0.235	0.495	-0.532	0.002	0.144	0.328	3.303
State	10935	0.268	0.443	0.000	0.000	0.000	1.000	1.000

注：①所有连续变量均在1%的水平进行Winsor缩尾处理；②p25和p75分别表示第1个四分位点和第3个四分位点。

（2）样本期间上市公司网络新媒体互动频度（*CommFre*）的均值为4.189，标准差为1.477；网络新媒体互动广度（*CommScope*）的均值为3.980，标准差为1.465；网络新媒体互动提问深度（*CommDepq*）的均值为8.088，标准差为1.986；网络新媒体互动回答深度（*CommDepa*）的均值为8.307，标准差为1.938；表明网络新媒体互动情况在不同企业之间差异较大。

（3）第一大股东持股比例（*Top*1）的均值为0.336，中位数为0.313，表明样本期间第一大股东可以实现对企业的相对控股；机构持股比例（*Inst*）的均值为0.352，中位数为0.340，表明样本期间机构持股比例相对较大，有足够的能力对企业进行监督；管理层持股比例（*Manager*）的均值为0.173，标准差为0.215，表明样本期间管理层持股比例在不同企业之间差异较大；独立董事比例

（*Indep*）的均值为 0.374，最小值为 0.333，表明样本期间企业的独立董事比例符合 1/3 的规定；管理层权力（*Dual*）的均值为 0.314，中位数为 0.000，表明大多数企业的董事长和总经理不是由同一人担任，即管理层权力相对较小；资产负债率（*Lev*）的均值为 0.392，标准差为 0.209，表明大多数企业的资产负债率不高；发展能力（*Growth*）的均值为 0.235，标准差为 0.495，表明样本期间企业的发展能力较好，但不同企业之间差异较大；是否为国有企业（*State*）的均值为 0.268，中位数为 0.000，表明样本中大部分企业是非国有企业。

（二）相关系数分析

主要变量的 Pearson 相关系数分析如表 4-3 所示。

从表 4-3 可以发现：①网络新媒体互动频度（*CommFre*）、互动广度（*CommScope*）、提问深度（*CommDepq*）、回答深度（*CommDepa*）四个指标均与总资产收益率（*ROA*）、托宾 Q（*Tobinq*）在 1%水平下显著正相关，这些结果初步支持了假设 H1，即网络新媒体互动提高了企业经营业绩。②管理层持股比例（*Manager*）、管理层权力（*Dual*）、发展能力（*Growth*）与总资产收益率（*ROA*）以及托宾 Q（*Tobinq*）在 1%水平下显著正相关；企业规模（*LnSize*）、上市年限（*LnAge*）、资产负债率（*Lev*）、是否为国有企业（*State*）与总资产收益率（*ROA*）以及托宾 Q（*Tobinq*）在 1%水平下显著负相关。③主要解释变量与控制变量的相关系数不高（均在 0.2 以下），降低了解释变量与控制变量产生多重共线性的可能性。

（三）网络新媒体互动与企业短期绩效

相关系数分析表明网络新媒体互动越多、越广、越深，企业经营绩效越好。为了更加深入地探讨网络新媒体互动与企业短期绩效之间的关系，本书使用网络新媒体互动指标对企业总资产收益率和托宾 Q 两个指标分别进行回归，同时加入了必要的控制变量以及年度、行业和地区哑变量，计量模型（4-1）的回归结果如表 4-4 所示。

其中第（1）至（4）列的被解释变量为总资产收益率，第（5）至（8）列的被解释变量为托宾 Q。回归结果显示：网络新媒体互动对总资产收益率（*ROA*）的影响在 1%水平下显著为正［网络新媒体互动频度（*CommFre*）的回归系数为 0.002，$p<0.001$；网络新媒体互动广度（*CommScope*）的回归系数为 0.003，$p<0.001$；网络新媒体互动提问深度（*CommDepq*）的回归系数为 0.002，$p<0.001$；网络新媒体互动回答深度（*CommDepa*）的回归系数为 0.001，$p<0.001$］；网络新媒体互动对托宾 Q（*Tobinq*）的影响也在 1%水平下显著为正［网络新媒体互动频度（*CommFre*）的回归系数为 0.089，$p<0.001$；网络新媒体互动广度（*CommScope*）的回归系数为 0.091，$p<0.001$；网络新媒体互动提问深

表 4-3 主要变量相关系数性分析

	ROA	*Tobinq*	*CommFre*	*CommScope*	*CommDepq*	*CommDepa*	*Top*1	*Inst*
ROA	1.000							
Tobinq	0.227（***）	1.000						
CommFre	0.051（***）	0.096（***）	1.000					
CommScope	0.037（***）	0.116（***）	0.988（***）	1.000				
CommDepq	0.060（***）	0.056（***）	0.958（***）	0.936（***）	1.000			
CommDepa	0.057（***）	0.051（***）	0.933（***）	0.912（***）	0.978（***）	1.000		
*Top*1	0.099（***）	-0.061（***）	-0.120（***）	-0.121（***）	-0.095（***）	-0.085（***）	1.000	
Inst	0.104（***）	-0.051（***）	-0.056（***）	-0.053（***）	-0.046（***）	-0.039（***）	0.275（***）	1.000
Manager	0.166（***）	0.158（***）	0.139（***）	0.131（***）	0.139（***）	0.137（***）	-0.077（***）	-0.471（***）
LnBoard	0.019（**）	-0.169（***）	-0.065（***）	-0.071（***）	-0.053（***）	-0.051（***）	-0.027（***）	0.164（***）
Indep	-0.019（**）	0.080（***）	0.043（***）	0.045（***）	0.042（***）	0.043（***）	0.032（***）	-0.055（***）
Dual	0.035（***）	0.090（***）	0.074（***）	0.068（***）	0.070（***）	0.065（***）	-0.010	-0.133（***）
LnSize	-0.019（**）	-0.451（***）	0.153（***）	0.152（***）	0.142（***）	0.148（***）	0.112（***）	0.345（***）
LnAge	-0.202（***）	-0.144（***）	-0.039（***）	-0.018（*）	-0.056（***）	-0.057（***）	-0.081（***）	0.288（***）
Lev	-0.368（***）	-0.329（***）	-0.120（***）	-0.111（***）	-0.126（***）	-0.120（***）	0.046（***）	0.202（***）
Growth	0.184（***）	0.057（***）	0.009	0.005	0.000	0.004	0.005	0.005
State	-0.113（***）	-0.213（***）	-0.165（***）	-0.163（***）	-0.152（***）	-0.151（***）	0.120（***）	0.310（***）

续表

	Manager	*LnBoard*	*Indep*	*Dual*	*LnSize*	*LnAge*	*Lev*	*Growth*
Manager	1.000							
LnBoard	-0.170 (***)	1.000						
Indep	0.077 (***)	-0.561 (***)	1.000					
Dual	0.206 (***)	-0.163 (***)	0.127 (***)	1.000				
LnSize	-0.293 (***)	0.217 (***)	-0.016 (*)	-0.129 (***)	1.000			
LnAge	-0.558 (***)	0.127 (***)	-0.014	-0.201 (***)	0.432 (***)	1.000		
Lev	-0.345 (***)	0.149 (***)	-0.028 (***)	-0.110 (***)	0.518 (***)	0.433 (***)	1.000	
Growth	0.026 (***)	-0.016	-0.003	0.013	0.080 (***)	-0.008	0.056 (***)	1.000
State	-0.455 (***)	0.251 (***)	-0.084 (***)	-0.253 (***)	0.306 (***)	0.445 (***)	0.296 (***)	-0.068 (***)

注：***、**、*分别表示双尾检验在1%、5%、10%下的统计显著水平。

度（*CommDepq*）的回归系数为 0.055，$p<0.001$；网络新媒体互动回答深度（*CommDepa*）的回归系数为 0.057，$p<0.001$]。这就意味着网络新媒体互动可以显著提升上市公司短期绩效，这一结论支持了假设 H1。

表 4-4　网络新媒体互动与企业短期绩效的回归结果

变量	被解释变量：*ROA*				被解释变量：*Tobinq*			
	(1)	(2)	(3)	(4)	(5)	(6)	(7)	(8)
CommFre	0.002*** (5.707)				0.089*** (5.785)			
CommScope		0.003*** (5.768)				0.091*** (5.352)		
CommDepq			0.002*** (5.455)				0.055*** (4.874)	
CommDepa				0.001*** (4.743)				0.057*** (5.026)
*Top*1	0.016*** (5.074)	0.016*** (5.073)	0.016*** (4.955)	0.015*** (4.839)	0.419*** (3.608)	0.414*** (3.565)	0.399*** (3.443)	0.393*** (3.392)
Inst	0.038*** (17.344)	0.038*** (17.382)	0.038*** (17.261)	0.038*** (17.202)	1.404*** (16.717)	1.405*** (16.724)	1.395*** (16.620)	1.392*** (16.589)
Manager	0.029*** (11.658)	0.029*** (11.676)	0.029*** (11.620)	0.029*** (11.605)	0.594*** (5.825)	0.595*** (5.832)	0.591*** (5.792)	0.590*** (5.787)
LnBoard	0.008*** (2.774)	0.008*** (2.769)	0.008*** (2.784)	0.008*** (2.782)	0.137 (1.332)	0.137 (1.337)	0.139 (1.349)	0.137 (1.329)
Indep	-0.003 (-0.279)	-0.003 (-0.274)	-0.003 (-0.298)	-0.003 (-0.308)	2.112*** (5.927)	2.115*** (5.932)	2.107*** (5.911)	2.100*** (5.887)
Dual	0.000 (0.007)	0.000 (0.019)	0.000 (0.050)	0.000 (0.114)	0.054 (1.549)	0.055 (1.575)	0.056 (1.604)	0.058 (1.641)
LnSize	0.009*** (14.898)	0.009*** (14.927)	0.009*** (15.074)	0.009*** (15.250)	-0.979*** (-35.812)	-0.977*** (-35.816)	-0.975*** (-35.776)	-0.975*** (-35.876)
LnAge	-0.002** (-2.308)	-0.002** (-2.318)	-0.002** (-2.388)	-0.002** (-2.490)	0.233*** (6.985)	0.231*** (6.943)	0.229*** (6.872)	0.229*** (6.891)
Lev	-0.105*** (-34.039)	-0.105*** (-34.058)	-0.105*** (-34.114)	-0.105*** (-34.251)	-0.665*** (-5.950)	-0.671*** (-6.005)	-0.675*** (-6.035)	-0.677*** (-6.082)

续表

变量	被解释变量：*ROA*				被解释变量：*Tobinq*			
	(1)	(2)	(3)	(4)	(5)	(6)	(7)	(8)
Growth	0.018 *** (17.135)	0.018 *** (17.133)	0.018 *** (17.133)	0.018 *** (17.149)	0.306 *** (7.155)	0.306 *** (7.165)	0.307 *** (7.179)	0.307 *** (7.185)
State	-0.003 ** (-2.171)	-0.003 ** (-2.164)	-0.003 ** (-2.236)	-0.003 ** (-2.237)	-0.220 *** (-5.153)	-0.221 *** (-5.160)	-0.224 *** (-5.229)	-0.223 *** (-5.208)
截距项	-0.143 *** (-9.946)	-0.143 *** (-9.937)	-0.148 *** (-10.357)	-0.149 *** (-10.477)	22.411 *** (39.110)	22.382 *** (39.090)	22.228 *** (39.224)	22.206 *** (39.272)
年份固定效应	控制	控制	控制	控制	控制	控制	控制	控制
行业固定效应	控制	控制	控制	控制	控制	控制	控制	控制
地区固定效应	控制	控制	控制	控制	控制	控制	控制	控制
F 统计量	52.650 ***	52.662 ***	52.481 ***	52.279 ***	82.948 ***	83.022 ***	82.896 ***	82.890 ***
Adj. R^2	0.296	0.296	0.296	0.295	0.454	0.453	0.453	0.453
样本量	10935	10935	10935	10935	10935	10935	10935	10935

注：①被解释变量为企业短期绩效，值越大表示企业短期绩效越好；②括号内为经异方差调整后的 t 值；③ ***、**、* 分别表示双尾检验在 1%、5%、10%下的统计显著水平。

从控制变量来看，第一大股东持股比例（*Top*1）与企业短期绩效显著正相关，说明从短期来看，第一大股东主要体现为支持效应，有助于提升企业价值；机构投资者持股比例（*Inst*）与企业短期绩效显著正相关，表明从短期来看，机构投资者作为外部监督者，可以提升企业价值；管理层持股比例（*Manager*）与企业短期绩效显著正相关，说明从短期来看，管理层持股具有较好的激励作用，管理层持股比例较高的企业价值也较高；资产负债率（*Lev*）与企业短期绩效显著负相关，表明从短期来看，负债在我国上市公司并未发挥债务治理功能，反而降低了企业价值；企业成长性（*Growth*）与企业短期绩效显著正相关，表明从短期来看，企业成长性越好，企业价值越高；国有企业变量（*State*）与企业短期绩效显著负相关，表明从短期来看，相对于非国有企业而言，国有企业的价值更低。以上控制变量与姜付秀和黄继成（2011）的结论一致，说明本书的模型设定是较为合理的。

（四）网络新媒体互动与企业长期绩效

为了更好地考察网络新媒体互动与企业长期绩效之间的关系，本书使用未来一年的企业总资产收益率和托宾 Q 两个指标来度量企业的长期绩效，在回归过程中加入了必要的控制变量以及年度、行业和地区哑变量。表 4-5 报告了网络新媒体互动与企业长期绩效的实证结果，第（1）至（4）列的被解释变量为总资产

收益率，第（5）至（8）列的被解释变量为托宾 Q。实证结果表明：网络新媒体互动与未来总资产收益率（ROA_{t+1}）显著正相关［网络新媒体互动频度（*CommFre*）的回归系数为 0.001，$p<0.001$；网络新媒体互动广度（*CommScope*）的回归系数为 0.001，$p<0.001$；网络新媒体互动提问深度（*CommDepq*）的回归系数为 0.001，$p<0.001$；网络新媒体互动回答深度（*CommDepa*）的回归系数为 0.001，$p<0.001$］；网络新媒体互动与未来托宾 Q（$Tobinq_{t+1}$）显著正相关［网络新媒体互动频度（*CommFre*）的回归系数为 0.080，$p<0.001$；网络新媒体互动广度（*CommScope*）的回归系数为 0.076，$p<0.001$；网络新媒体互动提问深度（*CommDepq*）的回归系数为 0.048，$p<0.001$；网络新媒体互动回答深度（*CommDepa*）的回归系数为 0.048，$p<0.001$］。证实了研究假设 H2，即网络新媒体互动提高了企业长期绩效。从控制变量来看，回归结果与表 4-4 基本一致。

表 4-5 网络新媒体互动与企业长期绩效的回归结果

变量	被解释变量：ROA_{t+1}				被解释变量：$Tobinq_{t+1}$			
	(1)	(2)	(3)	(4)	(5)	(6)	(7)	(8)
CommFre	0.001*** (3.050)				0.080*** (5.147)			
CommScope		0.001*** (2.646)				0.076*** (4.418)		
CommDepq			0.001*** (3.148)				0.048*** (4.658)	
CommDepa				0.001*** (3.152)				0.048*** (4.652)
Top1	0.016*** (4.371)	0.016*** (4.335)	0.016*** (4.323)	0.016*** (4.287)	0.587*** (4.766)	0.580*** (4.706)	0.568*** (4.624)	0.561*** (4.570)
Inst	0.043*** (16.888)	0.043*** (16.888)	0.043*** (16.863)	0.043*** (16.840)	0.887*** (10.723)	0.887*** (10.724)	0.880*** (10.641)	0.877*** (10.603)
Manager	0.030*** (10.002)	0.030*** (10.002)	0.030*** (9.989)	0.030*** (9.981)	0.439*** (4.167)	0.439*** (4.165)	0.437*** (4.140)	0.436*** (4.129)
LnBoard	0.007* (1.948)	0.007* (1.954)	0.007* (1.945)	0.007* (1.937)	-0.067 (-0.628)	-0.065 (-0.615)	-0.066 (-0.620)	-0.067 (-0.631)
Indep	0.003 (0.229)	0.003 (0.236)	0.003 (0.218)	0.002 (0.205)	1.443*** (3.932)	1.447*** (3.942)	1.440*** (3.925)	1.433*** (3.908)

续表

变量	被解释变量：ROA_{t+1}				被解释变量：$Tobinq_{t+1}$			
	(1)	(2)	(3)	(4)	(5)	(6)	(7)	(8)
Dual	-0.000 (-0.301)	-0.000 (-0.280)	-0.000 (-0.283)	-0.000 (-0.252)	0.035 (0.949)	0.036 (0.981)	0.037 (1.001)	0.038 (1.044)
LnSize	0.005*** (7.678)	0.005*** (7.792)	0.005*** (7.704)	0.005*** (7.750)	-0.895*** (-32.310)	-0.891*** (-32.264)	-0.891*** (-32.304)	-0.890*** (-32.335)
LnAge	0.001 (0.591)	0.000 (0.522)	0.001 (0.578)	0.001 (0.573)	0.292*** (8.973)	0.289*** (8.881)	0.288*** (8.858)	0.287*** (8.860)
Lev	-0.082*** (-23.614)	-0.082*** (-23.692)	-0.081*** (-23.598)	-0.082*** (-23.702)	-0.694*** (-5.907)	-0.705*** (-6.002)	-0.705*** (-6.006)	-0.710*** (-6.072)
Growth	0.013*** (9.400)	0.013*** (9.412)	0.013*** (9.396)	0.013*** (9.399)	0.254*** (5.745)	0.255*** (5.765)	0.254*** (5.762)	0.254*** (5.765)
State	-0.004*** (-2.577)	-0.004*** (-2.586)	-0.004*** (-2.610)	-0.004*** (-2.604)	-0.193*** (-4.451)	-0.194*** (-4.464)	-0.197*** (-4.526)	-0.197*** (-4.519)
截距项	-0.086*** (-5.212)	-0.087*** (-5.271)	-0.089*** (-5.371)	-0.089*** (-5.412)	20.141*** (34.107)	20.092*** (34.076)	19.984*** (34.182)	19.957*** (34.190)
年份固定效应	控制	控制	控制	控制	控制	控制	控制	控制
行业固定效应	控制	控制	控制	控制	控制	控制	控制	控制
地区固定效应	控制	控制	控制	控制	控制	控制	控制	控制
F统计量	32.657***	32.614***	32.678***	32.681***	69.771***	69.874***	69.603***	69.585***
Adj. R^2	0.215	0.215	0.215	0.215	0.452	0.452	0.452	0.452
样本量	8829	8829	8829	8829	8829	8829	8829	8829

注：①被解释变量为企业长期绩效，值越大表示企业长期绩效越好；②括号内为经异方差调整后的t值；③***、**、*分别表示双尾检验在1%、5%、10%下的统计显著水平。

（五）异质性检验

本书从CCER数据库提取了有关上市公司的实际控制人信息，根据实际控制人的类型将样本分为国有企业和非国有企业，在区分国有企业与非国有企业后，网络新媒体互动的短期价值效应如表4-6所示。

从表4-6中可以发现：不论是国有企业还是非国有企业，网络新媒体互动的短期价值效应均显著为正，且在1%水平下显著。但在非国有企业样本中，网络新媒体互动的回归系数均大于国有企业样本的回归系数。这就表明网络新媒体互动的频度、广度和深度与企业短期绩效显著正相关，网络新媒体互动确实提高了

企业短期绩效，而且网络新媒体互动的短期价值效应在非国有企业中更加突出。原因在于国有企业在约束机制和激励机制方面有所不同，而非国有企业激励机制相对完善，不存在多层委托—代理问题，因此非国有企业管理层在面对投资者压力时，更加有动力提高企业绩效。

表 4-6 网络新媒体互动与企业短期绩效的回归结果：按照产权性质分组检验

变量	被解释变量：*Tobinq*							
	国企	非国企	国企	非国企	国企	非国企	国企	非国企
	(1)	(2)	(3)	(4)	(5)	(6)	(7)	(8)
CommFre	0.083*** (3.815)	0.118*** (6.081)						
CommScope			0.091*** (3.840)	0.119*** (5.611)				
CommDepq					0.044*** (2.919)	0.078*** (5.245)		
CommDepa							0.052*** (3.500)	0.074*** (4.905)
*Top*1	-0.413** (-2.297)	0.897*** (6.210)	-0.415** (-2.318)	0.892*** (6.171)	-0.447** (-2.499)	0.882*** (6.105)	-0.446** (-2.501)	0.869*** (6.017)
Inst	1.101*** (8.150)	1.602*** (15.894)	1.103*** (8.168)	1.605*** (15.915)	1.084*** (8.018)	1.594*** (15.801)	1.085*** (8.037)	1.590*** (15.755)
Manager	1.115 (1.629)	0.607*** (5.705)	1.120 (1.634)	0.608*** (5.716)	1.103 (1.613)	0.603*** (5.671)	1.111 (1.625)	0.605*** (5.689)
LnBoard	0.261* (1.823)	-0.031 (-0.236)	0.259* (1.809)	-0.028 (-0.220)	0.259* (1.806)	-0.027 (-0.210)	0.261* (1.824)	-0.031 (-0.241)
Indep	0.577 (1.243)	1.837*** (4.047)	0.573 (1.233)	1.843*** (4.057)	0.581 (1.249)	1.834*** (4.038)	0.606 (1.300)	1.808*** (3.975)
Dual	-0.014 (-0.190)	0.045 (1.173)	-0.014 (-0.190)	0.046 (1.212)	-0.013 (-0.177)	0.047 (1.239)	-0.013 (-0.170)	0.050 (1.302)
LnSize	-0.667*** (-16.061)	-1.192*** (-32.816)	-0.666*** (-16.096)	-1.189*** (-32.770)	-0.661*** (-16.042)	-1.187*** (-32.754)	-0.664*** (-16.161)	-1.184*** (-32.713)
LnAge	-0.018 (-0.320)	0.304*** (7.588)	-0.017 (-0.303)	0.301*** (7.531)	-0.026 (-0.478)	0.300*** (7.505)	-0.024 (-0.442)	0.300*** (7.490)

续表

变量	被解释变量：*Tobinq*							
	国企	非国企	国企	非国企	国企	非国企	国企	非国企
	(1)	(2)	(3)	(4)	(5)	(6)	(7)	(8)
Lev	-0.843*** (-4.320)	-0.601*** (-4.351)	-0.846*** (-4.344)	-0.609*** (-4.399)	-0.858*** (-4.385)	-0.609*** (-4.411)	-0.848*** (-4.363)	-0.624*** (-4.530)
Growth	0.178** (2.519)	0.338*** (6.685)	0.177** (2.508)	0.339*** (6.702)	0.180** (2.555)	0.338*** (6.685)	0.179** (2.546)	0.339*** (6.696)
截距项	16.343*** (23.147)	27.135*** (33.479)	16.342*** (23.139)	27.097*** (33.431)	16.178*** (23.260)	26.870*** (33.494)	16.184*** (23.287)	26.812*** (33.466)
年份固定效应	控制	控制	控制	控制	控制	控制	控制	控制
行业固定效应	控制	控制	控制	控制	控制	控制	控制	控制
地区固定效应	控制	控制	控制	控制	控制	控制	控制	控制
F 统计量	26.154***	63.116***	26.193***	63.115***	26.038***	63.000***	25.923***	62.923***
Adj. R^2	0.455	0.463	0.455	0.463	0.454	0.463	0.455	0.462
样本量	2930	8005	2930	8005	2930	8005	2930	8005

注：①被解释变量为企业短期绩效，值越大表示企业短期绩效越好；②括号内为经异方差调整后的 t 值；③ ***、**、* 分别表示双尾检验在 1%、5%、10%下的统计显著水平。

在其他控制变量中，第一大股东持股比例（*Top*1）、机构持股比例（*Inst*）、企业规模（*LnSize*）、资产负债率（*Lev*）、发展能力（*Growth*）对国有企业和非国有企业短期绩效的影响均显著；管理层持股比例（*Manager*）、独立董事比例（*Indep*）和上市年限（*LnAge*）对非国有企业短期绩效的影响显著，但对国有企业短期绩效影响不显著；董事会规模（*LnBoard*）对国有企业短期绩效的影响显著，但对非国有企业影响不显著。这些结果也进一步说明了不同产权性质间企业短期绩效的影响因素存在较大差异。

在区分国有企业与非国有企业后，网络新媒体互动的长期价值效应如表 4-7 所示。表 4-7 的回归结果与表 4-6 类似，不管是国有企业还是非国有企业，网络新媒体互动的回归系数均显著为正，而且非国有企业样本的回归系数略大于国有企业样本的回归系数。这就表明网络新媒体互动情况与企业长期绩效正相关，即网络新媒体互动的频度、广度和深度提高了企业长期绩效，但网络新媒体互动的长期绩效效应在国有企业和非国有企业相差不大。通过比较表 4-6 和表 4-7，可以发现：在国有企业中，网络新媒体互动的公司治理效应衰减较慢；但在非国有企业，网络新媒体互动的公司治理效应衰减较快。

在其他控制变量中，机构持股比例（*Inst*）、管理层持股比例（*Manager*）、

企业规模（*LnSize*）、资产负债率（*Lev*）、发展能力（*Growth*）对国有企业和非国有企业长期绩效的影响均显著；第一大股东持股比例（*Top*1）、董事会规模（*LnBoard*）、独立董事比例（*Indep*）和上市年限（*LnAge*）对国有企业长期绩效的影响显著，但对非国有企业影响不显著。这些结果也进一步说明不同产权性质间企业长期绩效的影响因素存在较大差异。

表 4-7　网络新媒体互动与企业长期绩效的回归结果：按照产权性质分组检验

变量	被解释变量：$Tobinq_{t+1}$							
	国企	非国企	国企	非国企	国企	非国企	国企	非国企
CommFre	0.084*** (4.114)	0.097*** (4.866)						
CommScope			0.089*** (3.951)	0.090*** (4.112)				
CommDepq					0.037*** (2.885)	0.067*** (4.778)		
CommDepa							0.044*** (3.377)	0.062*** (4.442)
*Top*1	-0.201 (-1.090)	0.989*** (6.362)	-0.204 (-1.109)	0.981*** (6.304)	-0.245 (-1.331)	0.979*** (6.307)	-0.244 (-1.331)	0.967*** (6.235)
Inst	0.694*** (5.480)	1.053*** (10.427)	0.693*** (5.487)	1.055*** (10.444)	0.672*** (5.320)	1.047*** (10.361)	0.674*** (5.326)	1.043*** (10.323)
Manager	1.137* (1.917)	0.431*** (3.932)	1.136* (1.918)	0.432*** (3.938)	1.108* (1.873)	0.429*** (3.906)	1.117* (1.891)	0.430*** (3.913)
LnBoard	0.162 (1.243)	-0.295** (-2.135)	0.160 (1.227)	-0.292** (-2.112)	0.158 (1.212)	-0.295** (-2.134)	0.162 (1.236)	-0.298** (-2.159)
Indep	-0.101 (-0.242)	1.068** (2.228)	-0.102 (-0.245)	1.074** (2.239)	-0.079 (-0.190)	1.060** (2.212)	-0.060 (-0.144)	1.037** (2.162)
Dual	-0.089 (-1.500)	0.043 (1.050)	-0.089 (-1.505)	0.045 (1.094)	-0.087 (-1.451)	0.045 (1.089)	-0.086 (-1.440)	0.047 (1.149)
LnSize	-0.582*** (-14.733)	-1.114*** (-29.124)	-0.580*** (-14.725)	-1.110*** (-29.042)	-0.573*** (-14.637)	-1.111*** (-29.157)	-0.575*** (-14.671)	-1.108*** (-29.103)
LnAge	0.020 (0.394)	0.382*** (9.722)	0.020 (0.390)	0.378*** (9.619)	0.007 (0.133)	0.381*** (9.686)	0.009 (0.169)	0.380*** (9.669)

续表

变量	被解释变量：$Tobinq_{t+1}$							
	国企	非国企	国企	非国企	国企	非国企	国企	非国企
Lev	-0.782*** (-4.172)	-0.685*** (-4.565)	-0.787*** (-4.202)	-0.700*** (-4.659)	-0.811*** (-4.293)	-0.688*** (-4.597)	-0.801*** (-4.244)	-0.706*** (-4.731)
Growth	0.248*** (2.662)	0.256*** (5.071)	0.247*** (2.654)	0.258*** (5.096)	0.251*** (2.695)	0.256*** (5.057)	0.250*** (2.693)	0.256*** (5.059)
截距项	14.250*** (20.363)	25.001*** (28.916)	14.233*** (20.363)	24.937*** (28.857)	14.059*** (20.476)	24.813*** (28.953)	14.064*** (20.490)	24.758*** (28.912)
年份固定效应	控制	控制	控制	控制	控制	控制	控制	控制
行业固定效应	控制	控制	控制	控制	控制	控制	控制	控制
地区固定效应	控制	控制	控制	控制	控制	控制	控制	控制
F 统计量	24.320***	51.230***	24.338***	51.189***	24.296***	51.026***	24.281***	50.896***
Adj. R^2	0.453	0.459	0.452	0.459	0.451	0.459	0.451	0.459
样本量	2465	6364	2465	6364	2465	6364	2465	6364

注：①被解释变量为企业长期绩效，值越大表示企业长期绩效越好；②括号内为经异方差调整后的 t 值；③***、**、*分别表示双尾检验在 1%、5%、10%下的统计显著水平。

四、稳健性检验

（一）替代变量检验

为了确保结论的可靠性，本书还使用净资产收益率（*ROE*）和每股收益（*EPS*）来度量企业短期绩效，表 4-8 报告了使用净资产收益率（*ROE*）和每股收益（*EPS*）来度量企业经营绩效的回归结果。从中可以发现：使用净资产收益率（*ROE*）和每股收益（*EPS*）来度量企业短期绩效后，网络新媒体互动的频度、广度、提问深度和回答深度的回归系数均显著为正。这就说明进行变量替代后，网络新媒体互动对企业短期绩效的影响依然显著为正，结论并未发生改变。

表 4-8 网络新媒体互动与企业短期绩效的回归结果：替代变量检验

变量	被解释变量：*ROE*				被解释变量：*EPS*			
	(1)	(2)	(3)	(4)	(5)	(6)	(7)	(8)
CommFre	0.004*** (3.814)				0.040*** (9.680)			

续表

变量	被解释变量：*ROE*				被解释变量：*EPS*			
	(1)	(2)	(3)	(4)	(5)	(6)	(7)	(8)
CommScope		0.004*** (4.024)				0.043*** (9.772)		
CommDepq			0.003*** (3.588)				0.027*** (9.487)	
CommDepa				0.002*** (3.163)				0.021*** (7.498)
*Top*1	0.037*** (5.724)	0.037*** (5.748)	0.036*** (5.647)	0.036*** (5.561)	0.077** (2.418)	0.077** (2.421)	0.070** (2.204)	0.062* (1.955)
Inst	0.068*** (15.359)	0.068*** (15.394)	0.068*** (15.305)	0.067*** (15.268)	0.364*** (17.133)	0.365*** (17.199)	0.360*** (16.985)	0.358*** (16.840)
Manager	0.046*** (10.287)	0.046*** (10.304)	0.046*** (10.258)	0.046*** (10.247)	0.237*** (10.087)	0.238*** (10.117)	0.236*** (10.019)	0.235*** (9.974)
LnBoard	0.007 (1.103)	0.007 (1.096)	0.007 (1.107)	0.007 (1.104)	0.020 (0.679)	0.020 (0.673)	0.020 (0.694)	0.021 (0.709)
Indep	−0.031 (−1.426)	−0.031 (−1.424)	−0.031 (−1.440)	−0.031 (−1.449)	−0.037 (−0.393)	−0.036 (−0.385)	−0.039 (−0.424)	−0.040 (−0.430)
Dual	−0.000 (−0.200)	−0.000 (−0.198)	−0.000 (−0.172)	−0.000 (−0.126)	0.005 (0.631)	0.006 (0.652)	0.006 (0.710)	0.007 (0.836)
LnSize	0.021*** (13.633)	0.021*** (13.632)	0.021*** (13.749)	0.021*** (13.849)	0.157*** (25.238)	0.157*** (25.280)	0.158*** (25.495)	0.161*** (25.698)
LnAge	−0.002 (−1.481)	−0.002 (−1.459)	−0.002 (−1.529)	−0.002 (−1.596)	−0.069*** (−8.960)	−0.070*** (−8.989)	−0.071*** (−9.092)	−0.073*** (−9.314)
Lev	−0.115*** (−13.232)	−0.114*** (−13.227)	−0.115*** (−13.266)	−0.115*** (−13.356)	−0.562*** (−20.574)	−0.562*** (−20.591)	−0.564*** (−20.625)	−0.572*** (−20.911)
Growth	0.038*** (16.095)	0.038*** (16.092)	0.038*** (16.097)	0.038*** (16.109)	0.147*** (14.014)	0.147*** (14.011)	0.147*** (14.028)	0.147*** (14.077)
State	−0.011*** (−3.821)	−0.011*** (−3.809)	−0.011*** (−3.862)	−0.011*** (−3.860)	0.022* (1.753)	0.022* (1.764)	0.021 (1.644)	0.020 (1.620)
截距项	−0.378*** (−11.159)	−0.377*** (−11.127)	−0.384*** (−11.499)	−0.386*** (−11.580)	−2.939*** (−20.379)	−2.938*** (−20.374)	−3.011*** (−21.008)	−3.045*** (−21.165)
年份固定效应	控制	控制	控制	控制	控制	控制	控制	控制

续表

变量	被解释变量: *ROE*				被解释变量: *EPS*			
	(1)	(2)	(3)	(4)	(5)	(6)	(7)	(8)
行业固定效应	控制	控制	控制	控制	控制	控制	控制	控制
地区固定效应	控制	控制	控制	控制	控制	控制	控制	控制
F 统计量	22.652***	22.593***	22.552***	22.376***	45.484***	45.428***	45.254***	44.992***
Adj. R^2	0.185	0.185	0.184	0.184	0.256	0.256	0.255	0.253
样本量	10935	10935	10935	10935	10935	10935	10935	10935

注：①被解释变量为企业短期绩效，值越大表示企业短期绩效越好；②括号内为经异方差调整后的 t 值；③***、**、*分别表示双尾检验在1%、5%、10%下的统计显著水平。

（二）延长窗口检验

为了检验网络新媒体互动对企业长期绩效的影响，本书还考虑了更加长期的经营绩效，具体做法是使用未来两年的企业总资产收益率和托宾 Q 两个指标来度量企业的长期绩效，表 4-9 报告了使用总资产收益率（ROA_{t+2}）和托宾 Q（$Tobinq_{t+2}$）来度量企业经营绩效的回归结果。从中可以发现：网络新媒体互动的频度、广度、提问深度和回答深度的回归系数均在 1%水平下显著为正，说明考虑更加长期的经营绩效后，网络新媒体互动对企业长期绩效的影响依然显著为正，依旧支持了假设 H2。

表 4-9　网络新媒体互动与企业长期绩效的回归结果：延长窗口检验

变量	被解释变量: ROA_{t+2}				被解释变量: $Tobinq_{t+2}$			
	(1)	(2)	(3)	(4)	(5)	(6)	(7)	(8)
CommFre	0.002*** (3.083)				0.083*** (4.439)			
CommScope		0.002*** (3.063)				0.083*** (3.968)		
CommDepq			0.001*** (3.139)				0.052*** (4.335)	
CommDepa				0.001*** (2.832)				0.049*** (4.202)
*Top*1	0.016*** (3.915)	0.016*** (3.929)	0.016*** (3.852)	0.016*** (3.800)	0.720*** (5.051)	0.716*** (5.013)	0.701*** (4.936)	0.693*** (4.881)

续表

变量	被解释变量：ROA_{t+2}				被解释变量：$Tobinq_{t+2}$			
	(1)	(2)	(3)	(4)	(5)	(6)	(7)	(8)
Inst	0.040*** (14.145)	0.040*** (14.154)	0.040*** (14.111)	0.040*** (14.065)	0.469*** (5.003)	0.471*** (5.021)	0.464*** (4.943)	0.459*** (4.892)
Manager	0.028*** (8.287)	0.028*** (8.294)	0.028*** (8.280)	0.028*** (8.268)	0.298** (2.491)	0.298** (2.494)	0.297** (2.481)	0.295** (2.470)
LnBoard	0.005 (1.255)	0.005 (1.254)	0.005 (1.252)	0.005 (1.242)	-0.170 (-1.414)	-0.169 (-1.412)	-0.170 (-1.414)	-0.172 (-1.432)
Indep	0.004 (0.279)	0.004 (0.285)	0.004 (0.267)	0.003 (0.252)	1.228*** (2.918)	1.232*** (2.928)	1.222*** (2.904)	1.211*** (2.879)
Dual	-0.002 (-1.240)	-0.002 (-1.230)	-0.002 (-1.225)	-0.001 (-1.181)	0.051 (1.157)	0.053 (1.182)	0.053 (1.190)	0.055 (1.240)
LnSize	0.003*** (3.405)	0.003*** (3.426)	0.003*** (3.448)	0.003*** (3.546)	-0.908*** (-27.432)	-0.905*** (-27.428)	-0.904*** (-27.498)	-0.902*** (-27.528)
LnAge	0.003*** (2.848)	0.003*** (2.843)	0.003*** (2.809)	0.003*** (2.761)	0.332*** (9.019)	0.330*** (8.966)	0.328*** (8.909)	0.327*** (8.899)
Lev	-0.065*** (-16.811)	-0.065*** (-16.814)	-0.065*** (-16.845)	-0.065*** (-16.954)	-0.702*** (-4.986)	-0.711*** (-5.046)	-0.713*** (-5.104)	-0.722*** (-5.181)
Growth	0.008*** (4.867)	0.008*** (4.866)	0.008*** (4.856)	0.008*** (4.868)	0.115** (2.099)	0.115** (2.111)	0.115** (2.106)	0.115** (2.113)
State	-0.004*** (-2.614)	-0.004*** (-2.608)	-0.004*** (-2.649)	-0.004*** (-2.652)	-0.164*** (-3.306)	-0.164*** (-3.308)	-0.167*** (-3.367)	-0.167*** (-3.367)
截距项	-0.040** (-2.295)	-0.041** (-2.305)	-0.043** (-2.451)	-0.044** (-2.512)	20.598*** (30.584)	20.562*** (30.603)	20.446*** (30.638)	20.409*** (30.648)
年份固定效应	控制	控制	控制	控制	控制	控制	控制	控制
行业固定效应	控制	控制	控制	控制	控制	控制	控制	控制
地区固定效应	控制	控制	控制	控制	控制	控制	控制	控制
F统计量	21.688***	21.673***	21.663***	21.621***	56.167***	56.231***	56.060***	56.101***
Adj. R^2	0.176	0.176	0.176	0.175	0.436	0.435	0.435	0.435
样本量	7152	7152	7152	7152	7152	7152	7152	7152

注：①被解释变量为企业长期绩效，值越大表示企业长期绩效越好；②括号内为经异方差调整后的t值；③***、**、*分别表示双尾检验在1%、5%、10%下的统计显著水平。

（三）内生性检验

本书主要目的是考察网络新媒体互动是否能提高企业经营绩效，投资者可能在互动过程中更加偏好经营业绩较好的企业，导致互为因果的问题出现。为了尽可能避免网络新媒体互动与企业经营绩效之间的内生性，本书使用上一年度的网络新媒体互动情况（*LComm*）作为工具变量，运用 2SLS 两阶段工具变量法进行内生性控制。具体做法是：在第一阶段回归中加入 *LComm* 以及全部控制变量，得到投资者与上市公司网络新媒体互动的拟合值，再进行第二阶段回归。

表 4-10 是第一阶段的回归结果，从表 4-10 中可以发现：网络新媒体互动频度（*LCommFre*）的回归系数为 0.575，互动广度（*LCommScope*）的回归系数为 0.583，提问深度（*LCommDepq*）的回归系数为 0.444，回答深度（*LCommDepa*）的回归系数为 0.421，且均在 1%水平下显著。这表明以上一年度的网络新媒体互动情况作为工具变量具有一定的合理性。

表 4-10　网络新媒体互动与企业经营绩效的回归结果：2SLS 第一阶段

变量	被解释变量：网络新媒体互动			
	(1)	(2)	(3)	(4)
LCommFre	0.575*** (71.097)			
LCommScope		0.583*** (70.636)		
LCommDepq			0.444*** (58.347)	
LCommDepa				0.421*** (55.994)
Top1	-0.342*** (-5.315)	-0.309*** (-5.120)	-0.435*** (-4.978)	-0.351*** (-4.076)
Inst	-0.235*** (-5.128)	-0.225*** (-5.230)	-0.286*** (-4.582)	-0.259*** (-4.205)
Manager	-0.113** (-2.008)	-0.102* (-1.941)	-0.127* (-1.661)	-0.115 (-1.535)
LnBoard	0.089 (1.595)	0.088* (1.669)	0.077 (1.013)	0.082 (1.091)
Indep	0.097 (0.511)	0.086 (0.480)	0.036 (0.141)	0.057 (0.226)

续表

变量	被解释变量：网络新媒体互动			
	（1）	（2）	（3）	（4）
Dual	0.033* （1.759）	0.029* （1.668）	0.043* （1.686）	0.034 （1.367）
LnSize	0.139*** （13.338）	0.128*** （13.047）	0.209*** （14.759）	0.209*** （14.965）
LnAge	-0.048*** （-2.653）	-0.045*** （-2.683）	-0.080*** （-3.281）	-0.092*** （-3.855）
Lev	-0.291*** （-5.549）	-0.270*** （-5.488）	-0.538*** （-7.559）	-0.497*** （-7.085）
Growth	0.076*** （4.422）	0.071*** （4.406）	0.073*** （3.145）	0.070*** （3.033）
State	-0.051** （-2.126）	-0.045** （-2.022）	-0.096*** （-2.960）	-0.099*** （-3.088）
截距项	-1.208*** （-4.766）	-1.210*** （-5.088）	0.183 （0.535）	0.536 （1.588）
年份固定效应	控制	控制	控制	控制
行业固定效应	控制	控制	控制	控制
地区固定效应	控制	控制	控制	控制
F 统计量	231.331***	283.513***	156.476***	142.874***
Adj. R^2	0.641	0.687	0.547	0.524
样本量	8754	8754	8754	8754

注：①被解释变量为网络新媒体互动，值越大表示互动越活跃；②括号内为经异方差调整后的 t 值；③***、**、*分别表示双尾检验在1%、5%、10%下的统计显著水平。

表 4-11 是网络新媒体互动与企业短期绩效的第二阶段回归结果，从中可发现：在控制可能的内生性影响后，网络新媒体互动频度、广度、提问深度、回答深度对企业总资产收益率（*ROA*）的影响依旧在 10%水平下显著为正，对托宾 Q（*Tobinq*）的影响也依旧在 1%水平下显著为正。回归结果表明，采用 IV 两阶段估计控制内生性后，回归结果与基准回归结果一致，但网络新媒体互动的回归系数有所上升，即网络新媒体互动提高了企业短期绩效，这一结论在考虑可能的内生性以后依然成立。

表 4-11　网络新媒体互动与企业短期绩效的回归结果：2SLS 第二阶段

变量	被解释变量：*ROA*				被解释变量：*Tobinq*			
	(1)	(2)	(3)	(4)	(5)	(6)	(7)	(8)
CommFreFit	0. 001 * (1. 719)				0. 135 *** (4. 997)			
CommScopeFit		0. 001 * (1. 753)				0. 127 *** (4. 365)		
CommDepqFit			0. 001 * (1. 956)				0. 104 *** (4. 292)	
CommDepaFit				0. 001 * (1. 914)				0. 108 *** (4. 201)
*Top*1	0. 011 *** (3. 092)	0. 011 *** (3. 032)	0. 011 *** (3. 121)	0. 011 *** (3. 083)	0. 375 *** (3. 004)	0. 362 *** (2. 896)	0. 358 *** (2. 865)	0. 345 *** (2. 771)
Inst	0. 042 *** (16. 446)	0. 042 *** (16. 403)	0. 042 *** (16. 470)	0. 042 *** (16. 461)	1. 478 *** (16. 659)	1. 476 *** (16. 608)	1. 469 *** (16. 562)	1. 464 *** (16. 518)
Manager	0. 037 *** (11. 830)	0. 037 *** (11. 817)	0. 037 *** (11. 832)	0. 037 *** (11. 824)	0. 884 *** (8. 197)	0. 883 *** (8. 178)	0. 879 *** (8. 148)	0. 877 *** (8. 127)
LnBoard	0. 007 ** (2. 135)	0. 007 ** (2. 144)	0. 007 ** (2. 135)	0. 007 ** (2. 129)	0. 016 (0. 150)	0. 017 (0. 161)	0. 020 (0. 185)	0. 018 (0. 171)
Indep	−0. 008 (−0. 729)	−0. 008 (−0. 725)	−0. 008 (−0. 737)	−0. 008 (−0. 744)	1. 839 *** (5. 031)	1. 843 *** (5. 040)	1. 836 *** (5. 021)	1. 830 *** (5. 005)
Dual	0. 000 (0. 314)	0. 000 (0. 338)	0. 000 (0. 304)	0. 000 (0. 331)	0. 041 (1. 150)	0. 043 (1. 200)	0. 043 (1. 195)	0. 045 (1. 255)
LnSize	0. 011 *** (17. 436)	0. 011 *** (17. 652)	0. 011 *** (16. 895)	0. 011 *** (16. 827)	−0. 916 *** (−43. 002)	−0. 909 *** (−42. 843)	−0. 914 *** (−42. 046)	−0. 914 *** (−41. 870)
LnAge	0. 002 (1. 632)	0. 002 (1. 558)	0. 002 * (1. 693)	0. 002 * (1. 699)	0. 383 *** (11. 025)	0. 378 *** (10. 893)	0. 379 *** (10. 906)	0. 380 *** (10. 906)
Lev	−0. 113 *** (−38. 410)	−0. 113 *** (−38. 519)	−0. 112 *** (−37. 821)	−0. 112 *** (−37. 952)	−0. 723 *** (−7. 070)	−0. 738 *** (−7. 225)	−0. 717 *** (−6. 930)	−0. 724 *** (−7. 016)
Growth	0. 018 *** (19. 224)	0. 018 *** (19. 236)	0. 018 *** (19. 241)	0. 018 *** (19. 244)	0. 324 *** (9. 812)	0. 325 *** (9. 833)	0. 326 *** (9. 877)	0. 327 *** (9. 882)
State	−0. 004 *** (−3. 373)	−0. 004 *** (−3. 392)	−0. 004 *** (−3. 344)	−0. 004 *** (−3. 335)	−0. 285 *** (−6. 203)	−0. 286 *** (−6. 231)	−0. 285 *** (−6. 213)	−0. 285 *** (−6. 193)

续表

变量	被解释变量：*ROA*				被解释变量：*Tobinq*			
	(1)	(2)	(3)	(4)	(5)	(6)	(7)	(8)
截距项	-0.180*** (-12.764)	-0.181*** (-12.820)	-0.183*** (-13.170)	-0.184*** (-13.251)	19.790*** (40.181)	19.738*** (40.038)	19.463*** (40.139)	19.399*** (40.067)
年份固定效应	控制	控制	控制	控制	控制	控制	控制	控制
行业固定效应	控制	控制	控制	控制	控制	控制	控制	控制
地区固定效应	控制	控制	控制	控制	控制	控制	控制	控制
F 统计量	56.095***	56.071***	56.114***	56.110***	110.167***	110.006***	109.988***	109.967***
Adj. R^2	0.300	0.300	0.300	0.300	0.459	0.459	0.458	0.458
样本量	8754	8754	8754	8754	8754	8754	8754	8754

注：①被解释变量为企业短期绩效，值越大表示企业短期绩效越好；②括号内为经异方差调整后的 t 值；③ ***、**、* 分别表示双尾检验在 1%、5%、10%下的统计显著水平。

表 4-12 是网络新媒体互动与企业长期绩效的第二阶段回归结果，从中可以发现：在考虑内生性影响后，网络新媒体互动频度、广度、提问深度、回答深度对企业长期绩效的影响依旧显著为正。这就说明采用 IV 两阶段估计控制内生性后，依然能够得出网络新媒体互动提高了企业长期绩效的结论。

表 4-12 网络新媒体互动与企业长期绩效的回归结果：2SLS 第二阶段

变量	被解释变量：ROA_{t+1}				被解释变量：$Tobinq_{t+1}$			
	(1)	(2)	(3)	(4)	(5)	(6)	(7)	(8)
CommFreFit	0.002* (1.748)				0.153*** (5.146)			
CommScopeFit		0.002* (1.709)				0.154*** (4.771)		
CommDepqFit			0.001* (1.757)				0.124*** (4.771)	
CommDepaFit				0.001* (1.720)				0.124*** (4.520)
Top1	0.013*** (3.118)	0.013*** (3.112)	0.013*** (3.106)	0.013*** (3.047)	0.548*** (3.933)	0.539*** (3.869)	0.532*** (3.823)	0.514*** (3.703)
Inst	0.046*** (15.458)	0.046*** (15.455)	0.046*** (15.457)	0.046*** (15.431)	1.014*** (10.375)	1.014*** (10.369)	1.008*** (10.316)	0.999*** (10.240)

续表

变量	被解释变量：ROA_{t+1}				被解释变量：$Tobinq_{t+1}$			
	(1)	(2)	(3)	(4)	(5)	(6)	(7)	(8)
Manager	0.038*** (10.525)	0.038*** (10.525)	0.038*** (10.519)	0.038*** (10.505)	0.685*** (5.729)	0.684*** (5.720)	0.681*** (5.693)	0.678*** (5.665)
LnBoard	0.005 (1.371)	0.005 (1.367)	0.005 (1.374)	0.005 (1.372)	-0.162 (-1.337)	-0.163 (-1.341)	-0.160 (-1.319)	-0.162 (-1.334)
Indep	0.000 (0.007)	0.000 (0.011)	0.000 (0.001)	-0.000 (-0.005)	1.345*** (3.266)	1.350*** (3.278)	1.338*** (3.250)	1.330*** (3.229)
Dual	-0.000 (-0.209)	-0.000 (-0.199)	-0.000 (-0.206)	-0.000 (-0.174)	0.070* (1.712)	0.072* (1.755)	0.071* (1.741)	0.074* (1.814)
LnSize	0.006*** (7.503)	0.006*** (7.554)	0.006*** (7.308)	0.006*** (7.386)	-0.931*** (-38.304)	-0.926*** (-38.224)	-0.932*** (-37.714)	-0.930*** (-37.543)
LnAge	0.004*** (3.688)	0.004*** (3.679)	0.004*** (3.693)	0.004*** (3.648)	0.412*** (10.516)	0.409*** (10.431)	0.409*** (10.440)	0.409*** (10.403)
Lev	-0.081*** (-22.549)	-0.081*** (-22.580)	-0.081*** (-22.247)	-0.081*** (-22.392)	-0.716*** (-6.112)	-0.728*** (-6.214)	-0.702*** (-5.933)	-0.717*** (-6.068)
Growth	0.012*** (10.267)	0.012*** (10.270)	0.012*** (10.285)	0.012*** (10.293)	0.235*** (6.130)	0.235*** (6.145)	0.237*** (6.185)	0.237*** (6.197)
State	-0.005*** (-3.406)	-0.005*** (-3.404)	-0.005*** (-3.397)	-0.005*** (-3.403)	-0.237*** (-4.593)	-0.237*** (-4.601)	-0.236*** (-4.591)	-0.236*** (-4.583)
截距项	-0.115*** (-6.878)	-0.116*** (-6.924)	-0.123*** (-7.382)	-0.124*** (-7.395)	21.461*** (39.160)	21.393*** (39.067)	22.087*** (40.470)	22.027*** (40.275)
年份固定效应	控制	控制	控制	控制	控制	控制	控制	控制
行业固定效应	控制	控制	控制	控制	控制	控制	控制	控制
地区固定效应	控制	控制	控制	控制	控制	控制	控制	控制
F统计量	28.711***	28.709***	28.712***	28.697***	89.982***	89.878***	89.878***	89.812***
Adj. R^2	0.212	0.212	0.212	0.212	0.464	0.463	0.463	0.463
样本量	6895	6895	6895	6895	6895	6895	6895	6895

注：①被解释变量为企业长期绩效，值越大表示企业长期绩效越好；②括号内为经异方差调整后的t值；③***、**、*分别表示双尾检验在1%、5%、10%下的统计显著水平。

第二节　网络新媒体互动的创新效应

党的十九大报告指出，创新是引领发展的第一动力，是建设现代化经济体系的战略支撑。在2018年中国科学院第十九次院士大会、中国工程院第十四次院士大会中，习近平总书记再次强调了科技创新的重要性，并对科技创新做出了新的重要论述，“自力更生是中华民族自立于世界民族之林的奋斗基点，自主创新是我们攀登世界科技高峰的必由之路”。而微观企业作为社会经济活动的基本单元，是创新活动的重要实施者，其技术创新对经济增长具有重要意义。因此如何全面提升企业自主创新能力，促进产业结构转型升级，是我国目前亟待解决的重要问题。

一、研究假设

现有研究表明，影响企业创新的两个重要因素是融资约束和委托代理问题（Manso，2011；Cohen等，2013）。具体来说，首先，企业技术创新需要大量的资金进行长期投入，源源不断的资金投入是确保企业创新的关键，因此仅依靠企业内源性融资不足以支撑创新活动，必须依赖外源性融资。同时创新活动往往具有专业性强、机密性高、不确定性大等特点，因此企业创新的价值往往难以准确估计，企业内外部之间信息不对称程度更高，投资者对于创新活动较高的企业倾向于低估其价值，即逆向选择（Bhattacharya and Ritte，1980；Holmstrom，1989）。投资者的逆向选择将恶化企业所面临的融资约束，削弱其融资能力，最终导致企业削减研发投入甚至终止研发项目。创新活动需要投入大量的人力物力，如果企业能够得到大量的资金支持，就可以获取到创新过程中所需要的各种资源（鞠晓生，2013）。因此，企业融资约束问题将削弱企业的创新活动。

其次，由于企业所有权和经营权分离，在创新过程中将不可避免地产生委托代理问题。由于创新活动具有专业性和机密性的特点，提高了股东对经理人监督的成本；同时企业创新的研发结果存在很大的不确定性，增加了股东对经理人努力程度的评价难度。特别是当某项创新结果未达到预期时，股东无法确定是项目本身风险所致还是经理人渎职所致。由于企业经理人对创新活动具有较大自主性，提高了经理人攫取私利的可能性，也产生了严重的委托代理问题（Xiao，2013）。同时，研发创新活动长周期的特点不利于经理人薪酬的提高，而且企业创新的研发结果也存在很大的不确定性，研发失败将对经理人的声誉造成负面影响，甚至被迫离职，因此经理人可能会对创新项目产生排斥心理，降低其创新意愿。委托代理问题还导致投资者和经理人之间互相不信任，削弱了企业的创新活动。

网络新媒体互动对于企业创新可能存在两种效应：融资效应和治理效应。首先，现有研究表明，非财务信息披露可以缓解投资者和经理人之间的信息不对称，降低投资者的不确定性和投资风险，进而降低交易成本（Fama and Laffer，1971；Verrecchia，2001）。网络新媒体互动为资本市场投资者提供了必要的非财务信息，有助于投资者对企业未来业绩做出更加准确的判断，缓解企业内外部之间信息不对称问题，从而更容易获得外部资本的支持，缓解企业融资约束问题。其次，根据委托代理理论，企业所有权和经营权分离，导致股东和经理人之间利益冲突，经理人可能为了自身利益（例如偷懒、在职消费、非效率投资或构建帝国等）做出损害股东利益的行为，即代理成本（Jensen and Meckling，1967）。为了降低代理成本，就需要通过签订契约来激励和约束管理层行为，但契约的签订和执行需要以双方都可以观测并认可的共同信息为基础，因此企业披露的各类信息常常被用于管理层薪酬契约设计。董事长一般被认为是股东代言人，代表股东利益并对公司经营决策进行监督，而经理人是公司经营活动实际管理层，当董事长和总经理由两人担任时，为了降低代理成本，总经理将自愿披露更多非财务信息（Forker，1992）。张宗新等（2007）认为充分的信息披露可以抑制信息不对称所导致的机会主义行为，降低代理成本。魏明海等（2007）的研究发现财务信息披露可以保护投资者，缓解因信息不对称所导致的代理问题。杜兴强和周泽将（2009）基于深圳证券交易所信息披露考评数据的实证研究也得出了类似的结论。考虑到网络新媒体互动可以向投资者披露有关企业的内部信息，在一定程度上改善了投资者的信息劣势处境，能够约束经理人减少背离股东利益的自利行为，缓解股东和经理人的委托代理冲突。因此本书提出假设 H1：

假设 H1：在其他条件不变的情况下，网络新媒体互动提高了企业创新活动。

上述分析表明网络新媒体互动促进企业创新的一条重要机制是缓解企业融资约束，如果这一假说成立，那么网络新媒体互动对企业创新活动的影响，在融资约束程度不同的企业中应该有所差异。如果企业所面临的融资约束很小，那么网络新媒体互动对于改善企业融资约束的边际作用很小；反之，对于企业所面临的融资约束严重，那么网络新媒体互动可能对于融资约束的改善作用巨大，从而显著提高企业创新活动。鉴于此，本书进一步提出了假设 H2：

假设 H2：在其他条件不变的情况下，与融资约束较小的企业相比，网络新媒体互动对融资约束较严重企业的创新影响更大。

在关于企业创新的文献中，学者们普遍认为公司治理机制对企业创新活动的

影响非常重要。既然弥补公司内部治理的不足是网络新媒体互动促进企业创新活动的另一条重要机制，如果这一途径存在，那么网络新媒体互动对企业创新活动的影响在公司治理完善程度不同的企业中应该有所差异。即当公司治理机制较为完善时，网络新媒体互动与企业创新之间的正向关系较弱，反之，网络新媒体互动将弥补公司治理创新激励的不足。鉴于此，本书进一步提出了假设 H3：

假设 H3：在其他条件不变的情况下，与代理成本较低的企业相比，网络新媒体互动对代理成本较高企业的创新影响更大。

二、数据来源与研究设计

（一）数据来源与样本选择

有关投资者与上市公司网络新媒体互动的数据来源于深圳证券交易所“互动易”平台（以下简称“互动易”平台，网址为 http：//irm. cninfo. com. cn/szse/index. html）的“问答”板块。我们使用 Java 编程软件抓取了“互动易”平台从 2010 年 1 月 1 日至 2017 年 12 月 31 日的问答记录共 2332440 条，包含 2076 家深圳市 A 股上市公司。考虑到“互动易”平台的主要服务对象是在深圳证券交易所上市的公司及其投资者，同时“互动易”平台的最早上线时间为 2010 年 1 月，因此本书将研究样本限定为 2010～2017 年的深圳上市公司。产权性质数据来源于 CCER 数据库，机构投资者持股和研发投入数据来源于 Wind 数据库，其他数据来源于 CSMAR 数据库。同时，借鉴已有研究的做法，按照如下标准对初始样本进行预处理：①剔除金融保险行业样本；②剔除资不抵债的样本；③剔除相关财务数据缺失的样本。最终得到 1708 个企业共 9153 个年度—企业样本。此外，为了排除异常值对回归结果的影响，所有连续变量均在 1%和 99%分位数上进行 Winsor 缩尾处理。

（二）变量选择与定义

1. 被解释变量——企业创新活动

目前学术界对企业创新行为的衡量主要基于创新投入和创新产出两方面：创新投入方面常常选择研发投入占营业收入的比重度量企业的 R&D 投入强度（温军和冯根福，2012），该变量的取值范围介于 0～1；在创新产出方面常常选择专利申请数量度量企业创新产出（龙小宁和林菡馨，2018）。本书的目的是检验网络新媒体互动对企业创新行为的影响，为了更好地检验其创新效应，本书从创新投入和创新产出两个方面分别进行检验，即使用研发投入占营业收入的比重（*RD*）和创新专利产出（*LnApply*）作为企业创新活动的代理变量。

2. 解释变量——网络新媒体互动

“互动易”平台的问答数据包括提问者的个人信息、上市公司信息、提问信息和回答信息，其中提问信息包括提问时间和提问内容，回答信息包括回答时间和回答内容。将收集到的问答记录进行归类整理，可以得到上市公司 i 在第 t 年与投资者的有效互动情况。

本书将投资者与上市公司的网络新媒体互动分为互动频度、互动广度和互动深度三个方面。具体定义如下：①互动频度（*CommFre*），年度投资者与上市公司在“互动易”平台的有效问答数加 1 取自然对数；②互动广度（*CommScope*），年度参与上市公司“互动易”平台的有效问答提问人数加 1 取自然对数；③互动深度（*CommDep*），本书认为“互动易”平台的问答中，投资者向上市公司所提问题的长度以及上市公司回答的长度可以反映出投资者对某个事项的深入了解程度，提问深度（*CommDepq*）为投资者在“互动易”平台所提问题的总字数加 1 取自然对数，回答深度（*CommDepa*）为上市公司在“互动易”平台针对投资者问题做出回答的总字数加 1 取自然对数。

3. 控制变量

借鉴陈钦源等（2017）的做法，本书选取如下变量作为控制变量：

（1）公司治理变量，包括第一大股东持股比例（*Top*1），用第一大股东持股数与总股本的比值表示；机构投资者持股比例（*Inst*），用机构投资者持股数与总股本的比值表示；高管持股比例（*Manager*），用管理层持股数与总股本的比值表示；董事会规模（*LnBoard*），用董事会总席位的自然对数表示；独立董事比例（*Indep*），用独立董事席位占董事会总席位的比例表示；两职合一（*Dual*），若董事长总经理两职合一则取值为 1，否则取值为 0。

（2）公司特征变量，包括企业规模（*LnSize*），用企业总资产的自然对数表示；上市年限（*LnAge*），用已上市年限的自然对数表示；资产负债率（*Lev*），用企业总负债与总资产的比值表示；盈利能力（*ROA*），用净利润与总资产额比值表示；固定资产比例（*Tang*），用固定资产净额与总资产的比值表示；发展能力（*Growth*），用主营业务收入增长率表示；是否为国有企业（*State*），如果实际控制人为国有单位则取值为 1，否则取值为 0。同时，本书还加入年份哑变量、行业哑变量、地区哑变量以控制年份固定效应、行业固定效应和地区固定效应，各变量的具体定义如表 4-13 所示。

表 4-13 变量定义与说明

变量类型	变量符号	变量名称	变量定义
被解释变量	*RD*	研发投入强度	研发投入占营业收入的比重
	LnApply	创新专利产出	企业专利申请数量加 1 的自然对数

续表

变量类型	变量符号	变量名称	变量定义
解释变量	*CommFre*	网络新媒体互动频度	“互动易”平台有效问答数加1取自然对数
	CommScope	网络新媒体互动广度	“互动易”平台有效问答的提问人数加1取自然对数
	CommDepq	网络新媒体互动提问深度	“互动易”平台所提问题的总字数加1取自然对数
	CommDepa	网络新媒体互动回答深度	“互动易”平台针对问题做出回答的总字数加1取自然对数
公司治理变量	*Top*1	第一大股东持股比例	第一大股东持股数与总股本的比值
	Inst	机构投资者持股比例	机构投资者持股数与总股本的比值
	Manager	管理层持股比例	管理层持股数与总股本的比值
	LnBoard	董事会规模	董事会总席位的自然对数
	Indep	独立董事比例	独立董事席位占董事会总席位的比例
	Dual	管理层权力	若董事长总经理两职合一则取1，否则取0
公司特征变量	*LnSize*	企业规模	总资产的自然对数
	LnAge	上市年限	已上市年限的自然对数
	Lev	资产负债率	总负债与总资产的比值
	ROA	盈利能力	净利润与总资产额比值
	Tang	固定资产比例	固定资产净额与总资产的比值
	Growth	发展能力	主营业务收入增长率
	State	是否为国有企业	如果实际控制人为国有单位则取值为1，否则取值为0

（三）计量模型构建

为了检验前文提出的研究假设，本书采用OLS计量回归模型，考察网络新媒体互动对企业创新活动的影响。具体计量模型如下：

$$Innov_{it} = \beta_0 + \beta_1 Comm_{it} + \beta_2 Controls_{it} + \sum \delta_t Year_t + \sum \gamma_i Ind_i + \sum \varphi_i Region_i + \varepsilon_{it} \tag{4-2}$$

其中，被解释变量 $Innov_{it}$ 是上市公司 i 在第 t 年的创新活动，包括创新投入强度（*RD*）和创新专利产出（*LnApply*）；解释变量 $Comm_{it}$ 是上市公司 i 在第 t 年在深交所“互动易”平台与投资者的互动情况，包括网络新媒体互动频度、互动广度和互动深度三个方面；$Controls_{it}$ 是包括公司特征、股东治理、董事会治理和高管治理等一系列的控制变量；*Year* 用以控制年度固定效应，*Ind* 用以控制行业固定效应，*Region* 用以控制地区固定效应；β 为各变量的回归系数，ε 为随机干扰项。根据这一模型，如果 $\beta_1>0$，则表明网络新媒体互动提高了企业创新活动；反之则降低了企业创新活动。

三、实证结果分析

（一）描述性统计分析

主要变量的描述性统计分析如表 4-14 所示，可以发现：①样本期间上市公司研发投入强度（*RD*）均值为 4.435，中位数为 3.507，标准差为 4.372；专利申请量的自然对数（*LnApply*）均值为 2.917，中位数为 2.944，标准差为 1.423；从上市公司研发投入和创新产出两个角度来看不同企业间的创新活动存在较大差异。②样本期间上市公司网络新媒体互动频度（*CommFre*）的均值为 4.312，标准差为 1.395；网络新媒体互动广度（*CommScope*）的均值为 4.100，标准差为 1.391；网络新媒体互动提问深度（*CommDepq*）的均值为 8.256，标准差为 1.800；网络新媒体互动回答深度（*CommDepa*）的均值为 8.472，标准差为 1.747；表明网络新媒体互动情况在不同企业之间差异较大。③第一大股东持股比例（*Top*1）的均值为 0.334，中位数为 0.313，表明样本期间第一大股东可以实现对企业的相对控股；机构持股比例（*Inst*）的均值为 0.344，中位数为 0.327，表明样本期间机构持股比例相对较大，有足够的能力对企业进行监督；管理层持股比例（*Manager*）的均值为 0.192，标准差为 0.220，表明样本期间管理层持股比例在不同企业之间差异较大；独立董事比例（*Indep*）的均值为 0.374，最小值为 0.333，表明样本期间企业的独立董事比例符合 1/3 的规定；管理层权力（*Dual*）的均值为 0.330，中位数为 0.000，表明大多数企业的董事长和总经理不是由同一人担任，即管理层权力相对较小；资产负债率（*Lev*）的均值为 0.379，标准差为 0.201，表明大多数企业的资产负债率不高；盈利能力（*ROA*）的均值为 0.044，标准差为 0.048，表明大多数企业的盈利能力不强；固定资产比例（*Tang*）的均值为 0.211，标准差为 0.142，表明样本期间企业的固定资产比例大约为 1/5；发展能力（*Growth*）的均值为 0.226，标准差为 0.422，表明样本期间企业的发展能力较好，但不同企业之间差异较大；是否为国有企业（*State*）的均值为 0.241，中位数为 0.000，表明样本中大部分企业是非国有企业。

表 4-14　主要变量的描述性统计

变量	样本量	均值	标准差	最小值	p25	中位数	p75	最大值
RD	9153	4.435	4.372	0.000	1.783	3.507	5.363	25.178

续表

变量	样本量	均值	标准差	最小值	p25	中位数	p75	最大值
LnApply	9153	2.917	1.423	0.000	1.946	2.944	3.850	6.721
CommFre	9153	4.312	1.395	0.000	3.638	4.554	5.257	6.867
CommScope	9153	4.100	1.391	0.000	3.367	4.331	5.063	6.697
CommDepq	9153	8.256	1.800	0.000	7.634	8.572	9.346	11.130
CommDepa	9153	8.472	1.747	0.000	7.864	8.779	9.507	11.205
*Top*1	9153	0.334	0.140	0.089	0.225	0.313	0.424	0.708
Inst	9153	0.344	0.230	0.000	0.137	0.327	0.523	0.847
Manager	9153	0.192	0.220	0.000	0.000	0.076	0.375	0.705
LnBoard	9153	2.122	0.189	1.609	1.946	2.197	2.197	2.639
Indep	9153	0.374	0.053	0.333	0.333	0.333	0.429	0.571
Dual	9153	0.330	0.470	0.000	0.000	0.000	1.000	1.000
LnSize	9153	21.805	1.079	19.903	21.016	21.657	22.394	25.201
LnAge	9153	1.850	0.754	0.000	1.386	1.792	2.398	3.178
Lev	9153	0.379	0.201	0.044	0.215	0.360	0.526	0.852
ROA	9153	0.044	0.048	-0.135	0.017	0.040	0.068	0.190
Tang	9153	0.211	0.142	0.005	0.101	0.185	0.293	0.649
Growth	9153	0.226	0.422	-0.463	0.009	0.149	0.327	2.673
State	9153	0.241	0.428	0.000	0.000	0.000	0.000	1.000

注：①所有连续变量均在1%的水平进行Winsor缩尾处理；②p25和p75分别表示第1个四分位点和第3个四分位点。

（二）相关系数分析

主要变量的Pearson相关系数分析如表4-15所示。从表4-15可以发现：①网络新媒体互动频度（*CommFre*）、互动广度（*CommScope*）、提问深度（*CommDepq*）、回答深度（*CommDepa*）四个指标均与研发投入强度（*RD*）、创新专利产出（*LnApply*）在1%水平下显著正相关，这些结果初步支持了假设H1，即网络新媒体互动提高了企业创新活动。②第一大股东持股比例（*Top*1）、机构投资者持股比例（*Inst*）、董事会规模（*LnBoard*）、企业规模（*LnSize*）、上市年限（*LnAge*）、资产负债率（*Lev*）、固定资产比例（*Tang*）、发展能力（*Growth*）、是否为国有企业（*State*）与研发投入强度（*RD*）在1%水平下显著负相关；管理层持股比例（*Manager*）、独立董事比例（*Indep*）、管理层权力（*Dual*）、盈利能力（*ROA*）与研发投入强度（*RD*）在1%水平下显著正相关。③机构投资者持股比

表 4-15 主要变量相关系数性分析

	RD	*LnApply*	*CommFre*	*CommScope*	*CommDepq*	*CommDepa*	*Top1*
RD	1. 000						
LnApply	0. 113 (***)	1. 000					
CommFre	0. 240 (***)	0. 179 (***)	1. 000				
CommScope	0. 237 (***)	0. 175 (***)	0. 986 (***)	1. 000			
CommDepq	0. 223 (***)	0. 166 (***)	0. 960 (***)	0. 937 (***)	1. 000		
CommDepa	0. 222 (***)	0. 170 (***)	0. 936 (***)	0. 913 (***)	0. 975 (***)	1. 000	
Top1	-0. 142 (***)	0. 001	-0. 123 (***)	-0. 125 (***)	-0. 104 (***)	-0. 094 (***)	1. 000
Inst	-0. 122 (***)	0. 100 (***)	-0. 046 (***)	-0. 043 (***)	-0. 038 (***)	-0. 031 (***)	0. 275 (***)
Manager	0. 231 (***)	-0. 024 (**)	0. 092 (***)	0. 085 (***)	0. 092 (***)	0. 089 (***)	-0. 082 (***)
LnBoard	-0. 113 (***)	0. 044 (***)	-0. 053 (***)	-0. 061 (***)	-0. 040 (***)	-0. 037 (***)	-0. 038 (***)
Indep	0. 065 (***)	0. 008	0. 049 (***)	0. 050 (***)	0. 046 (***)	0. 047 (***)	0. 038 (***)
Dual	0. 105 (***)	0. 016	0. 050 (***)	0. 043 (***)	0. 046 (***)	0. 044 (***)	0. 003
LnSize	-0. 261 (***)	0. 349 (***)	0. 151 (***)	0. 151 (***)	0. 141 (***)	0. 147 (***)	0. 089 (***)
LnAge	-0. 255 (***)	0. 104 (***)	0. 019 (*)	0. 041 (***)	0. 001	0. 000	-0. 088 (***)
Lev	-0. 369 (***)	0. 131 (***)	-0. 099 (***)	-0. 088 (***)	-0. 103 (***)	-0. 095 (***)	0. 046 (***)
ROA	0. 042 (***)	0. 077 (***)	0. 047 (***)	0. 032 (***)	0. 053 (***)	0. 049 (***)	0. 091 (***)
Tang	-0. 253 (***)	-0. 059 (***)	-0. 107 (***)	-0. 099 (***)	-0. 099 (***)	-0. 107 (***)	0. 067 (***)
Growth	-0. 036 (***)	0. 051 (***)	0. 013	0. 010	0. 002	0. 006	0. 004
State	-0. 191 (***)	0. 037 (***)	-0. 135 (***)	-0. 134 (***)	-0. 120 (***)	-0. 120 (***)	0. 100 (***)

续表

	Inst	*Manager*	*LnBoard*	*Indep*	*Dual*	*LnSize*	*LnAge*
Inst	1.000						
Manager	-0.504 (***)	1.000					
LnBoard	0.167 (***)	-0.181 (***)	1.000				
Indep	-0.061 (***)	0.079 (***)	-0.557 (***)	1.000			
Dual	-0.128 (***)	0.189 (***)	-0.168 (***)	0.136 (***)	1.000		
LnSize	0.346 (***)	-0.339 (***)	0.226 (***)	-0.013	-0.137 (***)	1.000	
LnAge	0.297 (***)	-0.533 (***)	0.131 (***)	-0.013	-0.190 (***)	0.513 (***)	1.000
Lev	0.204 (***)	-0.342 (***)	0.147 (***)	-0.025 (**)	-0.104 (***)	0.551 (***)	0.441 (***)
ROA	0.112 (***)	0.157 (***)	0.022 (**)	-0.016	0.032 (***)	-0.039 (***)	-0.192 (***)
Tang	0.101 (***)	-0.209 (***)	0.124 (***)	-0.051 (***)	-0.098 (***)	0.087 (***)	0.182 (***)
Growth	0.010	0.040 (***)	-0.017	-0.004	0.017	0.080 (***)	-0.027 (**)
State	0.303 (***)	-0.459 (***)	0.248 (***)	-0.077 (***)	-0.253 (***)	0.342 (***)	0.463 (***)
	Lev	*ROA*	*Tang*	*Growth*	*State*		
Lev	1.000						
ROA	-0.373 (***)	1.000					
Tang	0.170 (***)	-0.190 (***)	1.000				
Growth	0.055 (***)	0.200 (***)	-0.122 (***)	1.000			
State	0.331 (***)	-0.133 (***)	0.213 (***)	-0.078 (***)	1.000		

注：***、**、*分别表示双尾检验在1%、5%、10%下的统计显著水平。

例（*Inst*）、董事会规模（*LnBoard*）、企业规模（*LnSize*）、上市年限（*LnAge*）、资产负债率（*Lev*）、盈利能力（*ROA*）、发展能力（*Growth*）、是否为国有企业（*State*）与创新专利产出（*LnApply*）在1%水平下显著正相关；管理层持股比例（*Manager*）以及固定资产比例（*Tang*）与创新专利产出（*LnApply*）在1%水平下显著负相关。④主要解释变量与控制变量的相关系数不高（均在0.2以下），降低了解释变量与控制变量产生多重共线性的可能性。

（三）网络新媒体互动与企业创新活动

单变量分析结果初步说明了网络新媒体互动与企业创新活动之间的正向关系，即网络新媒体互动越多、越广、越深，企业创新活动越活跃。为了更加深入地探讨两者之间的关系，本书使用网络新媒体互动指标对企业研发投入强度和创新专利产出两个指标分别进行回归，同时加入了必要的控制变量以及年度、行业和地区哑变量，计量模型（4-2）的回归结果如表4-16所示。其中第（1）至（4）列的被解释变量为研发投入强度，第（5）至（8）列的被解释变量为创新专利产出。结果显示：不论是采用研发投入强度还是创新专利产出来衡量企业创新活动，以及不论是采用网络新媒体互动频度、广度还是深度来衡量企业创新活动，网络新媒体互动的回归系数均在1%水平下显著为正。这就意味着，网络新媒体互动可以显著提升上市公司创新活动，这一结论支持了假设H1。归根结底是因为投资者与上市公司的网络新媒体互动具有缓解信息不对称的作用，通过融资效应和治理效应提高了企业创新的积极性。

表4-16 网络新媒体互动与企业创新活动的回归结果

变量	被解释变量：*RD*				被解释变量：*LnApply*			
	(1)	(2)	(3)	(4)	(5)	(6)	(7)	(8)
CommFre	0.496*** (13.510)				0.089*** (6.831)			
CommScope		0.552*** (13.790)				0.097*** (6.871)		
CommDepq			0.325*** (12.375)				0.054*** (5.513)	
CommDepa				0.328*** (12.657)				0.057*** (5.723)
*Top*1	-1.938*** (-7.238)	-1.923*** (-7.197)	-2.018*** (-7.490)	-2.064*** (-7.655)	-0.024 (-0.243)	-0.023 (-0.235)	-0.043 (-0.436)	-0.049 (-0.498)

续表

变量	被解释变量：*RD*				被解释变量：*LnApply*			
	(1)	(2)	(3)	(4)	(5)	(6)	(7)	(8)
Inst	1.806*** (9.305)	1.827*** (9.414)	1.757*** (9.029)	1.738*** (8.946)	0.229*** (3.374)	0.232*** (3.417)	0.219*** (3.221)	0.216*** (3.185)
Manager	1.006*** (4.221)	1.016*** (4.271)	0.974*** (4.076)	0.972*** (4.072)	0.271*** (3.491)	0.273*** (3.511)	0.265*** (3.405)	0.265*** (3.406)
LnBoard	0.521** (2.176)	0.520** (2.172)	0.527** (2.189)	0.505** (2.095)	−0.145 (−1.621)	−0.145 (−1.619)	−0.143 (−1.600)	−0.147* (−1.646)
Indep	2.602*** (3.266)	2.616*** (3.283)	2.597*** (3.252)	2.544*** (3.183)	−0.703** (−2.375)	−0.700** (−2.365)	−0.702** (−2.372)	−0.711** (−2.407)
Dual	0.146* (1.768)	0.148* (1.798)	0.154* (1.866)	0.160* (1.940)	0.065** (2.392)	0.066** (2.414)	0.067** (2.460)	0.068** (2.494)
LnSize	−0.349*** (−7.691)	−0.351*** (−7.743)	−0.326*** (−7.168)	−0.321*** (−7.081)	0.552*** (29.673)	0.552*** (29.768)	0.558*** (30.143)	0.558*** (30.185)
LnAge	−0.503*** (−7.176)	−0.504*** (−7.209)	−0.523*** (−7.441)	−0.523*** (−7.467)	0.016 (0.656)	0.016 (0.630)	0.011 (0.458)	0.012 (0.480)
Lev	−4.398*** (−16.384)	−4.392*** (−16.365)	−4.449*** (−16.506)	−4.473*** (−16.536)	0.206** (2.294)	0.205** (2.285)	0.192** (2.135)	0.190** (2.119)
ROA	−8.211*** (−7.725)	−8.246*** (−7.761)	−8.108*** (−7.614)	−8.019*** (−7.549)	2.413*** (7.618)	2.410*** (7.613)	2.440*** (7.692)	2.451*** (7.730)
Tang	−2.993*** (−10.631)	−2.989*** (−10.631)	−3.020*** (−10.707)	−3.004*** (−10.648)	−0.061 (−0.533)	−0.061 (−0.531)	−0.068 (−0.589)	−0.064 (−0.557)
Growth	−0.469*** (−5.019)	−0.467*** (−5.008)	−0.466*** (−4.980)	−0.465*** (−4.974)	−0.021 (−0.616)	−0.020 (−0.606)	−0.020 (−0.594)	−0.020 (−0.594)
State	0.199* (1.915)	0.203* (1.949)	0.179* (1.717)	0.183* (1.754)	−0.005 (−0.117)	−0.004 (−0.106)	−0.008 (−0.219)	−0.008 (−0.199)
截距项	9.196*** (8.583)	9.232*** (8.627)	8.113*** (7.606)	7.907*** (7.430)	−10.432*** (−24.605)	−10.436*** (−24.647)	−10.643*** (−25.335)	−10.671*** (−25.425)
年份固定效应	控制	控制	控制	控制	控制	控制	控制	控制
行业固定效应	控制	控制	控制	控制	控制	控制	控制	控制
地区固定效应	控制	控制	控制	控制	控制	控制	控制	控制
F 统计量	75.076***	75.250***	74.519***	74.282***	64.129***	64.111***	63.512***	63.575***
Adj. R^2	0.403	0.403	0.400	0.400	0.324	0.324	0.323	0.323

续表

变量	被解释变量：*RD*				被解释变量：*LnApply*			
	(1)	(2)	(3)	(4)	(5)	(6)	(7)	(8)
样本量	9153	9153	9153	9153	9153	9153	9153	9153

注：①被解释变量为企业创新活动，值越大表示企业创新越活跃；②括号内为经异方差调整后的 t 值；③ *** 、** 、* 分别表示双尾检验在 1%、5%、10%下的统计显著水平。

在公司治理变量中，第一大股东持股比例（*Top*1）在第（1）至（4）列的回归系数均显著为负，说明第一大股东持股比例越高，企业研发投入强度越小；机构投资者持股比例（*Inst*）的回归系数均显著为正，说明机构投资者能够发挥监督作用，提高企业创新投入和创新产出；管理层持股比例（*Manager*）的回归系数均显著为正，说明把管理层的利益与公司利益捆绑在一起有助于提高企业创新活动；董事会规模（*LnBoard*）在第（1）至（4）列的回归系数显著为正，说明董事会规模有助于提高企业创新投入；独立董事比例（*Indep*）在第（1）至（4）列的回归系数显著为正，但在第（5）至（8）列的回归系数均显著为负，表明独立董事的席位提高了企业研发投入，但可能降低了企业创新专利产出；管理层权力（*Dual*）的回归系数均显著为正，说明管理层权力越大越有利于创新活动。公司特征变量与企业创新都存在较为显著的相关关系，企业规模（*LnSize*）、上市年限（*LnAge*）、资产负债率（*Lev*）、盈利能力（*ROA*）、固定资产比例（*Tang*）和发展能力（*Growth*）在第（1）至（4）列的回归系数显著为负，表明规模越大、越成熟、债务融资比例越高、盈利能力越强、重资产配置发展能力越好的企业，研发投入强度越小；是否为国有企业（*State*）在第（1）至（4）列的回归系数显著为正，说明国有企业创新投入的强度高于非国有企业；企业规模（*LnSize*）在第（5）至（8）列的回归系数均显著为正，表明规模越大的企业创新产出越高；资产负债率（*Lev*）和盈利能力（*ROA*）在第（5）至（8）列的回归系数均显著为正，说明债务融资比例高和盈利能力强的企业创新产出也相对较多。

（四）异质性检验

1. 按照融资约束分组检验

为了进一步检验网络新媒体互动的创新效应在不同融资约束企业中的表现，根据企业所面临融资约束情况的不同，可以将样本分为融资约束组和非融资约束组。参考 Hadlock 和 Pierce（2010）的做法[①]，本书采用 *SA* 指数来度量融资约束。

① 仅使用企业规模和企业年龄两个变量来度量融资约束，可以在一定程度上避免内生性问题。

SA 指数的计算公式如下：

$$SA=0.043\times lnTA^2-0.737\times lnTA-0.040\times Age \qquad (4-3)$$

lnTA 表示总资产的自然对数，*Age* 表示企业上市年龄。

由于 *SA* 指数越大表示企业融资约束越小，因此本书以年度—行业中位数为分界线，将 *SA* 指数低于年度—行业中位数的样本定义为融资约束组（*FC*），高于年度—行业中位数的样本定义为非融资约束组（*NFC*）。表 4-17 报告了以上市公司创新投入强度为被解释变量的分组回归结果。从中可以发现：不论是采用网络新媒体互动频度、广度还是深度的回归系数在两个分组中的回归系数均显著为正，但融资约束组的回归系数大于非融资约束组，以上市公司专利授权数量为被解释变量的分组回归结果与表 4-17 类似（未列示）。为了进一步检验非融资约束组和融资约束组网络新媒体互动创新效应的差异，本书借鉴连玉君等（2010）的做法，通过“自抽样法”（Bootstrap）对组间系数差异显著性进行检验。发现在使用网络新媒体互动频度来测度网络新媒体互动时，两组的系数差异为 0.375，通过了 1%水平下 Bootstrap 1000 次的显著性检验；在使用网络新媒体互动广度来测度网络新媒体互动时，两组的系数差异为 0.402，通过了 1%水平下 Bootstrap 1000 次的显著性检验；在使用网络新媒体互动提问深度来测度网络新媒体互动时，两组的系数差异为 0.243，通过了 1%水平下 Bootstrap 1000 次的显著性检验；在使用网络新媒体互动回答深度来测度网络新媒体互动时，两组的系数差异为 0.195，通过了 1%水平下 Bootstrap 1000 次的显著性检验。这就表明，网络新媒体互动的创新效应在融资约束组和非融资约束组样本中均有所体现，但对融资约束较严重企业的影响更大，原因在于融资约束是影响企业创新的重要因素，而网络新媒体互动缓解了企业融资约束，促进了企业创新投入，因此缓解融资约束是网络新媒体互动影响创新活动的途径之一，支持了假设 H2。

表 4-17　网络新媒体互动与企业创新活动的回归结果：按照融资约束分组检验

变量	被解释变量：*RD*							
	NFC	*FC*	*NFC*	*FC*	*NFC*	*FC*	*NFC*	*FC*
	(1)	(2)	(3)	(4)	(5)	(6)	(7)	(8)
CommFre	0.323*** (6.901)	0.698*** (12.256)						
CommScope			0.367*** (7.230)	0.769*** (12.395)				
CommDepq					0.203*** (5.921)	0.446*** (11.258)		

续表

变量	被解释变量：*RD*							
	NFC	*FC*	*NFC*	*FC*	*NFC*	*FC*	*NFC*	*FC*
	(1)	(2)	(3)	(4)	(5)	(6)	(7)	(8)
CommDepa							0.230*** (6.611)	0.425*** (10.992)
Top1	-1.643*** (-4.693)	-2.792*** (-6.665)	-1.635*** (-4.686)	-2.768*** (-6.619)	-1.732*** (-4.917)	-2.830*** (-6.718)	-1.746*** (-4.958)	-2.877*** (-6.809)
Inst	1.322*** (5.213)	1.977*** (6.640)	1.345*** (5.293)	1.997*** (6.712)	1.274*** (5.006)	1.925*** (6.446)	1.278*** (5.030)	1.886*** (6.315)
Manager	0.466 (1.317)	0.905*** (2.813)	0.479 (1.354)	0.915*** (2.848)	0.433 (1.219)	0.880*** (2.727)	0.432 (1.221)	0.900*** (2.787)
LnBoard	0.400 (1.244)	1.004*** (2.668)	0.395 (1.229)	1.011*** (2.686)	0.389 (1.205)	1.054*** (2.778)	0.381 (1.179)	1.012*** (2.654)
Indep	1.874* (1.911)	4.271*** (3.263)	1.867* (1.904)	4.299*** (3.284)	1.883* (1.918)	4.311*** (3.274)	1.841* (1.873)	4.220*** (3.194)
Dual	0.516*** (4.475)	-0.190 (-1.585)	0.518*** (4.493)	-0.187 (-1.561)	0.519*** (4.484)	-0.170 (-1.415)	0.526*** (4.545)	-0.167 (-1.390)
LnSize	-0.399*** (-5.588)	-0.403*** (-3.156)	-0.402*** (-5.647)	-0.410*** (-3.216)	-0.378*** (-5.292)	-0.361*** (-2.815)	-0.382*** (-5.368)	-0.353*** (-2.749)
LnAge	-0.564*** (-5.451)	-0.476*** (-4.775)	-0.561*** (-5.440)	-0.479*** (-4.822)	-0.581*** (-5.589)	-0.507*** (-5.075)	-0.579*** (-5.607)	-0.503*** (-5.023)
Lev	-3.221*** (-8.240)	-5.433*** (-14.114)	-3.207*** (-8.230)	-5.433*** (-14.096)	-3.291*** (-8.400)	-5.473*** (-14.155)	-3.272*** (-8.342)	-5.531*** (-14.235)
ROA	-2.684* (-1.848)	-11.731*** (-7.821)	-2.731* (-1.879)	-11.767*** (-7.850)	-2.544* (-1.750)	-11.686*** (-7.757)	-2.479* (-1.710)	-11.580*** (-7.706)
Tang	-2.552*** (-6.890)	-3.580*** (-7.969)	-2.554*** (-6.903)	-3.573*** (-7.970)	-2.572*** (-6.933)	-3.601*** (-7.984)	-2.547*** (-6.868)	-3.587*** (-7.949)
Growth	-0.479*** (-3.713)	-0.435*** (-3.327)	-0.477*** (-3.700)	-0.433*** (-3.313)	-0.481*** (-3.726)	-0.422*** (-3.223)	-0.482*** (-3.731)	-0.418*** (-3.201)
State	0.353** (2.397)	-0.139 (-0.887)	0.359** (2.436)	-0.148 (-0.943)	0.334** (2.273)	-0.151 (-0.961)	0.340** (2.310)	-0.142 (-0.902)
截距项	9.974*** (6.253)	9.349*** (3.310)	10.064*** (6.309)	9.485*** (3.359)	9.209*** (5.810)	7.602*** (2.687)	9.056*** (5.729)	7.442*** (2.633)

续表

变量	被解释变量：*RD*							
	NFC	*FC*	*NFC*	*FC*	*NFC*	*FC*	*NFC*	*FC*
	(1)	(2)	(3)	(4)	(5)	(6)	(7)	(8)
年份固定效应	控制	控制	控制	控制	控制	控制	控制	控制
行业固定效应	控制	控制	控制	控制	控制	控制	控制	控制
地区固定效应	控制	控制	控制	控制	控制	控制	控制	控制
F 统计量	48.261***	37.327***	48.522***	37.482***	48.476***	36.461***	47.773***	36.272***
Adj. R^2	0.402	0.407	0.402	0.408	0.400	0.403	0.401	0.402
样本量	4535	4618	4535	4618	4535	4618	4535	4618
系数差异	0.375***		0.402***		0.243***		0.195***	
系数差异 p 值	0.000		0.000		0.000		0.000	

注：①被解释变量为企业创新投入强度，值越大表示企业创新越活跃；②括号内为经异方差调整后的 t 值；③***、**、*分别表示双尾检验在 1%、5%、10%下的统计显著水平；④“系数差异 p 值”用以检验不同分组 *Comm* 系数差异的显著性，通过“自抽样法”（Bootstrap）1000 次得到。

2. 按照代理成本分组检验

为了进一步检验网络新媒体互动对企业创新活动的影响在不同治理效率的企业中是否存在差异，本书以代理成本来度量公司治理效率，并根据代理成本的高低将样本划分为治理效率较高组和治理效率较低组。借鉴现有文献的做法，使用经营费用率［（管理费用+销售费用）/主营业务收入］来度量股东与管理层之间的代理成本。经营费用率越高说明管理层追求自身物质享受程度越高，公司治理效率越差。代理成本分组方法与融资约束分组方法类似，以年度—行业中位数为分界线，将经营费用率低于年度—行业中位数的样本定义为代理成本较低组（*ACL*），高于年度—行业中位数的样本定义为代理成本较高组（*ACH*）。以上市公司创新投入强度为被解释变量且按照企业代理成本分组回归的结果如表 4-18 所示。从表 4-18 中可以看出，在按照经营费用率分组的回归结果中，代理成本较高组的网络新媒体互动创新效应更强，以上市公司专利授权数量为被解释变量的分组回归结果与表 4-18 类似（未列示）。本书也进一步检验代理成本较高组和代理成本较低组的网络新媒体互动创新效应的差异，发现在使用网络新媒体互动频度来测度网络新媒体互动时，两组的系数差异为 0.365，通过了 1%水平下 Bootstrap 1000 次的显著性检验；在使用网络新媒体互动广度来测度网络新媒体互动时，两组的系数差异为 0.391，通过了 1%水平下 Bootstrap 1000 次的显著性检验；在使用网络新媒体互动提问深度来测度网络新媒体互动时，两组的系数差异为 0.250，通过了 1%水平下 Bootstrap 1000 次的显著性检验；在使用网络新媒体互动回答深度来测度网络新媒体互动时，两组的系数差异为 0.261，通过了 1% 水平下 Bootstrap 1000 次的显著性检验。这就表明对于那些代理成本较高的企业而言，网络新媒体互动可以缓解信息不对称，降低企业代理成本，并通过这一机制提高企业创新意愿，支持了假设 H3。

表 4-18 网络新媒体互动与企业创新活动的回归结果：按照代理成本分组检验

变量	被解释变量：*RD*							
	ACH	*ACL*	*ACH*	*ACL*	*ACH*	*ACL*	*ACH*	*ACL*
	(1)	(2)	(3)	(4)	(5)	(6)	(7)	(8)
CommFre	0.553*** (8.998)	0.188*** (6.463)						
CommScope			0.605*** (9.124)	0.214*** (6.810)				
CommDepq					0.363*** (7.868)	0.113*** (5.342)		
CommDepa							0.378*** (8.114)	0.117*** (5.493)
Top1	-2.765*** (-6.201)	-1.097*** (-4.750)	-2.773*** (-6.222)	-1.083*** (-4.688)	-2.831*** (-6.336)	-1.145*** (-4.958)	-2.869*** (-6.434)	-1.161*** (-5.034)
Inst	2.258*** (7.146)	1.116*** (7.066)	2.284*** (7.225)	1.125*** (7.125)	2.213*** (6.992)	1.087*** (6.878)	2.192*** (6.930)	1.083*** (6.858)
Manager	0.512 (1.502)	0.260 (1.345)	0.522 (1.532)	0.268 (1.385)	0.506 (1.482)	0.232 (1.197)	0.514 (1.504)	0.232 (1.197)
LnBoard	0.497 (1.255)	0.237 (1.203)	0.494 (1.247)	0.238 (1.211)	0.521 (1.311)	0.236 (1.198)	0.489 (1.231)	0.230 (1.164)
Indep	1.391 (1.038)	0.345 (0.515)	1.405 (1.049)	0.356 (0.531)	1.448 (1.079)	0.337 (0.501)	1.360 (1.014)	0.324 (0.483)
Dual	-0.065 (-0.513)	0.141** (2.162)	-0.056 (-0.438)	0.140** (2.151)	-0.056 (-0.442)	0.144** (2.197)	-0.043 (-0.339)	0.143** (2.192)
LnSize	-0.266*** (-3.111)	-0.112*** (-2.936)	-0.263*** (-3.085)	-0.114*** (-2.996)	-0.236*** (-2.760)	-0.100*** (-2.607)	-0.234*** (-2.749)	-0.099*** (-2.602)
LnAge	-0.641*** (-5.520)	-0.537*** (-9.534)	-0.648*** (-5.583)	-0.535*** (-9.511)	-0.673*** (-5.793)	-0.545*** (-9.675)	-0.670*** (-5.766)	-0.545*** (-9.681)

续表

变量	被解释变量：*RD*							
	ACH	*ACL*	*ACH*	*ACL*	*ACH*	*ACL*	*ACH*	*ACL*
	(1)	(2)	(3)	(4)	(5)	(6)	(7)	(8)
Lev	-4.606*** (-10.851)	-1.411*** (-6.870)	-4.610*** (-10.865)	-1.410*** (-6.869)	-4.662*** (-10.961)	-1.433*** (-6.969)	-4.684*** (-11.030)	-1.434*** (-6.974)
ROA	-9.322*** (-6.966)	2.238*** (2.801)	-9.335*** (-6.978)	2.186*** (2.736)	-9.438*** (-7.038)	2.426*** (3.039)	-9.414*** (-7.023)	2.484*** (3.118)
Tang	-2.920*** (-5.519)	-0.034 (-0.139)	-2.917*** (-5.515)	-0.033 (-0.133)	-2.958*** (-5.581)	-0.041 (-0.165)	-2.945*** (-5.558)	-0.028 (-0.113)
Growth	-0.409** (-2.565)	-0.217*** (-3.312)	-0.404** (-2.533)	-0.217*** (-3.316)	-0.402** (-2.514)	-0.216*** (-3.296)	-0.403** (-2.521)	-0.216*** (-3.286)
State	-0.126 (-0.676)	0.308*** (3.584)	-0.121 (-0.648)	0.310*** (3.600)	-0.138 (-0.739)	0.298*** (3.455)	-0.123 (-0.660)	0.297*** (3.454)
截距项	8.851*** (4.480)	2.693*** (2.947)	8.828*** (4.472)	2.732*** (2.993)	7.515*** (3.825)	2.256** (2.485)	7.297*** (3.720)	2.188** (2.414)
年份固定效应	控制	控制	控制	控制	控制	控制	控制	控制
行业固定效应	控制	控制	控制	控制	控制	控制	控制	控制
地区固定效应	控制	控制	控制	控制	控制	控制	控制	控制
F 统计量	61.731***	39.582***	61.794***	39.686***	61.209***	39.283***	61.317***	39.320***
Adj. R^2	0.487	0.373	0.487	0.374	0.485	0.371	0.485	0.371
样本量	4548	4605	4548	4605	4548	4605	4548	4605
系数差异	0.365***		0.391***		0.250***		0.261***	
系数差异 p 值	0.000		0.000		0.000		0.000	

注：①被解释变量为企业创新投入强度，值越大表示企业创新能力越强；②括号内为经异方差调整后的 t 值；③***、**、*分别表示双尾检验在 1%、5%、10%下的统计显著水平；④“系数差异 p 值”用以检验不同分组 *Comm* 系数差异的显著性，通过“自抽样法”（Bootstrap）1000 次得到。

3. 按照产权性质分组检验

为了检验网络新媒体互动的创新效应在不同产权性质企业中是否存在差异，本书从 CCER 数据库提取了有关上市公司实际控制人信息，根据实际控制人的类型将其分为国有企业和非国有企业，在区分国有企业与非国有企业后，网络新媒体互动的创新效应如表 4-19 所示。从表 4-19 中可以发现：不管是国有企业还是非国有企业，网络新媒体互动均具有创新效应。以网络新媒体互动频度为例，非国有企业网络新媒体互动的回归系数为 0.596，在 1%统计水平下显著；而国有企业样本中，网络新媒体互动的回归系数也在1%水平下显著，但大小仅为0.271。本书进一步检验网络新媒体互动的创新效应在不同类型企业中的差异，发现在使用网络新媒体互动频度来测度网络新媒体互动时，两组的系数差异为0.325，通过了1%水平下Bootstrap 1000次的显著性检验；在使用网络新媒体互动广度来测度网络新媒体互动时，两组的系数差异为0.366，通过了1%水平下Bootstrap 1000次的显著性检验；在使用网络新媒体互动提问深度来测度网络新媒体互动时，两组的系数差异为0.300，通过了1%水平下Bootstrap 1000次的显著性检验；在使用网络新媒体互动回答深度来测度网络新媒体互动时，两组的系数差异为0.291，通过了1%水平下Bootstrap 1000次的显著性检验。这就表明对于那些激励制度相对完善的非国有企业而言，网络新媒体互动可以有效发挥激励作用，并通过这一机制提高企业创新意愿。

表4-19　网络新媒体互动与企业创新活动的回归结果：按照产权性质分组检验

变量	被解释变量：*RD*							
	NSOE	*SOE*	*NSOE*	*SOE*	*NSOE*	*SOE*	*NSOE*	*SOE*
CommFre	0.596*** (13.220)	0.271*** (4.537)						
CommScope			0.662*** (13.563)	0.296*** (4.527)				
CommDepq					0.425*** (12.807)	0.125*** (3.162)		
CommDepa							0.427*** (13.017)	0.136*** (3.518)
Top1	-2.081*** (-6.343)	-0.358 (-0.837)	-2.062*** (-6.300)	-0.361 (-0.847)	-2.134*** (-6.474)	-0.483 (-1.127)	-2.188*** (-6.634)	-0.491 (-1.150)
Inst	1.839*** (7.879)	1.308*** (4.029)	1.865*** (7.995)	1.314*** (4.033)	1.789*** (7.653)	1.231*** (3.760)	1.771*** (7.585)	1.222*** (3.724)
Manager	1.040*** (4.117)	2.504 (1.297)	1.047*** (4.152)	2.501 (1.287)	1.010*** (3.987)	2.447 (1.262)	1.020*** (4.032)	2.462 (1.273)
LnBoard	0.588* (1.920)	0.721* (1.718)	0.595* (1.941)	0.710* (1.692)	0.604** (1.962)	0.729* (1.737)	0.569* (1.840)	0.721* (1.720)
Indep	3.569*** (3.417)	0.097 (0.080)	3.600*** (3.446)	0.096 (0.079)	3.600*** (3.437)	0.163 (0.134)	3.458*** (3.296)	0.222 (0.183)

续表

变量	被解释变量：*RD*							
	NSOE	*SOE*	*NSOE*	*SOE*	*NSOE*	*SOE*	*NSOE*	*SOE*
Dual	0.136 (1.488)	0.064 (0.374)	0.140 (1.530)	0.063 (0.366)	0.147 (1.608)	0.058 (0.337)	0.155* (1.693)	0.059 (0.344)
LnSize	-0.491*** (-7.816)	-0.190*** (-2.831)	-0.495*** (-7.893)	-0.188*** (-2.804)	-0.468*** (-7.473)	-0.164** (-2.433)	-0.459*** (-7.340)	-0.168** (-2.497)
LnAge	-0.166** (-1.991)	-1.465*** (-9.330)	-0.170** (-2.052)	-1.464*** (-9.326)	-0.182** (-2.185)	-1.497*** (-9.504)	-0.178** (-2.135)	-1.494*** (-9.551)
Lev	-4.853*** (-14.611)	-2.829*** (-6.945)	-4.845*** (-14.581)	-2.831*** (-6.956)	-4.878*** (-14.640)	-2.919*** (-7.070)	-4.930*** (-14.733)	-2.903*** (-7.024)
ROA	-9.752*** (-7.664)	-1.972 (-1.420)	-9.818*** (-7.717)	-1.930 (-1.393)	-9.719*** (-7.623)	-1.752 (-1.261)	-9.655*** (-7.589)	-1.666 (-1.204)
Tang	-3.872*** (-10.348)	-1.406*** (-3.494)	-3.880*** (-10.388)	-1.395*** (-3.473)	-3.885*** (-10.383)	-1.452*** (-3.577)	-3.885*** (-10.400)	-1.423*** (-3.508)
Growth	-0.556*** (-4.870)	-0.197 (-1.629)	-0.551*** (-4.826)	-0.201* (-1.660)	-0.556*** (-4.864)	-0.190 (-1.561)	-0.557*** (-4.874)	-0.190 (-1.565)
截距项	11.845*** (7.481)	5.209*** (3.291)	11.925*** (7.536)	5.198*** (3.294)	10.433*** (6.630)	4.597*** (2.897)	10.130*** (6.453)	4.564*** (2.878)
年份固定效应	控制	控制	控制	控制	控制	控制	控制	控制
行业固定效应	控制	控制	控制	控制	控制	控制	控制	控制
地区固定效应	控制	控制	控制	控制	控制	控制	控制	控制
F 统计量	48.021***	34.844***	48.147***	35.133***	47.901***	36.239***	47.720***	36.558***
Adj. R^2	0.386	0.473	0.387	0.473	0.384	0.469	0.384	0.470
样本量	6946	2207	6946	2207	6946	2207	6946	2207
系数差异	0.325***		0.366***		0.300***		0.291***	
系数差异 p 值	0.000		0.000		0.000		0.000	

注：①被解释变量为企业创新投入强度，值越大表示企业创新能力越强；②括号内为经异方差调整后的 t 值；③***、**、*分别表示双尾检验在 1%、5%、10%下的统计显著水平；④“系数差异 p 值”用以检验不同分组 *Comm* 系数差异的显著性，通过“自抽样法”（Bootstrap）1000 次得到。

四、稳健性检验

（一）变量替代检验

使用研发投入占营业收入比重和专利申请数量度量企业创新活动具有一定的

偏差，因此本书还使用企业研发投入占总资产比重和专利授权数量来度量企业创新活动。使用其他变量度量企业创新活动的回归结果如表 4-20 所示，从表 4-20 中可以发现：使用企业研发投入占总资产比重来度量企业创新投入强度后，网络新媒体互动频度、广度、提问深度和回答深度的回归系数依旧均在 1%水平下显著为正；使用企业专利授权数量来度量企业创新产出后，网络新媒体互动频度、广度、提问深度和回答深度的回归系数依旧均在 1%水平下显著为正。这就是说进行变量替代后，网络新媒体互动的创新效应依旧存在，结果未发生改变。

表 4-20 网络新媒体互动与企业创新活动的回归结果：变量替代检验

变量	被解释变量：研发投入占总资产比重				被解释变量：专利授权数量			
	(1)	(2)	(3)	(4)	(5)	(6)	(7)	(8)
CommFre	0.118*** (7.460)				0.069*** (5.458)			
CommScope		0.136*** (7.946)				0.076*** (5.505)		
CommDepq			0.078*** (6.779)				0.042*** (4.375)	
CommDepa				0.084*** (7.275)				0.042*** (4.415)
*Top*1	-0.388*** (-3.369)	-0.380*** (-3.308)	-0.406*** (-3.522)	-0.413*** (-3.581)	0.081 (0.836)	0.082 (0.846)	0.066 (0.683)	0.061 (0.624)
Inst	0.870*** (10.487)	0.877*** (10.566)	0.859*** (10.351)	0.855*** (10.323)	0.148** (2.222)	0.150** (2.259)	0.140** (2.101)	0.137** (2.065)
Manager	0.305*** (3.163)	0.309*** (3.201)	0.298*** (3.087)	0.299*** (3.094)	0.151** (2.018)	0.152** (2.034)	0.146* (1.949)	0.145* (1.946)
LnBoard	0.335*** (2.952)	0.334*** (2.945)	0.336*** (2.958)	0.330*** (2.899)	-0.126 (-1.409)	-0.126 (-1.409)	-0.124 (-1.392)	-0.127 (-1.424)
Indep	0.492 (1.413)	0.494 (1.418)	0.490 (1.407)	0.475 (1.361)	-0.580** (-1.970)	-0.577** (-1.962)	-0.579** (-1.967)	-0.586** (-1.990)
Dual	0.007 (0.217)	0.008 (0.224)	0.009 (0.274)	0.010 (0.307)	0.044* (1.653)	0.045* (1.669)	0.046* (1.708)	0.047* (1.738)
LnSize	-0.292*** (-12.802)	-0.294*** (-12.923)	-0.287*** (-12.618)	-0.288*** (-12.702)	0.503*** (27.636)	0.503*** (27.689)	0.507*** (28.012)	0.508*** (28.099)

续表

变量	被解释变量：研发投入占总资产比重				被解释变量：专利授权数量			
	(1)	(2)	(3)	(4)	(5)	(6)	(7)	(8)
LnAge	-0.126*** (-3.975)	-0.125*** (-3.953)	-0.130*** (-4.112)	-0.129*** (-4.066)	0.031 (1.295)	0.031 (1.279)	0.027 (1.136)	0.027 (1.135)
Lev	0.330*** (3.035)	0.336*** (3.084)	0.319*** (2.928)	0.319*** (2.931)	0.220** (2.520)	0.220** (2.517)	0.209** (2.393)	0.206** (2.363)
ROA	5.771*** (13.350)	5.756*** (13.320)	5.794*** (13.386)	5.807*** (13.436)	1.781*** (5.790)	1.778*** (5.781)	1.802*** (5.854)	1.813*** (5.891)
Tang	-0.386*** (-3.088)	-0.383*** (-3.072)	-0.392*** (-3.133)	-0.386*** (-3.083)	-0.022 (-0.202)	-0.022 (-0.200)	-0.027 (-0.249)	-0.025 (-0.229)
Growth	-0.149*** (-4.175)	-0.149*** (-4.170)	-0.148*** (-4.153)	-0.149*** (-4.153)	-0.095*** (-3.011)	-0.094*** (-3.002)	-0.094*** (-2.994)	-0.094*** (-2.991)
State	0.206*** (4.313)	0.208*** (4.340)	0.202*** (4.214)	0.203*** (4.243)	-0.055 (-1.467)	-0.054 (-1.457)	-0.058 (-1.549)	-0.057 (-1.535)
截距项	5.518*** (10.231)	5.549*** (10.307)	5.264*** (9.843)	5.229*** (9.799)	-10.002*** (-23.676)	-10.004*** (-23.693)	-10.167*** (-24.265)	-10.193*** (-24.346)
年份固定效应	控制	控制	控制	控制	控制	控制	控制	控制
行业固定效应	控制	控制	控制	控制	控制	控制	控制	控制
地区固定效应	控制	控制	控制	控制	控制	控制	控制	控制
F 统计量	90.177***	90.276***	90.055***	89.163***	64.102***	64.134***	63.715***	63.662***
Adj. R^2	0.322	0.322	0.321	0.321	0.321	0.321	0.321	0.321
样本量	9153	9153	9153	9153	9153	9153	9153	9153

注：①被解释变量为企业创新活动，值越大表示企业创新越活跃；②括号内为经异方差调整后的 t 值；③***、**、*分别表示双尾检验在 1%、5%、10%下的统计显著水平。

（二）Tobit 计量回归模型

考虑到一部分企业创新投入为零以及专利申请数量为零的情况，本书还使用 Tobit 计量方法重新对模型（1）进行回归，回归结果如表 4-21 所示，从表 4-21 中可以发现：使用 Tobit 计量回归模型后，网络新媒体互动频度、广度、提问深度和回答深度对研发投入强度的影响依旧均在 1%水平下显著为正，对企业创新专利产出的影响也依旧均在 1%水平下显著为正，与本书结论一致，依旧支持假设 H1。

表 4-21　网络新媒体互动与企业创新活动的回归结果：Tobit 回归检验

变量	被解释变量：*RD*				被解释变量：*LnApply*			
	(1)	(2)	(3)	(4)	(5)	(6)	(7)	(8)
CommFre	0.521*** (13.415)				0.091*** (6.618)			
CommScope		0.579*** (13.723)				0.099*** (6.669)		
CommDepq			0.348*** (12.075)				0.056*** (5.339)	
CommDepa				0.352*** (12.288)				0.059*** (5.591)
*Top*1	-2.264*** (-7.825)	-2.248*** (-7.786)	-2.347*** (-8.070)	-2.399*** (-8.241)	-0.035 (-0.340)	-0.034 (-0.332)	-0.054 (-0.525)	-0.059 (-0.582)
Inst	1.946*** (9.507)	1.968*** (9.617)	1.895*** (9.242)	1.876*** (9.163)	0.238*** (3.346)	0.241*** (3.389)	0.227*** (3.200)	0.225*** (3.167)
Manager	1.017*** (4.156)	1.028*** (4.207)	0.984*** (4.013)	0.984*** (4.016)	0.286*** (3.516)	0.288*** (3.536)	0.280*** (3.434)	0.280*** (3.436)
LnBoard	0.604** (2.358)	0.604** (2.360)	0.607** (2.359)	0.583** (2.265)	-0.150 (-1.614)	-0.150 (-1.613)	-0.148 (-1.596)	-0.153 (-1.644)
Indep	2.619*** (3.078)	2.635*** (3.097)	2.616*** (3.066)	2.564*** (3.002)	-0.721** (-2.356)	-0.717** (-2.346)	-0.720** (-2.355)	-0.731** (-2.391)
Dual	0.114 (1.341)	0.117 (1.372)	0.124 (1.451)	0.130 (1.515)	0.067** (2.336)	0.067** (2.358)	0.069** (2.404)	0.069** (2.436)
LnSize	-0.377*** (-7.666)	-0.378*** (-7.713)	-0.354*** (-7.191)	-0.350*** (-7.111)	0.565*** (29.104)	0.566*** (29.201)	0.571*** (29.546)	0.571*** (29.579)
LnAge	-0.633*** (-8.502)	-0.635*** (-8.547)	-0.654*** (-8.755)	-0.654*** (-8.776)	0.012 (0.447)	0.011 (0.422)	0.007 (0.261)	0.008 (0.289)
Lev	-4.520*** (-15.948)	-4.514*** (-15.928)	-4.570*** (-16.060)	-4.596*** (-16.099)	0.199** (2.091)	0.198** (2.082)	0.185* (1.942)	0.184* (1.935)
ROA	-8.355*** (-7.567)	-8.393*** (-7.605)	-8.264*** (-7.469)	-8.172*** (-7.402)	2.460*** (7.360)	2.457*** (7.354)	2.486*** (7.427)	2.497*** (7.462)
Tang	-3.172*** (-10.478)	-3.169*** (-10.487)	-3.199*** (-10.554)	-3.176*** (-10.480)	-0.064 (-0.531)	-0.064 (-0.529)	-0.070 (-0.582)	-0.066 (-0.548)

续表

变量	被解释变量：*RD*				被解释变量：*LnApply*			
	(1)	(2)	(3)	(4)	(5)	(6)	(7)	(8)
Growth	-0.482*** (-4.797)	-0.480*** (-4.783)	-0.478*** (-4.757)	-0.478*** (-4.750)	-0.024 (-0.685)	-0.024 (-0.675)	-0.023 (-0.664)	-0.024 (-0.665)
State	0.176 (1.574)	0.180 (1.610)	0.158 (1.410)	0.163 (1.458)	-0.002 (-0.058)	-0.002 (-0.048)	-0.006 (-0.155)	-0.005 (-0.133)
截距项	9.265*** (7.970)	9.292*** (8.007)	8.130*** (7.021)	7.904*** (6.840)	-10.787*** (-24.318)	-10.790*** (-24.361)	-11.001*** (-25.024)	-11.028*** (-25.111)
年份固定效应	控制	控制	控制	控制	控制	控制	控制	控制
行业固定效应	控制	控制	控制	控制	控制	控制	控制	控制
地区固定效应	控制	控制	控制	控制	控制	控制	控制	控制
F 统计量	61.978***	62.060***	61.717***	61.569***	60.069***	60.047***	59.481***	59.505***
Adj. R^2	0.098	0.098	0.097	0.097	0.108	0.108	0.107	0.107
样本量	9153	9153	9153	9153	9153	9153	9153	9153

注：①被解释变量为企业创新活动，值越大表示企业创新越活跃；②括号内为经异方差调整后的 t 值；③***、**、*分别表示双尾检验在1%、5%、10%下的统计显著水平。

（三）细分专利类型检验

学者们普遍认为发明专利的创新质量高于实用专利和外观专利，因此本书分别检验网络新媒体互动对发明专利和非发明专利的影响，回归结果如表 4-22 所示，从表 4-22 中可以发现：网络新媒体互动频度、广度、提问深度和回答深度对发明专利申请量的影响均在 1%水平下显著为正（网络新媒体互动频度（*CommFre*）的回归系数为 0.117，$p<0.001$；网络新媒体互动广度（*CommScope*）的回归系数为 0.123，$p<0.001$；网络新媒体互动提问深度（*CommDepq*）的回归系数为 0.073，$p<0.001$；网络新媒体互动回答深度（*CommDepa*）的回归系数为 0.077，$p<0.001$），网络新媒体互动频度、广度、提问深度和回答深度对非发明专利申请量的影响也均在 1%水平下显著为正，但回归系数小于发明专利的回归系数（网络新媒体互动频度（*CommFre*）的回归系数为 0.048，$p<0.001$；网络新媒体互动广度（*CommScope*）的回归系数为 0.054，$p<0.001$；网络新媒体互动提问深度（*CommDepq*）的回归系数为 0.027，$p<0.001$；网络新媒体互动回答深度（*CommDepa*）的回归系数为 0.027，$p<0.001$）。这就说明在细分专利类型后，网络新媒体互动的创新效应依旧存在，而且与非发明专利申请相比，网络新媒体互动对发明专利申请的影响更加显著，结论未发生改变。

表 4-22　网络新媒体互动与企业创新活动的回归结果：细分专利类型

变量	被解释变量：发明专利申请				被解释变量：非发明专利申请			
	(1)	(2)	(3)	(4)	(5)	(6)	(7)	(8)
CommFre	0.117*** (9.319)				0.048*** (3.571)			
CommScope		0.123*** (9.094)				0.054*** (3.734)		
CommDepq			0.073*** (7.937)				0.027*** (2.670)	
CommDepa				0.077*** (8.344)				0.027*** (2.636)
Top1	-0.241** (-2.485)	-0.242** (-2.499)	-0.264*** (-2.717)	-0.271*** (-2.797)	0.138 (1.344)	0.140 (1.363)	0.126 (1.222)	0.122 (1.183)
Inst	0.277*** (4.236)	0.280*** (4.278)	0.265*** (4.038)	0.261*** (3.991)	0.130* (1.819)	0.132* (1.850)	0.124* (1.732)	0.122* (1.709)
Manager	0.211*** (2.886)	0.212*** (2.903)	0.203*** (2.771)	0.203*** (2.776)	0.165** (2.009)	0.166** (2.023)	0.161** (1.961)	0.161* (1.958)
LnBoard	0.016 (0.176)	0.016 (0.183)	0.018 (0.200)	0.012 (0.133)	-0.344*** (-3.687)	-0.344*** (-3.689)	-0.343*** (-3.671)	-0.344*** (-3.689)
Indep	-0.278 (-0.929)	-0.273 (-0.913)	-0.277 (-0.927)	-0.291 (-0.975)	-1.017*** (-3.308)	-1.016*** (-3.304)	-1.015*** (-3.303)	-1.019*** (-3.317)
Dual	0.076*** (2.825)	0.077*** (2.861)	0.078*** (2.908)	0.079*** (2.952)	0.017 (0.598)	0.018 (0.605)	0.019 (0.640)	0.019 (0.659)
LnSize	0.537*** (29.911)	0.539*** (30.043)	0.544*** (30.420)	0.544*** (30.418)	0.509*** (26.310)	0.509*** (26.334)	0.514*** (26.649)	0.514*** (26.721)
LnAge	-0.020 (-0.842)	-0.022 (-0.908)	-0.026 (-1.087)	-0.025 (-1.046)	0.043* (1.661)	0.043* (1.666)	0.040 (1.535)	0.040 (1.530)
Lev	0.111 (1.289)	0.107 (1.245)	0.095 (1.097)	0.093 (1.082)	0.339*** (3.625)	0.340*** (3.637)	0.329*** (3.516)	0.327*** (3.497)
ROA	1.969*** (6.513)	1.970*** (6.516)	2.001*** (6.604)	2.015*** (6.655)	2.208*** (6.619)	2.204*** (6.609)	2.226*** (6.672)	2.234*** (6.695)
Tang	-0.236** (-2.125)	-0.236** (-2.129)	-0.244** (-2.192)	-0.238** (-2.145)	0.214* (1.823)	0.215* (1.828)	0.210* (1.785)	0.211* (1.796)

续表

变量	被解释变量：发明专利申请				被解释变量：非发明专利申请			
	(1)	(2)	(3)	(4)	(5)	(6)	(7)	(8)
Growth	-0.005 (-0.148)	-0.004 (-0.132)	-0.004 (-0.122)	-0.004 (-0.123)	-0.014 (-0.421)	-0.014 (-0.417)	-0.013 (-0.405)	-0.013 (-0.403)
State	0.101*** (2.619)	0.101*** (2.626)	0.096** (2.487)	0.097** (2.516)	-0.061 (-1.544)	-0.061 (-1.535)	-0.063 (-1.602)	-0.063 (-1.594)
截距项	-10.859*** (-25.960)	-10.878*** (-26.026)	-11.128*** (-26.817)	-11.163*** (-26.921)	-9.936*** (-22.453)	-9.930*** (-22.462)	-10.058*** (-22.929)	-10.076*** (-22.991)
年份固定效应	控制	控制	控制	控制	控制	控制	控制	控制
行业固定效应	控制	控制	控制	控制	控制	控制	控制	控制
地区固定效应	控制	控制	控制	控制	控制	控制	控制	控制
F统计量	55.829***	55.751***	55.244***	55.396***	75.497***	75.479***	75.210***	75.221***
Adj. R^2	0.303	0.303	0.301	0.301	0.332	0.332	0.331	0.331
样本量	9153	9153	9153	9153	9153	9153	9153	9153

注：①被解释变量为企业创新专利产出，值越大表示企业创新越活跃；②括号内为经异方差调整后的t值；③***、**、*分别表示双尾检验在1%、5%、10%下的统计显著水平。

（四）内生性检验

考虑到投资者可能在互动过程中更加偏好经营业绩较好、创新较活跃的企业，导致互为因果问题的出现，也可能存在其他无法观测的因素，同时影响投资者与上市公司的网络新媒体互动行为以及企业创新活动，鉴于此，本书同时采用多种方法来解决潜在的内生性问题。

1. 两阶段最小二乘法（2SLS）

本书使用上一年度投资者与上市公司网络新媒体互动情况（*LComm*）作为工具变量，运用2SLS两阶段工具变量法进行内生性控制。具体做法是：在第一阶段回归中加入*LComm*以及全部控制变量，得到投资者与上市公司网络新媒体互动的拟合值，再进行第二阶段回归。

第一阶段的回归结果如表4-23所示，从中可以发现，网络新媒体互动频度（*LCommFre*）的回归系数为0.576，互动广度（*LCommScope*）的回归系数为0.584，提问深度（*LCommDepq*）的回归系数为0.458，回答深度（*LCommDepa*）的回归系数为0.439，且均在1%水平下显著。这表明以上一年度投资者与上市公司网络新媒体互动情况作为工具变量具有一定的合理性。

表 4-23　网络新媒体互动与企业创新活动的回归结果：2SLS 第一阶段

变量	被解释变量：网络新媒体互动			
	(1)	(2)	(3)	(4)
LCommFre	0.576*** (64.291)			
LCommScope		0.584*** (63.720)		
LCommDepq			0.458*** (53.908)	
LCommDepa				0.439*** (51.898)
Top1	-0.339*** (-4.736)	-0.316*** (-4.698)	-0.441*** (-4.713)	-0.349*** (-3.794)
Inst	-0.302*** (-5.835)	-0.297*** (-6.100)	-0.365*** (-5.383)	-0.345*** (-5.178)
Manager	-0.191*** (-3.163)	-0.184*** (-3.242)	-0.221*** (-2.802)	-0.225*** (-2.898)
LnBoard	0.084 (1.379)	0.090 (1.562)	0.072 (0.897)	0.100 (1.275)
Indep	0.116 (0.561)	0.110 (0.568)	0.121 (0.446)	0.129 (0.486)
Dual	0.030 (1.504)	0.026 (1.397)	0.037 (1.421)	0.038 (1.477)
LnSize	0.136*** (10.980)	0.124*** (10.634)	0.202*** (12.496)	0.200*** (12.604)
LnAge	-0.049** (-2.364)	-0.045** (-2.286)	-0.082*** (-3.007)	-0.090*** (-3.370)
Lev	-0.262*** (-4.044)	-0.240*** (-3.942)	-0.493*** (-5.809)	-0.466*** (-5.595)
ROA	1.011*** (4.570)	1.070*** (5.148)	1.108*** (3.822)	0.961*** (3.372)
Tang	-0.080 (-1.038)	-0.082 (-1.133)	-0.189* (-1.876)	-0.249** (-2.508)

续表

变量	被解释变量：网络新媒体互动			
	(1)	(2)	(3)	(4)
Growth	0.049** (2.021)	0.046** (2.005)	0.034 (1.070)	0.030 (0.961)
State	-0.036 (-1.292)	-0.033 (-1.276)	-0.069* (-1.907)	-0.076** (-2.140)
截距项	-0.662** (-2.278)	-0.522* (-1.914)	0.768** (2.018)	1.145*** (3.062)
年份固定效应	控制	控制	控制	控制
行业固定效应	控制	控制	控制	控制
地区固定效应	控制	控制	控制	控制
F 统计量	168.948***	209.569***	118.138***	109.134***
Adj. R^2	0.626	0.675	0.538	0.518
样本量	7034	7034	7034	7034

注：①被解释变量为网络新媒体互动，值越大表示互动越活跃；②括号内为经异方差调整后的 t 值；③***、**、*分别表示双尾检验在 1%、5%、10%下的统计显著水平。

第二阶段的回归结果如表 4-24 所示，从中可以发现：在控制可能的内生性影响后，网络新媒体互动频度、广度、提问深度、回答深度对企业研发投入强度的影响依旧在 1%水平下显著为正，对企业创新专利产出的影响也依旧均在 1%水平下显著为正。回归结果表明，采用 IV 两阶段估计控制内生性后，回归结果与基准回归结果一致，但解释变量的回归系数有所上升，即网络新媒体互动提高了企业创新活动水平，这一结论在考虑可能的内生性以后依然成立。

表 4-24 网络新媒体互动与企业创新活动的回归结果：2SLS 第二阶段

变量	被解释变量：*RD*				被解释变量：*LnApply*			
	(1)	(2)	(3)	(4)	(5)	(6)	(7)	(8)
CommFreFit	0.814*** (11.614)				0.157*** (6.495)			
CommScopeFit		0.907*** (12.051)				0.173*** (6.654)		
CommDepqFit			0.646*** (10.091)				0.130*** (5.910)	

续表

变量	被解释变量：RD				被解释变量：LnApply			
	(1)	(2)	(3)	(4)	(5)	(6)	(7)	(8)
CommDepaFit				0.656*** (9.694)				0.137*** (5.870)
Top1	-1.831*** (-5.625)	-1.796*** (-5.519)	-1.899*** (-5.815)	-1.997*** (-6.136)	-0.061 (-0.547)	-0.056 (-0.501)	-0.070 (-0.619)	-0.086 (-0.771)
Inst	1.930*** (8.208)	1.971*** (8.377)	1.878*** (7.972)	1.843*** (7.829)	0.328*** (4.054)	0.335*** (4.135)	0.321*** (3.963)	0.316*** (3.903)
Manager	1.290*** (4.733)	1.312*** (4.813)	1.250*** (4.576)	1.246*** (4.559)	0.425*** (4.530)	0.429*** (4.567)	0.419*** (4.464)	0.420*** (4.469)
LnBoard	0.445 (1.618)	0.434 (1.578)	0.463* (1.679)	0.435 (1.577)	-0.271*** (-2.853)	-0.272*** (-2.873)	-0.268*** (-2.822)	-0.274*** (-2.887)
Indep	2.816*** (3.028)	2.824*** (3.038)	2.794*** (2.996)	2.776*** (2.975)	-1.012*** (-3.159)	-1.011*** (-3.154)	-1.019*** (-3.177)	-1.024*** (-3.192)
Dual	0.201** (2.236)	0.204** (2.270)	0.209** (2.319)	0.215** (2.385)	0.043 (1.373)	0.043 (1.395)	0.044 (1.410)	0.045 (1.440)
LnSize	-0.394*** (-6.714)	-0.396*** (-6.786)	-0.388*** (-6.479)	-0.380*** (-6.340)	0.555*** (27.463)	0.555*** (27.573)	0.554*** (26.918)	0.554*** (26.871)
LnAge	-0.654*** (-6.908)	-0.653*** (-6.914)	-0.670*** (-7.049)	-0.669*** (-7.031)	-0.012 (-0.379)	-0.013 (-0.389)	-0.014 (-0.425)	-0.013 (-0.387)
Lev	-4.238*** (-14.348)	-4.221*** (-14.307)	-4.213*** (-14.115)	-4.260*** (-14.287)	0.350*** (3.440)	0.352*** (3.458)	0.361*** (3.517)	0.356*** (3.473)
ROA	-9.084*** (-9.062)	-9.189*** (-9.169)	-8.978*** (-8.931)	-8.826*** (-8.785)	2.787*** (8.070)	2.770*** (8.017)	2.798*** (8.093)	2.822*** (8.172)
Tang	-3.271*** (-9.419)	-3.248*** (-9.358)	-3.235*** (-9.288)	-3.188*** (-9.143)	-0.042 (-0.354)	-0.038 (-0.320)	-0.034 (-0.285)	-0.023 (-0.195)
Growth	-0.657*** (-6.042)	-0.653*** (-6.011)	-0.648*** (-5.946)	-0.649*** (-5.944)	-0.026 (-0.694)	-0.025 (-0.676)	-0.024 (-0.643)	-0.024 (-0.640)
State	0.321*** (2.585)	0.329*** (2.648)	0.312** (2.508)	0.318** (2.555)	0.031 (0.735)	0.033 (0.765)	0.030 (0.708)	0.032 (0.747)
截距项	8.653*** (6.601)	9.150*** (6.940)	6.552*** (5.005)	6.156*** (4.686)	-10.383*** (-22.991)	-10.101*** (-22.225)	-10.838*** (-24.079)	-10.927*** (-24.200)
年份固定效应	控制	控制	控制	控制	控制	控制	控制	控制

续表

变量	被解释变量：*RD*				被解释变量：*LnApply*			
	(1)	(2)	(3)	(4)	(5)	(6)	(7)	(8)
行业固定效应	控制	控制	控制	控制	控制	控制	控制	控制
地区固定效应	控制	控制	控制	控制	控制	控制	控制	控制
F 统计量	68.475***	68.719***	67.693***	67.507***	51.284***	51.329***	51.128***	51.118***
Adj. R^2	0.402	0.403	0.399	0.398	0.334	0.334	0.333	0.333
样本量	7034	7034	7034	7034	7034	7034	7034	7034

注：①被解释变量为企业创新活动，值越大表示企业创新越活跃；②括号内为经异方差调整后的 t 值；③***、**、*分别表示双尾检验在 1%、5%、10%下的统计显著水平。

2. 变化模型

本书还计算了被解释变量和解释变量的变化值，并使用变化值代替水平值进行回归，回归结果如表 4-25 所示，其中第（1）至（4）列的被解释变量为 ΔRD，即当年的 *RD* 减去上一年的 *RD*；第（5）至（8）列的被解释变量为 $\Delta LnApply$，即当年的 *LnApply* 减去上一年的 *LnApply*。从表 4-25 中可以发现：网络新媒体互动频度、广度、提问深度、回答深度的变化量对企业研发投入强度的变化量影响依旧在 1%水平下显著为正，对企业创新专利产出的变化量影响也依旧均在 1%水平下显著为正。这就是说如果投资者与上市公司的网络新媒体互动减少了，其研发投入强度和专利申请数量也显著减少了。综上所述，网络新媒体互动有助于提升企业创新活动，这一结论即使在考虑内生性问题之后也依然成立。

表 4-25　网络新媒体互动与企业创新活动的回归结果：变化模型

变量	被解释变量：ΔRD				被解释变量：$\Delta LnApply$			
	(1)	(2)	(3)	(4)	(5)	(6)	(7)	(8)
$\Delta CommFre$	0.084*** (3.025)				0.032*** (2.598)			
$\Delta CommScope$		0.083*** (2.774)				0.026** (2.121)		
$\Delta CommDepq$			0.052*** (2.862)				0.022** (2.348)	
$\Delta CommDepa$				0.054*** (2.996)				0.022** (2.336)

续表

变量	被解释变量：ΔRD				被解释变量：ΔLnApply			
	(1)	(2)	(3)	(4)	(5)	(6)	(7)	(8)
*Top*1	0.073 (0.408)	0.072 (0.406)	0.068 (0.380)	0.065 (0.367)	-0.054 (-0.589)	-0.054 (-0.583)	-0.055 (-0.598)	-0.055 (-0.603)
Inst	0.163 (1.174)	0.162 (1.167)	0.158 (1.140)	0.160 (1.152)	0.100 (1.422)	0.098 (1.390)	0.100 (1.420)	0.100 (1.429)
Manager	0.141 (0.822)	0.140 (0.817)	0.137 (0.802)	0.138 (0.808)	0.144* (1.803)	0.141* (1.768)	0.144* (1.811)	0.145* (1.815)
LnBoard	0.116 (0.739)	0.115 (0.735)	0.120 (0.767)	0.120 (0.764)	0.011 (0.143)	0.013 (0.163)	0.013 (0.174)	0.014 (0.179)
Indep	0.049 (0.097)	0.047 (0.095)	0.058 (0.115)	0.060 (0.119)	-0.120 (-0.456)	-0.120 (-0.452)	-0.114 (-0.432)	-0.112 (-0.426)
Dual	0.103** (2.007)	0.103** (2.006)	0.103** (2.016)	0.102** (2.004)	-0.004 (-0.169)	-0.004 (-0.167)	-0.004 (-0.168)	-0.005 (-0.179)
LnSize	0.123*** (4.454)	0.123*** (4.443)	0.124*** (4.497)	0.125*** (4.496)	0.029* (1.862)	0.029* (1.826)	0.030* (1.867)	0.029* (1.855)
LnAge	-0.015 (-0.284)	-0.014 (-0.263)	-0.016 (-0.285)	-0.015 (-0.283)	-0.089*** (-3.366)	-0.089*** (-3.368)	-0.090*** (-3.419)	-0.090*** (-3.435)
Lev	-0.262 (-1.389)	-0.260 (-1.378)	-0.260 (-1.377)	-0.260 (-1.381)	0.116 (1.366)	0.120 (1.409)	0.117 (1.380)	0.118 (1.386)
ROA	-0.594 (-0.891)	-0.604 (-0.906)	-0.559 (-0.837)	-0.556 (-0.833)	0.939*** (3.122)	0.947*** (3.145)	0.949*** (3.162)	0.951*** (3.172)
Tang	-0.515*** (-2.609)	-0.515*** (-2.610)	-0.511*** (-2.587)	-0.508** (-2.574)	-0.027 (-0.263)	-0.028 (-0.267)	-0.023 (-0.224)	-0.022 (-0.210)
Growth	-1.318*** (-12.766)	-1.317*** (-12.764)	-1.316*** (-12.751)	-1.316*** (-12.749)	0.149*** (4.046)	0.150*** (4.055)	0.149*** (4.027)	0.148*** (4.020)
State	-0.024 (-0.384)	-0.024 (-0.388)	-0.022 (-0.351)	-0.022 (-0.348)	0.079** (2.343)	0.080** (2.371)	0.081** (2.385)	0.081** (2.399)
截距项	-2.680*** (-4.143)	-2.671*** (-4.127)	-2.720*** (-4.205)	-2.728*** (-4.216)	-0.552 (-1.485)	-0.544 (-1.462)	-0.559 (-1.500)	-0.557 (-1.496)
年份固定效应	控制	控制	控制	控制	控制	控制	控制	控制
行业固定效应	控制	控制	控制	控制	控制	控制	控制	控制
地区固定效应	控制	控制	控制	控制	控制	控制	控制	控制

续表

变量	被解释变量：ΔRD				被解释变量：ΔLnApply			
	(1)	(2)	(3)	(4)	(5)	(6)	(7)	(8)
F 统计量	5.906***	5.923***	5.904***	5.898***	1.825***	1.804***	1.809***	1.811***
Adj. R^2	0.088	0.087	0.087	0.087	0.010	0.010	0.010	0.010
样本量	7034	7034	7034	7034	7034	7034	7034	7034

注：①被解释变量为企业创新活动，值越大表示企业创新越活跃；②括号内为经异方差调整后的 t 值；③ ***、**、* 分别表示双尾检验在 1%、5%、10%下的统计显著水平。

3. 安慰剂检验

与 Cornaggia 等（2015）的做法一致，本书将网络新媒体互动指标在各企业间随机变换，并重新按照计量模型（4-2）进行回归。随即变换后的网络新媒体互动重新命名为 *SimComm*，如果影响企业创新活动的因素并非网络新媒体互动，而是与网络新媒体互动相关，但若有尚未观测到的因素，那么回归系数将依旧显著为负。否则，企业创新活动的提高确实是因为网络新媒体互动所引起的，那么随即变换后 *SimComm* 将不再显著。安慰剂检验结果如表 4-26 所示，从中可以发现，网络新媒体互动频度、广度、提问深度、回答深度的回归系数在第（1）至（8）列均不显著。结论表明，本书的计量检验结果并非遗漏变量所致。

表 4-26 网络新媒体互动与企业创新活动的回归结果：安慰剂检验

变量	被解释变量：RD				被解释变量：LnApply			
	(1)	(2)	(3)	(4)	(5)	(6)	(7)	(8)
SimCommFre	0.024 (0.914)				0.011 (1.277)			
SimCommScope		0.025 (0.962)				0.012 (1.325)		
SimCommDepq			0.015 (0.763)				0.008 (1.199)	
SimCommDepa				0.009 (0.436)				0.007 (1.035)
Top1	-2.339*** (-8.558)	-2.339*** (-8.554)	-2.340*** (-8.560)	-2.339*** (-8.556)	-0.096 (-0.976)	-0.096 (-0.973)	-0.096 (-0.978)	-0.096 (-0.973)
Inst	1.650*** (8.425)	1.649*** (8.424)	1.651*** (8.430)	1.651*** (8.429)	0.200*** (2.954)	0.200*** (2.953)	0.201*** (2.960)	0.201*** (2.960)

续表

变量	被解释变量：*RD*				被解释变量：*LnApply*			
	(1)	(2)	(3)	(4)	(5)	(6)	(7)	(8)
Manager	0.914*** (3.788)	0.913*** (3.787)	0.915*** (3.792)	0.914*** (3.790)	0.255*** (3.275)	0.255*** (3.273)	0.255*** (3.281)	0.255*** (3.280)
LnBoard	0.591** (2.439)	0.591** (2.440)	0.591** (2.440)	0.592** (2.443)	-0.133 (-1.489)	-0.133 (-1.488)	-0.133 (-1.488)	-0.132 (-1.485)
Indep	2.728*** (3.395)	2.729*** (3.396)	2.732*** (3.399)	2.733*** (3.400)	-0.682** (-2.303)	-0.682** (-2.302)	-0.680** (-2.298)	-0.680** (-2.298)
Dual	0.180** (2.158)	0.180** (2.156)	0.181** (2.162)	0.181** (2.166)	0.071*** (2.610)	0.071*** (2.607)	0.071*** (2.612)	0.072*** (2.616)
LnSize	-0.192*** (-4.280)	-0.192*** (-4.279)	-0.192*** (-4.284)	-0.192*** (-4.290)	0.580*** (32.123)	0.580*** (32.124)	0.580*** (32.121)	0.580*** (32.116)
LnAge	-0.620*** (-8.775)	-0.620*** (-8.775)	-0.620*** (-8.776)	-0.620*** (-8.777)	-0.005 (-0.190)	-0.005 (-0.190)	-0.005 (-0.192)	-0.005 (-0.190)
Lev	-4.821*** (-17.524)	-4.821*** (-17.524)	-4.820*** (-17.522)	-4.821*** (-17.521)	0.131 (1.463)	0.131 (1.463)	0.131 (1.467)	0.131 (1.468)
ROA	-7.527*** (-7.068)	-7.529*** (-7.069)	-7.523*** (-7.064)	-7.524*** (-7.063)	2.537*** (7.994)	2.536*** (7.992)	2.539*** (8.001)	2.541*** (8.002)
Tang	-3.141*** (-11.011)	-3.142*** (-11.013)	-3.142*** (-11.013)	-3.141*** (-11.011)	-0.088 (-0.763)	-0.088 (-0.765)	-0.088 (-0.765)	-0.088 (-0.762)
Growth	-0.451*** (-4.783)	-0.451*** (-4.784)	-0.450*** (-4.781)	-0.450*** (-4.781)	-0.018 (-0.522)	-0.018 (-0.524)	-0.017 (-0.519)	-0.017 (-0.521)
State	0.154 (1.468)	0.154 (1.469)	0.154 (1.473)	0.155 (1.479)	-0.013 (-0.347)	-0.013 (-0.345)	-0.013 (-0.344)	-0.013 (-0.344)
截距项	6.838*** (6.411)	6.837*** (6.412)	6.818*** (6.353)	6.868*** (6.403)	-10.887*** (-25.888)	-10.887*** (-25.894)	-10.905*** (-25.804)	-10.899*** (-25.783)
年份固定效应	控制	控制	控制	控制	控制	控制	控制	控制
行业固定效应	控制	控制	控制	控制	控制	控制	控制	控制
地区固定效应	控制	控制	控制	控制	控制	控制	控制	控制
F 统计量	75.925***	75.937***	75.913***	75.895***	62.885***	62.891***	62.893***	62.864***
Adj. R^2	0.391	0.391	0.391	0.391	0.321	0.321	0.321	0.321
样本量	9153	9153	9153	9153	9153	9153	9153	9153

注：①被解释变量为企业创新活动，值越大表示企业创新越活跃；②括号内为经异方差调整后的 t 值；③***、**、*分别表示双尾检验在1%、5%、10%下的统计显著水平。

第三节　本章小结

根据前面提出的研究思路，本章通过实证研究检验了网络新媒体互动的公司治理效应，即检验网络新媒体互动的价值效应和创新效应。首先，检验了网络新媒体互动对企业绩效的影响。研究发现网络新媒体互动不仅能够提高企业短期绩效，还可以提高企业长期绩效。这就意味着网络新媒体互动越多、越广、越深，企业长短期绩效越好，具有价值效应。考虑到可能存在的内生性，在使用变量替代、2SLS 工具变量法后，结论依然成立。而且网络新媒体互动的价值效应具有异质性，即网络新媒体互动的短期价值效应在非国有企业中更加显著。但从长期来看，这种价值效应在不同产权性质企业中差异不大。这是因为与国有企业相比，非国有企业的激励机制相对完善，不存在多层委托—代理问题，管理层对于投资者的互动表现较为敏感。同时，较好的公司治理机制有助于提高企业经营绩效：第一大股东持股比例、机构持股比例、管理层持股比例、董事会规模和独立董事占比均能够提升企业经营绩效。

其次，还检验了网络新媒体互动对创新投入和创新产出的影响。研究发现网络新媒体互动与企业创新活动显著正相关，即投资者与上市公司通过网络新媒体互动越多、越广、越深，其企业创新越活跃。考虑到可能存在的内生性问题，在使用创新替代变量、变更计量方法、细分专利类型、2SLS 工具变量法、变化模型和安慰剂检验后，计量结果未发生本质变化，结论依然成立。进一步研究结果表明，网络新媒体互动的创新效应主要通过缓解融资约束和弥补公司治理不足两条途径发挥作用，因此其创新效应在融资约束较为严重的企业以及代理成本较高的企业中更加显著。在尽可能控制内生性问题的影响后，网络新媒体互动的创新效应依然存在。同时，网络新媒体互动的创新效应在不同产权性质企业中存在差异，即非国有企业样本中，网络新媒体互动的创新效应显著高于国有企业。这就意味着对于那些激励制度相对完善的企业而言，网络新媒体互动可以有效发挥激励作用，缓解管理层的短视行为，并通过这一机制提高了企业创新意愿。

第五章　网络新媒体互动的压力效应

上一章的研究表明，网络新媒体互动能够提高上市公司的经营绩效和创新活动，即具有价值效应和创新效应，验证了网络新媒体互动的公司治理效应。那么，网络新媒体互动是通过什么机制发挥公司治理效应呢？在本章中，我们试图探讨网络新媒体互动是否具有压力效应，例如盈余预告精确度和年报披露时滞等，即网络新媒体互动是否提高了管理层的业绩压力，进而发挥公司治理作用。

第一节　网络新媒体互动对管理层盈余预告精确度的影响

信息经济学认为，投资者将根据其掌握的信息进行投资决策，如果市场信息掌握越充分，那么投资者的投资者决策越科学、合理。但信息收集是需要成本的，而且投资者对于信息获取能力方面存在显著差异（黄泽先等，2008）。券商、基金和私募等机构投资者有能力通过实地调研的方式获取企业信息，但中小投资者因信息获取成本较高，没有能力参与实地调研（陈小林和孔东民，2012）。为了帮助中小投资者也有机会与上市公司进行有效、及时的沟通，深圳证券交易所在 2010 年 1 月推出了投资者关系互动平台，随后 2011 年升级为“互动易”平台。已有研究主要从信息环境的视角，考察了分析师实地调研、微博开通等互动沟通方式产生的经济后果（谭松涛和崔小勇，2015；曹新伟等，2015；胡军等，2016；何贤杰等，2018）。但遗憾的是，少有研究考察比微博媒体更加有效的媒体沟通平台——“互动易”平台对公司治理的影响。本章从管理层行为的角度切入，考察网络新媒体对管理层盈余预告精确度的影响，以期为学术界更加深入地理解网络新媒体的公司治理作用提供理论依据。

一、研究假设

投资者及时、准确地获取信息是缓解信息不对称的重要前提。目前，投资者获取信息的渠道主要有以下两种：一是被动地接受上市公司在公司公告中披露的经营信息；二是与上市公司管理层进行接触，主动挖掘上市公司信息。已有研究表明，投资者与上市公司进行沟通是获取经营信息和未来公司战略的重要手段（Kimbrough，2005；Solomon and Soltes，2015），而且投资者与管理层之间的沟通有助于缓解信息不对称，提高企业财务报表透明度，改善资本市场的信息环境（Roberts 等，2006）。

投资者和管理层的传统接触方式主要是电话会议。在美国，电话会议是上市公司管理层进行信息披露的常用方式（Bushee 等，2003）。Kimbrough（2005）发现，针对盈余公告的电话会议有助于缓解资本市场盈余反应不足问题，而电话会议中陈述和讨论的内容可以增加参与者的信息，特别是讨论环节（Pronk 等，2011）。Bradshaw 等（2004）发现上市公司召开的有关企业盈余方面的电话会议可以提高分析师预测的准确度，也可以降低分析师之间的盈余分歧。

在中国，电话会议尚未成为一种制度化的信息披露方式。根据深圳证券交易所发布的《上市公司公平信息披露指引》，规定上市公司必须向监管部门报告投资者关系管理活动，其中包括机构投资者调研。基于这一现实，谭松涛和崔小勇（2015）使用 2012 年 7 月至 2013 年 12 月深交所发布的上市公司调研报告，考察了分析师团队调研强度对分析师预测的影响，发现分析师团队调研强度导致分析师的预测更加乐观，但降低了预测准确性。曹新伟等（2015）考察了分析师实地调研对资本市场信息效率的影响，发现分析师调研强度越大，上市公司股价同步性越低，这就意味着分析师实地调研提高了资本市场的信息效率，而且对信息披露质量较差、研发投入较大的上市公司影响更大。谭劲松和林雨晨（2016）基于机构投资者调研行为，对机构投资者的治理行为和内在机制进行了深入探讨，发现机构投资者调研可以改善公司的治理水平，以及提升企业信息披露质量。

随着信息技术的发展，网络媒体开始成为上市公司发布信息的方式。微博作为受众最多的网络媒体，连接了许多的上市公司、证券分析师和投资者。上市公司可以借助微博这一网络媒体平台发布公司相关信息，微博信息的发布不局限于时间和地点，内容也不局限于财务信息。何贤杰等（2016）对上市公司发布的微博信息进行了分析，且发现有 84%的信息是公告之外的，而且有 69%的信息是有关日常经营活动或公司策略的，这就表明上市公司通过微博披露了数量巨大、内容丰富的公司特质信息。胡军等（2016）考察分析师是否会受到微博信息的影响，且发现上市公司开通微博后，分析师盈余预测的修正频率增加，分析师盈余预测的准确度提高，盈余预测分歧下降。

本书研究的“互动易”平台，从本质上来讲是投资者与上市公司管理层利用互联网进行交流和沟通的互动平台，也是投资者主动获取上市公司信息的重要手段。虽然“新浪微博”“百度贴吧”等也是投资者与上市公司进行互动的平台之一（胡军等，2016；熊熊等，2017），但“互动易”平台的功能特性和制度背景与“新浪微博”“百度贴吧”均存在较大差异，它为投资者信息获取和解读能力提供了一个针对性更强的实验环境（丁慧等，2018）。深圳证券交易所推出的“互动易”平台是官方运营的证券类网络新媒体，具有如下特点：首先投资者可以根据上市公司公布的信息提出疑问，有利于投资者更好地解读公开信息；其次严禁上市公司在问答过程中涉及未披露信息；最后不同于“微博”等一般性的网络媒体，其证券主体突出，且互动过程受到官方监督，互动内容具有公信力。

多数研究者认为，投资者可以通过互动性网络新媒体获取更多信息，提高了投资者的信息获取和解读能力，最终做出更加合理的投资决策（丁慧等，2018）。谭松涛等（2016）认为“互动易”平台的开通有助于缓解信息不对称，提高分析师预测的精确度，增加股价信息量，提高资本市场信息效率。根据外部盈余压力假说，网络新媒体互动对管理层盈余预测方式可能会产生负面影响，网络新媒体互动无形中向资本市场传递出一种利好信号，即投资者对企业盈利能力的预期表示乐观。但如果管理层在发布盈余预告时，企业业绩未达到预期，那么投资者将卖出股票，导致股价下跌，这一决策可能通过投资者羊群效应，加剧股价下跌，公司的股价将面临较大压力。因此在这种情况下管理层将策略性地选择更加模糊的盈余预测方式，缓解投资者利用盈余预测公告对股价造成的负面影响。因此，本书提出假设 H1：

假设 H1：在其他条件不变的情况下，网络新媒体互动降低了管理层盈余预告精确度（压力假说）。

Skinner（1994）认为，上市公司管理层在信息披露时也存在“损失厌恶”心理，即面临收益与损失时，效用函数不对称，因此管理层对“好消息”和“坏消息”将采取完全不同的信息预告策略。Choi 等（2009）的研究也证实了管理层更倾向于使用精确度较低的盈余预测方式披露坏消息，即如果实际盈余是利好消息，管理层发布的盈余预测区间会比分析师预测的更窄，相反如果是坏消息，则盈余预测区间会更宽。这是因为如果管理层披露坏消息将会带来更高的信息披露风险和短期股票抛售风险，好消息的披露则不会出现这些负面影响。Li 和 Zhang（2015）认为管理层在面临股票抛售压力时，将降低对坏消息预测的精确度。投资者与上市公司在“互动易”平台上沟通的信息越多，上市公司受到的外部关注越多，所面临的业绩压力也越大。如果发布的盈余预告为坏消息，那么管理层将面临较大的股票抛售压力，管理层倾向于采取更加模糊的方式进行盈余预告，以此缓解投资者投机行为对股价产生的负面影响；但如果发布的盈余预告为好消息，为了向外界传递积极信号，迎合投资者的信息需求，管理层倾向于采取更加精确的方式进行盈余预告。考虑到网络新媒体互动对盈余预告精确度的影响在好消息与坏消息之间存在显著差异，因此本书提出假设 H2：

假设 H2：相对于坏消息的盈余预测，网络新媒体互动使管理层对于好消息的盈余预测有可能采取精确度更高的披露方式。

在中国特殊的经济体制下，网络新媒体互动对管理层盈余预测方式的影响在不同产权性质的企业中可能存在差异。首先，中国国有企业普遍存在薪酬管制，激励机制不完善，国有企业高管更加追求替代性的激励，例如在职消费（徐细雄和刘星，2013）；其次，国有企业的管理层均附带有一定的行政级别，这种政治利益的存在导致国有企业管理层更加追求政治晋升（张霖琳等，2015）。这就导致国有企业高管面临的业绩压力和股票抛售压力较小，股票价格也不是他们关注的重点，削弱了对盈余预告精确度的策略性选择动机，因此网络新媒体互动对盈余预告精确度的影响在国有企业中相对较弱。对非国有企业而言，管理层薪酬与企业业绩联系密切，激励机制相对完善，特别是股票价格直接决定了大股东的收益水平，导致非国有企业管理层面临的业绩压力更大，非国有企业管理层具有强烈的动机对盈余预告精确度进行策略性选择。考虑到网络新媒体互动对盈余预告精确度的影响在不同产权性质的企业中存在差异，因此本书提出假设 H3：

假设 H3a：在其他条件不变的情况下，网络新媒体互动对管理层盈余预告精确度的影响在非国有企业中更明显。

假设 H3b：在其他条件不变的情况下，盈余预测性质在网络新媒体互动与盈余预告精确度之间的调节作用在非国有企业中更明显。

二、数据来源与研究设计

（一）数据来源与样本选择

有关投资者与上市公司网络新媒体互动的数据来源于深圳证券交易所“互动易”平台（以下简称“互动易”平台，网址为 http：//irm. cninfo. com. cn/szse/index. html）的“问答”板块。我们使用 Java 编程软件抓取了“互动易”平台从 2010 年 1 月 1 日至 2017 年 12 月 31 日的问答记录，共 2332440 条，包含 2076 家深圳市 A 股上市公司。考虑到“互动易”平台的主要服务对象是在深圳证券交易所上市的公司及其投资者，同时“互动易”平台的最早上线时间为 2010 年 1 月，因此本书将研究样本限定为 2010~2017 年的深圳上市公司。产权性质数据来源于 CCER 数据库，机构投资者数据来源于 Wind 数据库，其他数据来源于

CSMAR数据库。同时，借鉴已有研究的做法，按照如下标准对初始样本进行预处理：①剔除金融保险行业样本；②剔除资不抵债的样本；③剔除相关财务数据缺失的样本。最终得到1802个企业共8638个年度—企业样本。此外，为了排除异常值对回归结果的影响，所有连续变量均在1%和99%分位数上进行Winsor缩尾处理。

（二）变量选择与定义

1. 被解释变量——盈余预告类型

管理层在进行盈余预告时，有权利选择点预测、闭区间预测、开区间预测和定性预测4种盈余预告方式，根据Baginski等（2004）、袁振超等（2014）、程小可等（2017）的做法，将盈余预测类型分为以下4类：①点预测，即管理层在盈余预告中给出了净利润预测的精确值；②闭区间预测，即管理层在盈余预告中给出了净利润预测的上下限；③开区间预测，即管理层在盈余预告中只给出了净利润预测的上限或下限；④定性预测，即管理层在盈余预告中未给出净利润预测的明确数值，只有定性的描述。以上四种预测方式中，点预测、闭区间预测和开区间预测给出了明确的具体数值，将其称之为定量预测。其中，点预测的精确度最高，其次是闭区间预测，再次是开区间预测，最后是定性预测。关于盈余预告类型 *PredictType* 的取值，如果预告类型为点预测则取值为4，为闭区间预测则取值为3，为开区间预测则取值为2，为定性预测则取值为1，盈余预告类型（*PredictType*）的取值越大就说明盈余预告精确度越高。

2. 解释变量——网络新媒体互动

"互动易"平台的沟通形式是上市公司董事会秘书或证券事务代表回答投资者的提问，具有较强的互动性。"互动易"平台的问答数据包括提问者的个人信息、上市公司信息、提问信息和回答信息，其中提问信息包括提问时间和提问内容，回答信息包括回答时间和回答内容。将收集到的问答记录进行归类整理，可以得到上市公司 i 在第 t 年与投资者的有效互动情况。

本书将投资者与上市公司的网络新媒体互动分为互动频度、互动广度和互动深度三个方面。具体定义如下：①互动频度（*CommFre*），年度投资者与上市公司在"互动易"平台的有效问答数加1取自然对数；②互动广度（*CommScope*），年度参与上市公司"互动易"平台的有效问答提问人数加1取自然对数；③互动深度（*CommDep*），本书认为"互动易"平台的问答中，投资者向上市公司所提问题的长度以及上市公司回答的长度可以反映出投资者对某个事项的深入了解程度，提问深度（*CommDepq*）为投资者在"互动易"平台所提问题的总字数加1取自然对数，回答深度（*CommDepa*）为上市公司在"互动易"平台针对投资者问题做出回答的总字数加1取自然对数。

3. 控制变量

结合前人的研究，本书还加入了如下控制变量：

（1）如果外部市场的信息需求越高，管理层则越倾向于发布精确度较高的盈余预告（Baginski 等，2004），为此控制了企业规模（*LnSize*）、盈利能力（*ROA*）、成长性（*TobinQ*）、资产负债率（*Lev*）、机构投资者持股比例（*Inst*）变量。其中，*LnSize* 为企业总资产的自然对数，*ROA* 为净利润与总资产额比值，*TobinQ* 为企业市场价值与账面价值的比值，*Lev* 为企业总负债与总资产的比值，*Inst* 为机构投资者持股数与总股本的比值。

（2）如果企业面临的不确定性越高，盈余预告的精确度就越低，为此控制了是否亏损（*Loss*）、盈余预告时差（*Horizon*）变量。其中，*Loss* 为企业当期是否亏损的哑变量，*Horizon* 为盈余预告日期距离会计年度截止日期的天数。

（3）根据业绩预告性质的不同可以分为好消息和坏消息，管理层可能根据业绩预告性质选择策略性的盈余预告精确度（Cheng 等，2013），为此控制了盈余预告性质（*News*）变量。本书将盈余预告类型分为“略增”“预增”“扭亏”“续盈”，定义为好消息；同时将“略减”“首亏”“续亏”“预减”，定义为坏消息。

（4）由于我国对上市公司的业绩预告存在强制性披露制度，引入是否为强制性预告（*Mandatory*）变量。本书将盈余预告类型为“预增”“预减”“扭亏”“首亏”“续亏”定义为强制性披露预告；将“略增”“略减”“续盈”定义为自愿性披露预告。

（5）大股东持股将提高其监督能力，可以抑制管理层追求自身利益策略性的盈余预告，为此引入前十大股东持股比例（*Top*）变量，即前十大股东持股数与总股本的比值。各变量的具体定义如表 5-1 所示。

表 5-1　变量定义与说明

变量类型	变量符号	变量名称	变量定义
被解释变量	*PredictType*	盈余预告类型	点预测则取值为 4，闭区间预测则取值为 3，开区间预测则取值为 2，定性预测则取值为 1
解释变量	*CommFre*	网络新媒体互动频度	“互动易”平台有效问答数加 1 取自然对数
	CommScope	网络新媒体互动广度	“互动易”平台有效问答的提问人数加 1 取自然对数
	CommDepq	网络新媒体互动提问深度	“互动易”平台所提问题的总字数加 1 取自然对数
	CommDepa	网络新媒体互动回答深度	“互动易”平台针对问题做出回答的总字数加 1 取自然对数

续表

变量类型	变量符号	变量名称	变量定义
控制变量	*News*	盈余预告性质	若盈余预告类型为“略增”“预增”“扭亏”“续盈”，则取值为1；若盈余预告类型为“略减”“首亏”“续亏”“预减”，则取值为0
	LnSize	企业规模	总资产的自然对数
	ROA	盈利能力	净利润与总资产额比值
	TobinQ	成长性	企业市场价值与账面价值的比值
	Lev	资产负债率	总负债与总资产的比值
	Inst	机构投资者持股比例	机构投资者持股数与总股本的比值
	Top	前十大股东持股比例	前十大股东持股数与总股本的比值
	Mandatory	是否为强制性预告	若盈余预告类型为“预增”“预减”“扭亏”“首亏”“续亏”，则取值为1；若盈余预告类型为“略增”“略减”“续盈”，则取值为0
	Loss	是否亏损	若当期净利润小于0取值为1，否则取值为0
	Horizon	盈余预告时差	会计年度截止日-盈余预告日

（三）计量模型构建

为了检验前文提出的研究假设，本书借鉴袁振超等（2014）、程小可等（2017）的方法，采用Ordered Logit计量回归模型，考察网络新媒体互动对管理层盈余预测方式精确度的影响。具体计量模型如下：

$$PredictType_{it} = \beta_0 + \beta_1 Comm_{it} + \beta_2 Controls_{it} + \sum \delta_t Year_t + \sum \gamma_i Ind_i + \sum \varphi_i Region_i + \varepsilon_{it} \quad (5-1)$$

其中，被解释变量 $PredictType_{it}$ 是上市公司 i 在第 t 年的盈余预告类型；解释变量 $Comm_{it}$ 是上市公司 i 在第 t 年在深交所“互动易”平台与投资者的互动情况，包括网络新媒体互动频度、互动广度和互动深度三个方面；$Controls_{it}$ 是一系列的控制变量；*Year* 用以控制年度固定效应，*Ind* 用以控制行业固定效应，*Region* 用以控制地区固定效应；β 为各变量的回归系数，ε 为随机干扰项。根据这一模型，如果 $\beta_1<0$，则表明网络新媒体互动降低了管理层盈余预告精确度，反之则提高了管理层盈余预告精确度。

为了进一步检验盈余预告性质对网络新媒体互动与盈余预告精确度之间的调节作用，本书在模型（5-1）的基础上加入了 *Comm* 和 *News* 的交互项。具体计量模型如下：

$$PredictType_{it} = \beta_0 + \beta_1 Comm_{it} + \beta_2 Comm_{it} \times News_{it} + \beta_3 News_{it} + \beta_4 Controls_{it} + \sum \delta_t Year_t + \sum \gamma_i Ind_i + \sum \varphi_i Region_i + \varepsilon_{it} \quad (5-2)$$

其中，β 为各变量的回归系数，根据这一模型，如果 $\beta_2>0$，则表明盈余预告性质正向影响了网络新媒体互动与盈余预告精确度之间的关系。

三、实证结果分析

（一）描述性统计分析

主要变量的描述性统计分析如表 5-2 所示。由表 5-2 可知，盈余预告类型（*PredictType*）的均值为 3.022，中位数为 3.000，表明大多数企业在进行盈余预告中采用闭区间的预测方式。网络新媒体互动频度（*CommFre*）的均值为 4.111，标准差为 1.565；网络新媒体互动广度（*CommScope*）的均值为 3.911，标准差为 1.556；网络新媒体互动提问深度（*CommDepq*）的均值为 7.989，标准差为 2.150；网络新媒体互动回答深度（*CommDepa*）的均值为 8.199，标准差为 2.102。这些表明网络新媒体互动情况在不同企业之间差异较大。盈余预告性质（*News*）的均值为 0.694，表明大多数企业发布的盈余预告为好消息。

表 5-2　主要变量的描述性统计

变量	样本量	均值	标准差	最小值	p25	中位数	p75	最大值
PredictType	8638	3.022	0.216	1.000	3.000	3.000	3.000	4.000
CommFre	8638	4.111	1.565	0.000	3.332	4.443	5.198	8.120
CommScope	8638	3.911	1.556	0.000	2.996	4.220	5.024	7.879
CommDepq	8638	7.989	2.150	0.000	7.302	8.475	9.304	12.320
CommDepa	8638	8.199	2.102	0.000	7.574	8.655	9.453	12.409
News	8638	0.694	0.461	0.000	0.000	1.000	1.000	1.000
LnSize	8638	21.564	1.009	19.541	20.838	21.439	22.137	24.814
ROA	8638	0.044	0.051	-0.146	0.017	0.043	0.071	0.194
TobinQ	8638	3.276	2.359	0.979	1.736	2.512	3.940	14.180
Lev	8638	0.367	0.209	0.033	0.195	0.338	0.520	0.868
Inst	8638	0.325	0.232	0.001	0.117	0.295	0.508	0.843
Top	8638	0.602	0.146	0.230	0.503	0.623	0.720	0.880
Mandatory	8638	0.475	0.499	0.000	0.000	0.000	1.000	1.000
Loss	8638	0.087	0.281	0.000	0.000	0.000	0.000	1.000
Horizon	8638	18.810	44.626	-41.000	-25.000	-8.000	65.000	75.000

注：①所有连续变量均在 1%的水平进行 Winsor 缩尾处理；②p25 和 p75 分别表示第 1 个四分位点和第 3 个四分位点。

在控制变量中，盈利能力（*ROA*）的均值为 0.044，标准差为 0.051，表明大多数企业的盈利能力不强；成长性（*TobinQ*）的均值为 3.276，标准差为 2.359，表明大多数企业的成长性较好；资产负债率（*Lev*）的均值为 0.367，标准差为 0.209，表明大多数企业的资产负债率不高；机构持股比例（*Inst*）的均值为 0.325，中位数为 0.295，表明机构持股比例相对较大，有足够的能力对企业进行监督；前十大股东持股比例（*Top*）的均值为 0.602，中位数为 0.623，表明前十大股东可以形成绝对控股；是否为强制性预告（*Mandatory*）的均值为 0.475，表明将近一半的企业是自愿性披露盈余预告的；是否亏损（*Loss*）的均值为 0.087，表明在盈余预告的企业中较少发生亏损；盈余预告时差（*Horizon*）的均值为 18.81，表明企业经常在会计年度前 19 天前后发布盈余预告。

（二）相关系数分析

主要变量的 Pearson 相关系数分析如表 5-3 所示。从表 5-3 中可以发现：①网络新媒体互动频度（*CommFre*）、互动广度（*CommScope*）、提问深度（*CommDepq*）、回答深度（*CommDepa*）四个指标均与盈余预告类型（*PredictType*）在 1%水平下显著负相关，这些结果初步支持了假设 H1，即网络新媒体互动降低了管理层盈余预告精确度（压力假说）。②盈余预告性质（*News*）、盈利能力（*ROA*）、前十大股东持股比例（*Top*）、盈余预告时差（*Horizon*）与盈余预告类型（*PredictType*）也在 1%水平下显著负相关。③资产负债率（*Lev*）、机构持股比例（*Inst*）、是否为强制性预告（*Mandatory*）、是否亏损（*Loss*）与盈余预告类型（*PredictType*）在 1%水平下显著正相关。④主要解释变量与控制变量的相关系数不高（均在 0.2 以下），降低了解释变量与控制变量产生多重共线性的可能性。

（三）基准回归结果分析

网络新媒体互动与管理层盈余预测精确度的全样本 Ordered Logit 计量回归结果如表 5-4 所示，其中第 1 列的解释变量为网络新媒体互动频度（*CommFre*），第 2 列的解释变量为网络新媒体互动广度（*CommScope*），第 3 列和第 4 列的解释变量为网络新媒体互动深度，分别用提问深度（*CommDepq*）和回答深度（*CommDepa*）两个指标表示。从表 5-4 中可以发现：网络新媒体互动频度（*CommFre*）的回归系数为-0.243，互动广度（*CommScope*）的回归系数为-0.252，提问深度（*CommDepq*）的回归系数为-0.127，回答深度（*CommDepa*）的回归系数为-0.138，且均在 1%水平下显著。无论是网络新媒体互动频度还是网络新媒体互动广度，甚至是网络新媒体互动深度，都表明网络新媒体互动降低了管理层盈余预告精确度，即网络新媒体互动虽然增加了资本市场的股票信息量，但这也给管理层较大的外部业绩压力，导致管理层倾向于采取更加模糊的方式进行盈余

表 5-3 主要变量相关系数性分析

	PredictType	*CommFre*	*CommScope*	*CommDepq*	*CommDepa*	*News*	*LnSize*	*ROA*
PredictType	1.000							
CommFre	-0.078（***）	1.000						
CommScope	-0.075（***）	0.988（***）	1.000					
CommDepq	-0.075（***）	0.957（***）	0.935（***）	1.000				
CommDepa	-0.080（***）	0.934（***）	0.912（***）	0.981（***）	1.000			
News	-0.056（***）	-0.012	-0.009	-0.023（**）	-0.016	1.000		
LnSize	0.016	0.165（***）	0.169（***）	0.146（***）	0.148（***）	0.062（***）	1.000	
ROA	-0.076（***）	0.025（**）	0.010	0.033（***）	0.034（***）	0.478（***）	-0.066（***）	1.000
TobinQ	0.010	0.101（***）	0.124（***）	0.058（***）	0.055（***）	0.077（***）	-0.422（***）	0.236（***）
Lev	0.110（***）	-0.084（***）	-0.071（***）	-0.092（***）	-0.088（***）	-0.056（***）	0.522（***）	-0.407（***）
Inst	0.026（***）	0.004	0.006	0.013	0.020（*）	0.088（***）	0.345（***）	0.046（***）
Top	-0.058（***）	-0.110（***）	-0.123（***）	-0.079（***）	-0.066（***）	0.107（***）	-0.014	0.296（***）
Mandatory	0.126（***）	-0.024（**）	-0.015	-0.035（***）	-0.038（***）	-0.112（***）	0.159（***）	-0.317（***）
Loss	0.096（***）	-0.010	-0.004	-0.015	-0.019（*）	-0.421（***）	0.013	-0.625（***）
Horizon	-0.083（***）	-0.075（***）	-0.076（***）	-0.059（***）	-0.053（***）	0.177（***）	0.057（***）	0.167（***）

续表

	TobinQ	*Lev*	*Inst*	*Top*	*Mandatory*	*Loss*	*Horizon*	
TobinQ	1.000							
Lev	-0.293（***）	1.000						
Inst	-0.060（***）	0.224（***）	1.000					
Top	0.047（***）	-0.229（***）	0.160（***）	1.000				
Mandatory	-0.029（***）	0.299（***）	0.099（***）	-0.252（***）	1.000			
Loss	-0.016	0.243（***）	0.012	-0.200（***）	0.309（***）	1.000		
Horizon	-0.087（***）	-0.054（***）	0.058（***）	0.128（***）	-0.205（***）	-0.160（***）	1.000	

注：***、**、*分别表示双尾检验在1%、5%、10%下的统计显著水平。

预告。这一结果支持了压力假说，验证了本书的假设 H1。

表 5-4 网络新媒体互动与管理层盈余预测精确度回归结果

变量	被解释变量：*PredictType*			
	(1)	(2)	(3)	(4)
CommFre	-0.243*** (-3.624)			
CommScope		-0.252*** (-3.554)		
CommDepq			-0.127*** (-3.158)	
CommDepa				-0.138*** (-3.552)
News	-0.275* (-1.664)	-0.276* (-1.668)	-0.274* (-1.655)	-0.273* (-1.647)
LnSize	0.021 (0.186)	0.015 (0.130)	0.006 (0.057)	0.011 (0.101)
ROA	2.137 (1.040)	2.125 (1.035)	2.043 (0.996)	2.028 (0.990)
TobinQ	0.098** (2.355)	0.097** (2.332)	0.096** (2.307)	0.098** (2.344)
Lev	1.939*** (3.467)	1.957*** (3.504)	1.992*** (3.580)	1.993*** (3.568)
Inst	0.519 (1.409)	0.526 (1.430)	0.556 (1.508)	0.570 (1.545)
Top	-0.998 (-1.564)	-0.995 (-1.561)	-0.922 (-1.442)	-0.904 (-1.415)
Mandatory	1.035*** (5.207)	1.038*** (5.235)	1.043*** (5.257)	1.039*** (5.236)
Loss	0.418* (1.784)	0.410* (1.753)	0.422* (1.800)	0.425* (1.816)
Horizon	-0.007*** (-3.122)	-0.007*** (-3.135)	-0.007*** (-3.071)	-0.007*** (-3.070)

续表

变量	被解释变量：*PredictType*			
	(1)	(2)	(3)	(4)
截距项 1	-5.174*** (-2.825)	-5.265*** (-2.875)	-5.525*** (-3.024)	-5.496*** (-3.009)
截距项 2	-4.932*** (-2.692)	-5.023*** (-2.742)	-5.283*** (-2.891)	-5.254*** (-2.876)
截距项 3	5.506*** (3.011)	5.413*** (2.961)	5.126*** (2.809)	5.162*** (2.828)
年份固定效应	控制	控制	控制	控制
行业固定效应	控制	控制	控制	控制
地区固定效应	控制	控制	控制	控制
Wald 统计量	533.556***	530.122***	526.950***	524.642***
Pse. R^2	0.198	0.198	0.196	0.197
样本量	8638	8638	8638	8638

注：①被解释变量为盈余预告类型，值越大表示盈余预测精确度越高；②括号内为经异方差调整后的 t 值；③***、**、*分别表示双尾检验在 1%、5%、10%下的统计显著水平。

关于控制变量对管理层盈余预告精确度的影响，可以发现：盈余预告性质（*News*）、盈余预告时差（*Horizon*）的回归系数显著为负；成长性（*TobinQ*）、资产负债率（*Lev*）、是否为强制性预告（*Mandatory*）、是否亏损（*Loss*）的回归系数显著为正；其他控制变量与被解释变量并未见显著关系。这说明好消息、盈余预告越早，管理层盈余预告的精确度越低，而成长性、资产负债率、强制披露和亏损均使管理层盈余预告的精确度较高。

表 5-5 是区分国有企业和非国有企业样本后的计量模型（5-1）的回归结果，其中第 1、3、5、7 列是国有企业样本的回归结果，从中可以发现：网络新媒体互动频度（*CommFre*）的回归系数为-0.178，互动广度（*CommScope*）的回归系数为-0.194，提问深度（*CommDepq*）的回归系数为-0.081，回答深度（*CommDepa*）的回归系数为-0.097，至少在 10%水平下显著；第 2、4、6、8 列是非国有企业样本的回归结果，网络新媒体互动频度（*CommFre*）的回归系数为-0.340，互动广度（*CommScope*）的回归系数为-0.338，提问深度（*CommDepq*）的回归系数为-0.191，回答深度（*CommDepa*）的回归系数为-0.195，且均在 1%水平下显著。从回归系数来看，网络新媒体互动对管理层盈余预告精确度的影响在非国有企业的影响更大，大约是国有企业回归系数的 2 倍；从统计显著性来看，网络新媒体互动对管理层盈余预告精确度的影响在非国有企业的影响

中也更加显著。这表明由于国有企业普遍存在薪酬管制，而且受到严重的官本位思想影响，管理层更加考虑自身的政治前途，来自外部的业绩压力较小。但对于非国有企业来说，高管薪酬、福利、奖金等与企业股价密切联系，更加在意外部投资者对盈余预告信息反应所造成的股价影响，因此网络新媒体互动对管理层盈余预告精确度的影响在非国有企业中更加显著，支持了本书的假设 H3a。

表 5-5 网络新媒体互动与管理层盈余预测精确度回归结果：按照产权性质分组检验

变量	被解释变量：*PredictType*							
	国企	非国企	国企	非国企	国企	非国企	国企	非国企
	(1)	(2)	(3)	(4)	(5)	(6)	(7)	(8)
CommFre	-0.178** (-2.187)	-0.340*** (-3.551)						
CommScope			-0.194** (-2.208)	-0.338*** (-3.248)				
CommDepq					-0.081* (-1.666)	-0.191*** (-3.261)		
CommDepa							-0.097** (-2.069)	-0.195*** (-3.558)
News	-0.277 (-1.142)	-0.340 (-1.353)	-0.277 (-1.141)	-0.342 (-1.365)	-0.274 (-1.128)	-0.340 (-1.338)	-0.281 (-1.157)	-0.331 (-1.307)
LnSize	-0.015 (-0.125)	-0.074 (-0.404)	-0.018 (-0.157)	-0.081 (-0.441)	-0.030 (-0.254)	-0.099 (-0.539)	-0.022 (-0.187)	-0.097 (-0.523)
ROA	0.143 (0.056)	5.438* (1.697)	0.142 (0.056)	5.358* (1.674)	0.133 (0.052)	5.212 (1.628)	0.192 (0.075)	5.145 (1.611)
TobinQ	0.150*** (2.590)	0.080 (1.154)	0.149*** (2.580)	0.079 (1.143)	0.147** (2.545)	0.077 (1.100)	0.149*** (2.583)	0.077 (1.122)
Lev	1.052* (1.821)	2.845*** (3.800)	1.056* (1.828)	2.868*** (3.850)	1.123* (1.955)	2.870*** (3.861)	1.111* (1.935)	2.889*** (3.890)
Inst	-0.575 (-1.136)	0.571 (1.085)	-0.573 (-1.132)	0.574 (1.091)	-0.540 (-1.068)	0.602 (1.143)	-0.535 (-1.058)	0.636 (1.202)
Top	0.859 (1.154)	-1.957** (-2.274)	0.861 (1.158)	-1.964** (-2.280)	0.959 (1.295)	-1.865** (-2.147)	0.942 (1.274)	-1.820** (-2.105)

续表

变量	被解释变量：*PredictType*							
	国企	非国企	国企	非国企	国企	非国企	国企	非国企
	(1)	(2)	(3)	(4)	(5)	(6)	(7)	(8)
Mandatory	1.236*** (4.528)	0.917*** (3.307)	1.238*** (4.536)	0.925*** (3.346)	1.241*** (4.553)	0.932*** (3.364)	1.239*** (4.543)	0.930*** (3.361)
Loss	0.257 (0.817)	0.373 (0.893)	0.256 (0.813)	0.351 (0.842)	0.257 (0.817)	0.360 (0.857)	0.254 (0.808)	0.372 (0.890)
Horizon	-0.001 (-0.542)	-0.012*** (-3.604)	-0.001 (-0.551)	-0.012*** (-3.628)	-0.001 (-0.538)	-0.012*** (-3.551)	-0.001 (-0.555)	-0.012*** (-3.560)
截距项 1	-4.241* (-1.830)	-7.923** (-2.312)	-4.311* (-1.860)	-7.987** (-2.330)	-4.536** (-1.964)	-8.618** (-2.494)	-4.453* (-1.926)	-8.627** (-2.497)
截距项 2	-4.065* (-1.754)	-7.619** (-2.219)	-4.135* (-1.784)	-7.684** (-2.238)	-4.361* (-1.888)	-8.314** (-2.403)	-4.278* (-1.850)	-8.323** (-2.405)
截距项 3	4.402* (1.891)	4.690 (1.383)	4.331* (1.861)	4.612 (1.359)	4.081* (1.760)	3.947 (1.156)	4.172* (1.796)	3.947 (1.155)
年份固定效应	控制	控制	控制	控制	控制	控制	控制	控制
行业固定效应	控制	控制	控制	控制	控制	控制	控制	控制
地区固定效应	控制	控制	控制	控制	控制	控制	控制	控制
Wald 统计量	194.202***	555.024***	194.284***	543.050***	192.135***	524.387***	193.601***	504.802***
Pse. R^2	0.158	0.294	0.158	0.292	0.156	0.292	0.157	0.293
样本量	1813	6825	1813	6825	1813	6825	1813	6825

注：①被解释变量为盈余预告类型，值越大表示盈余预测精确度越高；②括号内为经异方差调整后的 t 值；③***、**、*分别表示双尾检验在 1%、5%、10%下的统计显著水平。

从控制变量来看，盈利能力（*ROA*）、资产负债率（*Lev*）、前十大股东持股比例（*Top*）、盈余预告时差（*Horizo*）在非国有企业中的影响更加显著；成长性（*TobinQ*）、是否为强制性预告（*Mandatory*）在国有企业中的影响更加显著，进一步说明不同产权性质的企业管理层盈余预告精确度的影响因素存在较大差异。

（四）盈余预告性质的调节作用

为了进一步考察盈余预告性质在网络新媒体互动与管理层盈余预测精确度之间的调节作用，在回归模型中加入了网络新媒体互动与盈余预告性质的交互项，计量模型（5-2）的全样本回归结果如表 5-6 所示。从表 5-6 中可以发现：网络新媒体互动频度（*CommFre*）的回归系数为-0.332，互动广度（*CommScope*）的

回归系数为-0.348，提问深度（*CommDepq*）的回归系数为-0.189，回答深度（*CommDepa*）的回归系数为-0.207，且均在1%水平下显著。但网络新媒体互动频度与盈余预告性质交互项（*CommFre×News*）的回归系数为0.157，网络新媒体互动广度与盈余预告性质交互项（*CommScope×News*）的回归系数为0.171，网络新媒体互动的提问深度与盈余预告性质交互项（*CommDepq×News*）的回归系数为0.107，网络新媒体互动的回答深度与盈余预告性质交互项（*CommDepa×News*）的回归系数为0.118，且均在5%水平下显著。这表明如果公司发布的盈余预告信息为好消息，网络新媒体互动提高了管理层盈余预告精确度，以迎合投资者的关注，对公司股价产生正面影响；但是如果公司发布的盈余预告为坏消息，网络新媒体互动降低了管理层盈余预告精确度，公司为了避免坏消息对股价造成的负面影响，倾向于采用模糊预测的方式，验证了本节的假设H2。

表5-6　网络新媒体互动、预告性质与管理层盈余预测精确度回归结果

变量	被解释变量：*PredictType*			
	(1)	(2)	(3)	(4)
CommFre	-0.332*** (-4.257)			
CommFre × News	0.157** (2.057)			
CommScope		-0.348*** (-4.259)		
CommScope × News		0.171** (2.228)		
CommDepq			-0.189*** (-4.044)	
CommDepq × News			0.107** (2.104)	
CommDepa				-0.207*** (-4.590)
CommDepa × News				0.118** (2.323)
News	-0.843** (-2.418)	-0.860** (-2.556)	-1.057** (-2.412)	-1.161*** (-2.603)

续表

变量	被解释变量：*PredictType*			
	(1)	(2)	(3)	(4)
LnSize	0.011 (0.101)	0.004 (0.035)	-0.005 (-0.042)	-0.001 (-0.009)
ROA	2.144 (1.024)	2.137 (1.020)	2.091 (1.005)	2.085 (1.004)
TobinQ	0.098** (2.326)	0.097** (2.309)	0.095** (2.267)	0.096** (2.302)
Lev	1.928*** (3.433)	1.947*** (3.471)	1.979*** (3.539)	1.983*** (3.537)
Inst	0.534 (1.443)	0.544 (1.472)	0.573 (1.543)	0.586 (1.579)
Top	-0.964 (-1.503)	-0.955 (-1.486)	-0.896 (-1.397)	-0.872 (-1.361)
Mandatory	1.046*** (5.273)	1.049*** (5.304)	1.054*** (5.323)	1.051*** (5.313)
Loss	0.384 (1.619)	0.376 (1.593)	0.390 (1.641)	0.389 (1.636)
Horizon	-0.007*** (-3.138)	-0.007*** (-3.153)	-0.007*** (-3.084)	-0.007*** (-3.083)
截距项 1	-5.718*** (-3.090)	-5.837*** (-3.158)	-6.248*** (-3.376)	-6.307*** (-3.415)
截距项 2	-5.476*** (-2.958)	-5.595*** (-3.026)	-6.005*** (-3.244)	-6.065*** (-3.282)
截距项 3	4.951*** (2.671)	4.831*** (2.610)	4.398** (2.369)	4.346** (2.345)
年份固定效应	控制	控制	控制	控制
行业固定效应	控制	控制	控制	控制
地区固定效应	控制	控制	控制	控制
Wald 统计量	554.758***	555.624***	548.563***	553.754***
Pse. R^2	0.200	0.199	0.198	0.199
样本量	8638	8638	8638	8638

注：①被解释变量为盈余预告类型，值越大表示盈余预测精确度越高；②括号内为经异方差调整后的 t 值；③***、**、*分别表示双尾检验在 1%、5%、10%下的统计显著水平。

表5-7是区分国有企业和非国有企业样本后的计量模型（5-2）的回归结果，其中第1、3、5、7列是国有企业样本的回归结果，从中可以发现：网络新媒体互动频度（*CommFre*）的回归系数为-0.271，互动广度（*CommScope*）的回归系数为-0.300，提问深度（*CommDepq*）的回归系数为-0.136，回答深度（*CommDepa*）的回归系数为-0.166，至少在1%水平下显著；网络新媒体互动频度与盈余预告性质交互项（*CommFre*×*News*）的回归系数为0.174，网络新媒体互动广度与盈余预告性质交互项（*CommScope*×*News*）的回归系数为0.200，均在1%水平下显著，而网络新媒体互动提问深度与盈余预告性质交互项（*CommDepq*×*News*）的回归系数为0.092，网络新媒体互动回答深度与盈余预告性质交互项（*CommDepa*×*News*）的回归系数为0.109，均不显著。

表5-7　网络新媒体互动、预测性质与管理层盈余预测精确度回归结果：按照产权性质分组检验

变量	被解释变量：*PredictType*							
	国企	非国企	国企	非国企	国企	非国企	国企	非国企
	(1)	(2)	(3)	(4)	(5)	(6)	(7)	(8)
CommFre	-0.271*** (-2.764)	-0.475*** (-3.923)						
CommFre×*News*	0.174* (1.689)	0.227* (1.834)						
CommScope			-0.300*** (-2.880)	-0.474*** (-3.671)				
CommScope×*News*			0.200* (1.893)	0.230* (1.809)				
CommDepq					-0.136** (-2.172)	-0.291*** (-4.289)		
CommDepq×*News*					0.092 (1.360)	0.177** (2.057)		
CommDepa							-0.166*** (-2.651)	-0.294*** (-4.662)
CommDepa×*News*							0.109 (1.612)	0.179** (2.032)
News	-0.870** (-2.044)	-1.176** (-1.994)	-0.920** (-2.209)	-1.148** (-1.984)	-0.932* (-1.725)	-1.649** (-2.139)	-1.088** (-1.962)	-1.693** (-2.107)

续表

变量	被解释变量：*PredictType*							
	国企	非国企	国企	非国企	国企	非国企	国企	非国企
	(1)	(2)	(3)	(4)	(5)	(6)	(7)	(8)
LnSize	-0.024 (-0.207)	-0.078 (-0.418)	-0.029 (-0.249)	-0.087 (-0.467)	-0.037 (-0.319)	-0.108 (-0.581)	-0.030 (-0.259)	-0.107 (-0.574)
ROA	0.214 (0.083)	5.392 (1.620)	0.232 (0.090)	5.294 (1.590)	0.228 (0.089)	5.276 (1.590)	0.285 (0.111)	5.271 (1.605)
TobinQ	0.150*** (2.589)	0.083 (1.179)	0.149** (2.576)	0.083 (1.179)	0.146** (2.536)	0.077 (1.102)	0.149** (2.571)	0.077 (1.117)
Lev	1.031* (1.780)	2.810*** (3.733)	1.029* (1.777)	2.841*** (3.791)	1.111* (1.930)	2.824*** (3.785)	1.098* (1.908)	2.849*** (3.824)
Inst	-0.590 (-1.164)	0.577 (1.088)	-0.591 (-1.164)	0.586 (1.103)	-0.546 (-1.078)	0.597 (1.128)	-0.546 (-1.078)	0.627 (1.180)
Top	0.922 (1.236)	-1.910** (-2.194)	0.936 (1.255)	-1.906** (-2.186)	0.999 (1.348)	-1.816** (-2.071)	0.990 (1.335)	-1.763** (-2.018)
Mandatory	1.262*** (4.621)	0.915*** (3.313)	1.268*** (4.643)	0.922*** (3.350)	1.261*** (4.622)	0.932*** (3.376)	1.262*** (4.626)	0.929*** (3.367)
Loss	0.248 (0.788)	0.346 (0.819)	0.250 (0.794)	0.323 (0.768)	0.249 (0.790)	0.341 (0.804)	0.235 (0.744)	0.364 (0.864)
Horizon	-0.001 (-0.539)	-0.012*** (-3.600)	-0.001 (-0.551)	-0.012*** (-3.628)	-0.001 (-0.527)	-0.012*** (-3.558)	-0.001 (-0.536)	-0.012*** (-3.574)
截距项 1	-4.864** (-2.056)	-8.531** (-2.473)	-5.002** (-2.120)	-8.599** (-2.492)	-5.154** (-2.174)	-9.629*** (-2.771)	-5.202** (-2.185)	-9.667*** (-2.785)
截距项 2	-4.688** (-1.982)	-8.228** (-2.381)	-4.826** (-2.045)	-8.295** (-2.400)	-4.979** (-2.100)	-9.325*** (-2.679)	-5.026** (-2.110)	-9.364*** (-2.694)
截距项 3	3.781 (1.592)	4.067 (1.187)	3.646 (1.539)	3.986 (1.162)	3.469 (1.455)	2.925 (0.847)	3.433 (1.436)	2.891 (0.837)
年份固定效应	控制	控制	控制	控制	控制	控制	控制	控制
行业固定效应	控制	控制	控制	控制	控制	控制	控制	控制
地区固定效应	控制	控制	控制	控制	控制	控制	控制	控制
Wald 统计量	197.056***	573.125***	197.874***	558.648***	193.977***	559.409***	196.190***	551.293***
Pse. R^2	0.160	0.297	0.161	0.295	0.158	0.296	0.159	0.296
样本量	1813	6825	1813	6825	1813	6825	1813	6825

注：①被解释变量为盈余预告类型，值越大表示盈余预测精确度越高；②括号内为经异方差调整后的t值；③***、**、*分别表示双尾检验在1%、5%、10%下的统计显著水平。

第 2、4、6、8 列是非国有企业样本的回归结果，网络新媒体互动频度（*CommFre*）的回归系数为-0.475，互动广度（*CommScope*）的回归系数为-0.474、提问深度（*CommDepq*）的回归系数为-0.291、回答深度（*CommDepa*）的回归系数为-0.294，且均在 1%水平下显著；网络新媒体互动频度与盈余预告性质交互项（*CommFre*×*News*）的回归系数为 0.227，网络新媒体互动广度与盈余预告性质交互项（*CommScope*×*News*）的回归系数为 0.230，均在 10%水平下显著，网络新媒体互动提问深度与盈余预告性质交互项（*CommDepq*×*News*）的回归系数为 0.177，网络新媒体互动回答深度与盈余预告性质交互项（*CommDepa*×*News*）的回归系数为 0.179，均在 5%水平下显著。这表明非国有企业管理层的薪酬、福利、奖金等与公司股票价格密切联系，且面临较大的业绩压力，因此更加在意外部投资者在获知盈余预告信息后其行为可能对股价所造成的影响。在面对好消息时，为了迎合投资者关注对股价产生的正面影响，倾向于采用更加精确的盈余预告方式，在面对坏消息时，为了避免坏消息对股价造成的负面影响，倾向于采用更加模糊的盈余预告方式，验证了本节的假设 H3b。

四、稳健性检验

为了确保研究结果的可靠性，本书还进行了如下的稳健性检验：

（一）2SLS 两阶段检验

考虑到产业政策、行业景气度等因素可能对投资者与上市公司之间的网络新媒体互动产生影响，本书使用年度—行业内投资者与上市公司网络新媒体互动的均值（*MComm*）作为工具变量，运用 2SLS 两阶段工具变量法进行内生性控制。具体做法是：在第一阶段回归中加入 *meanComm* 以及全部控制变量，得到投资者与上市公司网络新媒体互动的拟合值，再进行第二阶段回归。

第一阶段的回归结果如表 5-8 所示，从中可以发现，网络新媒体互动频度（*MCommFre*）的回归系数为 0.930，互动广度（*MCommScope*）的回归系数为 0.939，提问深度（*MCommDepq*）的回归系数为 0.929，回答深度（*MCommDepa*）的回归系数为 0.925，且均在 1%水平下显著。这表明以投资者与上市公司网络新媒体互动的年度—行业均值作为工具变量具有一定的合理性。

表 5-8　网络新媒体互动与管理层盈余预测精确度回归结果：2SLS 第一阶段

变量	*CommFre*	*CommScope*	*CommDepq*	*CommDepa*
	(1)	(2)	(3)	(4)
MCommFre	0.930*** (85.572)			

续表

变量	CommFre	CommScope	CommDepq	CommDepa
	(1)	(2)	(3)	(4)
MCommScope		0.939*** (97.422)		
MCommDepq			0.929*** (79.308)	
MCommDepa				0.925*** (75.709)
News	-0.039 (-1.315)	-0.035 (-1.302)	-0.065 (-1.520)	-0.045 (-1.057)
LnSize	0.295*** (18.601)	0.268*** (18.106)	0.384*** (16.852)	0.373*** (16.400)
ROA	1.955*** (5.557)	1.780*** (5.446)	2.688*** (5.279)	2.314*** (4.549)
TobinQ	0.005 (0.857)	0.004 (0.660)	0.006 (0.764)	0.009 (1.048)
Lev	-1.188*** (-15.362)	-1.093*** (-15.244)	-1.591*** (-14.174)	-1.488*** (-13.272)
Inst	-0.091* (-1.675)	-0.096* (-1.890)	-0.025 (-0.315)	0.031 (0.391)
Top	-0.996*** (-11.416)	-0.978*** (-12.086)	-1.146*** (-9.056)	-0.969*** (-7.665)
Mandatory	-0.068*** (-2.653)	-0.060** (-2.520)	-0.079** (-2.105)	-0.085** (-2.270)
Loss	0.128** (2.349)	0.106** (2.100)	0.166** (2.099)	0.142* (1.799)
Horizon	-0.001*** (-3.755)	-0.001*** (-3.513)	-0.001** (-2.259)	-0.001* (-1.879)
截距项	-4.938*** (-14.524)	-4.471*** (-14.126)	-6.312*** (-12.868)	-6.132*** (-12.512)
年份固定效应	控制	控制	控制	控制
行业固定效应	控制	控制	控制	控制
地区固定效应	控制	控制	控制	控制

续表

变量	CommFre	CommScope	CommDepq	CommDepa
	(1)	(2)	(3)	(4)
F 统计量	172.085***	218.861***	138.944***	127.227***
Adj. R^2	0.547	0.606	0.493	0.471
样本量	8638	8638	8638	8638

注：①被解释变量为网络新媒体互动，值越大表示互动越活跃；②括号内为经异方差调整后的 t 值；③***、**、*分别表示双尾检验在 1%、5%、10%下的统计显著水平。

第二阶段的回归结果如表 5-9 所示，其中第 1、2、3、4 列是计量模型（5-1）的回归结果，从中可以发现，网络新媒体互动频度（*CommFreFit*）的回归系数为-0.363，互动广度（*CommScopeFit*）的回归系数为-0.357，提问深度（*CommDepqFit*）的回归系数为-0.243，回答深度（*CommDepaFit*）的回归系数为-0.254，且均在 1%水平下显著；第 5、6、7、8 列是计量模型（5-2）的回归结果，从中可以发现，网络新媒体互动频度与盈余预告性质交互项（*CommFreFit×News*）的回归系数为 0.294，网络新媒体互动广度与盈余预告性质交互项（*CommScopeFit×News*）的回归系数为 0.271，网络新媒体互动提问深度与盈余预告性质交互项（*CommDepqFit×News*）的回归系数为 0.220，网络新媒体互动回答深度与盈余预告性质交互项（*CommDepaFit×News*）的回归系数为 0.230，均在 1%水平下显著。回归结果表明，采用 2SLS 两阶段估计控制内生性后，检验结果与基准回归结果一致，即网络新媒体互动降低了管理层盈余预告的精确度，而且相对于坏消息的盈余预测，网络新媒体互动使管理层对于好消息的盈余预测有可能采取精确度更高的披露方式。

表 5-9　网络新媒体互动与管理层盈余预测精确度回归结果：2SLS 第二阶段

变量	被解释变量：*PredictType*							
	国企	非国企	国企	非国企	国企	非国企	国企	非国企
	(1)	(2)	(3)	(4)	(5)	(6)	(7)	(8)
CommFreFit	-0.363*** (-6.578)				-0.016 (-0.042)			
CommFreFit × News					0.294*** (2.668)			
CommScopeFit		-0.357*** (-6.685)				-0.012 (-0.027)		

续表

变量	被解释变量：*PredictType*							
	国企	非国企	国企	非国企	国企	非国企	国企	非国企
	(1)	(2)	(3)	(4)	(5)	(6)	(7)	(8)
CommScopeFit × *News*						0.271*** (2.585)		
CommDepqFit			-0.243*** (-6.170)				-0.013 (-0.049)	
CommDepqFit × *News*							0.220*** (2.596)	
CommDepaFit				-0.254*** (-6.180)				-0.064 (-0.230)
CommDepaFit × *News*								0.230*** (2.592)
New	-0.334** (-2.041)	-0.318* (-1.945)	-0.357** (-2.178)	-0.352** (-2.150)	-1.376*** (-2.883)	-1.232*** (-2.817)	-1.932*** (-2.789)	-2.064*** (-2.781)
LnSize	0.003 (0.040)	0.003 (0.038)	-0.042 (-0.515)	-0.041 (-0.505)	-0.088 (-0.558)	-0.081 (-0.517)	-0.085 (-0.566)	-0.067 (-0.440)
ROA	3.043* (1.833)	2.834* (1.706)	3.308** (1.994)	3.249* (1.959)	1.354 (0.628)	1.397 (0.646)	1.354 (0.634)	1.510 (0.712)
TobinQ	0.059** (2.041)	0.065** (2.233)	0.044 (1.547)	0.044 (1.546)	0.093** (2.184)	0.093** (2.191)	0.093** (2.182)	0.093** (2.189)
Lev	1.819*** (4.659)	1.850*** (4.759)	1.906*** (4.908)	1.917*** (4.940)	2.331*** (3.198)	2.308*** (3.147)	2.330*** (3.341)	2.248*** (3.216)
Inst	0.591* (1.885)	0.587* (1.871)	0.629** (2.006)	0.643** (2.051)	0.619* (1.658)	0.619* (1.662)	0.606 (1.620)	0.600 (1.602)
Top	-1.111** (-2.361)	-1.117** (-2.374)	-0.988** (-2.108)	-0.952** (-2.034)	-0.580 (-0.731)	-0.594 (-0.732)	-0.604 (-0.833)	-0.667 (-0.940)
Mandatory	1.037*** (6.019)	1.039*** (6.031)	1.048*** (6.085)	1.046*** (6.074)	1.100*** (5.529)	1.094*** (5.511)	1.102*** (5.575)	1.100*** (5.559)
Loss	0.447* (1.914)	0.442* (1.892)	0.440* (1.889)	0.435* (1.865)	0.316 (1.282)	0.331 (1.357)	0.305 (1.233)	0.312 (1.266)
Horizon	-0.007*** (-4.453)	-0.007*** (-4.430)	-0.007*** (-4.335)	-0.007*** (-4.322)	-0.007*** (-3.044)	-0.007*** (-3.052)	-0.007*** (-3.083)	-0.007*** (-3.107)

续表

变量	被解释变量：*PredictType*							
	国企	非国企	国企	非国企	国企	非国企	国企	非国企
	(1)	(2)	(3)	(4)	(5)	(6)	(7)	(8)
截距项 1	-5.982*** (-3.431)	-5.856*** (-3.359)	-7.297*** (-4.251)	-7.413*** (-4.328)	-7.171*** (-2.988)	-7.009*** (-2.936)	-7.228*** (-3.596)	-7.141*** (-3.625)
截距项 2	-5.739*** (-3.297)	-5.613*** (-3.226)	-7.054*** (-4.116)	-7.171*** (-4.192)	-6.929*** (-2.892)	-6.766*** (-2.840)	-6.985*** (-3.481)	-6.898*** (-3.509)
截距项 3	4.621*** (2.642)	4.754*** (2.718)	3.291* (1.924)	3.175* (1.862)	3.455 (1.429)	3.617 (1.504)	3.399* (1.676)	3.484* (1.754)
年份固定效应	控制	控制	控制	控制	控制	控制	控制	控制
行业固定效应	控制	控制	控制	控制	控制	控制	控制	控制
地区固定效应	控制	控制	控制	控制	控制	控制	控制	控制
Wald 统计量	554.758***	556.692***	549.017***	549.014***	540.605***	538.493***	544.922***	546.154***
Pse. R^2	0.188	0.188	0.186	0.186	0.194	0.194	0.194	0.194
样本量	8638	8638	8638	8638	8638	8638	8638	8638

注：①被解释变量为盈余预告类型，值越大表示盈余预测精确度越高；②括号内为经异方差调整后的 t 值；③***、**、*分别表示双尾检验在 1%、5%、10%下的统计显著水平。

（二）Heckman 两阶段检验

考虑到并非所有的上市公司都会进行年度盈余预告，可能出现样本选择偏差的计量问题，为此本书使用 Heckman 两阶段估计方法来控制这一内生性问题。在第一阶段，使用 Logistic 模型估计出选择进行年度盈余预告的 IMR（Inverse Mill's Ratio）：

$$Disclosure_{it} = \beta_0 + \beta_1 Comm_{it} + \beta_2 Controls_{it} + \sum \delta_t Year_t + \sum \gamma_i Ind_i + \sum \varphi_i Region_i + \varepsilon_{it} \quad (5-3)$$

其中，*Disclosure* 为哑变量，如果上市公司发布了业绩预告则取值为 1，否则取值为 0。Heckman 第一阶段估计的结果如表 5-10 所示，第一阶段回归的样本量为 10087。从表 5-10 可以发现网络新媒体互动频度（*CommFre*）、互动广度（*CommScope*）、提问深度（*CommDepq*）、回答深度（*CommDepa*）均与上市公司是否发布业绩预告显著正相关。同时成长性越好、资产负债率越高、前十大股东持股比例越高则出现亏损的企业发布业绩预告的可能性越高。

表 5-10 网络新媒体互动与管理层盈余预测精确度回归结果：Heckman 第一阶段

变量	被解释变量：*Disclosure*			
	(1)	(2)	(3)	(4)
CommFre	0.151*** (9.259)			
CommScope		0.163*** (9.179)		
CommDepq			0.088*** (8.651)	
CommDepa				0.083*** (8.303)
LnSize	-0.349*** (-14.707)	-0.347*** (-14.663)	-0.341*** (-14.457)	-0.338*** (-14.374)
ROA	-1.209** (-2.352)	-1.195** (-2.326)	-1.133** (-2.209)	-1.041** (-2.033)
TobinQ	0.021* (1.723)	0.021* (1.755)	0.021* (1.743)	0.020* (1.671)
Lev	0.617*** (5.069)	0.612*** (5.030)	0.590*** (4.858)	0.577*** (4.763)
Inst	-0.745*** (-8.335)	-0.742*** (-8.305)	-0.769*** (-8.619)	-0.777*** (-8.710)
Top	1.813*** (14.329)	1.816*** (14.352)	1.783*** (14.129)	1.764*** (14.003)
Loss	1.249*** (8.987)	1.252*** (9.013)	1.251*** (8.999)	1.255*** (9.035)
截距项	7.359*** (14.072)	7.336*** (14.041)	7.087*** (13.658)	7.032*** (13.574)
年份固定效应	控制	控制	控制	控制
行业固定效应	控制	控制	控制	控制
地区固定效应	控制	控制	控制	控制
Wald 统计量	1813.958***	1812.183***	1801.959***	1795.955***
Pse. R^2	0.218	0.218	0.217	0.216
样本量	10087	10087	10087	10087

注：①被解释变量为业绩预告哑变量；②括号内为经异方差调整后的 t 值；③ ***、**、* 分别表示双尾检验在 1%、5%、10%下的统计显著水平。

Heckman 第二阶段估计（将第一阶段估计出的 IMR 加入第二阶段进行回归）的结果如表 5-11 所示，其中第 1、2、3、4 列是计量模型（5-1）的回归结果，从中可以发现，网络新媒体互动频度（*CommFre*）的回归系数为-0. 300，互动广度（*CommScope*）的回归系数为-0. 313，提问深度（*CommDepq*）的回归系数为-0. 173，回答深度（*CommDepa*）的回归系数为-0. 182，且均在 1%水平下显著；第 5、6、7、8 列是计量模型（5-2）的回归结果，从中可以发现，网络新媒体互动频度与盈余预告性质交互项（*CommFre*×*News*）的回归系数为 0. 137，网络新媒体互动广度与盈余预告性质交互项（*CommScope*×*News*）的回归系数为 0. 151，网络新媒体互动提问深度与盈余预告性质交互项（*CommDepq*×*News*）的回归系数为 0. 090，网络新媒体互动回答深度与盈余预告性质交互项（*CommDepa*×*News*）的回归系数为 0. 103，均在 10%水平下显著。回归结果表明，采用 Heckman 两阶段估计控制内生性后，回归系数略微下降，但检验结果与基准回归结果一致，即网络新媒体互动降低了管理层盈余预告的精确度，而且相对于坏消息的盈余预测，网络新媒体互动使管理层对于好消息的盈余预测有可能采取精确度更高的披露方式。

表 5-11　网络新媒体互动与管理层盈余预测精确度回归结果：Heckman 第二阶段

变量	被解释变量：*PredictType*							
	国企	非国企	国企	非国企	国企	非国企	国企	非国企
	(1)	(2)	(3)	(4)	(5)	(6)	(7)	(8)
CommFre	-0. 300*** (-4. 039)				-0. 363*** (-4. 407)			
CommFre×*News*					0. 137* (1. 748)			
CommScope		-0. 313*** (-3. 993)				-0. 380*** (-4. 406)		
CommScope×*News*						0. 151* (1. 912)		
CommDepq			-0. 173*** (-3. 772)				-0. 213*** (-4. 217)	
CommDepq×*News*							0. 090* (1. 704)	
CommDepa				-0. 182*** (-4. 128)				-0. 229*** (-4. 711)

续表

变量	被解释变量：*PredictType*							
	国企	非国企	国企	非国企	国企	非国企	国企	非国企
	(1)	(2)	(3)	(4)	(5)	(6)	(7)	(8)
CommDepa × *News*								0.103* (1.943)
News	-0.269 (-1.627)	-0.269 (-1.632)	-0.268 (-1.619)	-0.267 (-1.614)	-0.761** (-2.121)	-0.784** (-2.255)	-0.924** (-2.026)	-1.037** (-2.235)
LnSize	0.172 (1.359)	0.165 (1.286)	0.186 (1.478)	0.188 (1.494)	0.125 (0.925)	0.112 (0.829)	0.130 (0.969)	0.125 (0.931)
ROA	2.084 (0.997)	2.067 (0.989)	1.998 (0.958)	1.952 (0.938)	2.127 (1.005)	2.116 (0.998)	2.078 (0.985)	2.053 (0.976)
TobinQ	0.104** (2.497)	0.103** (2.469)	0.103** (2.459)	0.104** (2.497)	0.101** (2.388)	0.100** (2.366)	0.098** (2.335)	0.099** (2.367)
Lev	1.722*** (3.098)	1.742*** (3.135)	1.741*** (3.150)	1.750*** (3.151)	1.755*** (3.178)	1.782*** (3.225)	1.779*** (3.239)	1.799*** (3.263)
Inst	0.787** (2.010)	0.792** (2.025)	0.887** (2.260)	0.901** (2.290)	0.737* (1.895)	0.739* (1.900)	0.825** (2.108)	0.826** (2.106)
Top	-1.719** (-2.523)	-1.715** (-2.511)	-1.786*** (-2.599)	-1.750** (-2.547)	-1.470** (-2.194)	-1.444** (-2.140)	-1.505** (-2.241)	-1.440** (-2.142)
Mandatory	1.039*** (5.225)	1.042*** (5.250)	1.047*** (5.269)	1.043*** (5.249)	1.046*** (5.277)	1.049*** (5.307)	1.053*** (5.319)	1.051*** (5.311)
Loss	0.055 (0.163)	0.048 (0.141)	-0.014 (-0.042)	-0.010 (-0.029)	0.113 (0.329)	0.115 (0.330)	0.063 (0.182)	0.079 (0.227)
Horizon	-0.007*** (-3.200)	-0.007*** (-3.215)	-0.007*** (-3.168)	-0.007*** (-3.161)	-0.007*** (-3.219)	-0.007*** (-3.232)	-0.007*** (-3.183)	-0.007*** (-3.172)
IMR	-1.221 (-1.588)	-1.213 (-1.547)	-1.479* (-1.864)	-1.462* (-1.853)	-0.910 (-1.154)	-0.875 (-1.090)	-1.109 (-1.369)	-1.044 (-1.291)
截距项 1	-3.008 (-1.496)	-3.125 (-1.546)	-3.066 (-1.535)	-3.098 (-1.557)	-3.951* (-1.905)	-4.144** (-1.990)	-4.188** (-2.024)	-4.392** (-2.135)
截距项 2	-2.766 (-1.378)	-2.882 (-1.429)	-2.824 (-1.416)	-2.856 (-1.438)	-3.709* (-1.791)	-3.902* (-1.877)	-3.946* (-1.910)	-4.150** (-2.020)
截距项 3	7.681*** (3.848)	7.563*** (3.771)	7.599*** (3.836)	7.574*** (3.839)	6.728*** (3.251)	6.532*** (3.146)	6.471*** (3.135)	6.274*** (3.058)

续表

变量	被解释变量：*PredictType*							
	国企	非国企	国企	非国企	国企	非国企	国企	非国企
	（1）	（2）	（3）	（4）	（5）	（6）	（7）	（8）
年份固定效应	控制	控制	控制	控制	控制	控制	控制	控制
行业固定效应	控制	控制	控制	控制	控制	控制	控制	控制
地区固定效应	控制	控制	控制	控制	控制	控制	控制	控制
Wald 统计量	535.650***	532.486***	529.377***	525.166***	551.520***	552.791***	541.937***	545.995***
Pse. R^2	0.199	0.199	0.198	0.199	0.200	0.200	0.199	0.200
样本量	8638	8638	8638	8638	8638	8638	8638	8638

注：①被解释变量为盈余预告类型，值越大表示盈余预测精确度越高；②括号内为经异方差调整后的 t 值；③***、**、*分别表示双尾检验在 1%、5%、10%下的统计显著水平。

第二节　网络新媒体互动对年报披露时滞的影响

公司年度报告是上市公司对外披露信息的重要载体，也是投资者获取上市公司信息的重要渠道。年度报告披露时间的相关规定给予上市公司很大的操作空间，上市公司可以在法定时间范围内自主选择信息披露时间。通过分析网络新媒体互动记录，可以发现在网络新媒体互动的过程中，投资者非常关注企业财务信息披露时间。那么网络新媒体互动是否影响年报披露时滞？这种影响在不同企业中是否存在异质性？

一、研究假设

企业年报作为最重要的财务信息，反映了上市公司过去一年的经营成果，也是资本市场了解公司的重要渠道。Chambers 和 Penman（1984）的研究发现年报信息披露是否及时，对于投资者权益保护和改善资本市场效率具有重要作用。国外的许多学者主要围绕审计对年报披露及时性的影响进行了研究，如 Whittred（1980）考察了非标审计意见对上市公司年报披露及时性的影响，发现澳大利亚上市公司收到非标审计意见的年度比收到标准无保留意见的年度年报披露时滞更长，他认为这是因为审计师出具非标审计意见需要更多时间，同时非标审计意见的发布也需要花费更多时间与客户进行沟通。Ashton 等（1989）、Soltani（2002）分别对加拿大和法国的证券市场进行了研究，结果均证实非标审计意见导致年报披露时滞更长。国内的学者也对该问题进行了研究，例如李维安等（2005）、蒋义宏和陈高才（2007）、蒋义宏和湛瑞锋（2008）、杜兴强和雷宇（2009）等也发现非标审计意见与年报披露时滞之间存在显著的正相关关系。

有关网络新媒体互动对年报披露时滞的影响则受到较少的关注。汪方军等（2008）认为公司绩效和年报披露及时性显著正相关，但财务风险和年报披露及时性显著负相关。信息不对称是导致委托代理问题的根源，中小投资者不具备搜集上市公司经营活动信息的能力，正是因为外部投资者无法观察到管理层的努力程度，才导致管理层有机会攫取控制权利益。网络新媒体可能从两个方面影响年报披露时滞：缓解委托代理问题和形成强大的舆论压力。首先，网络媒体报道有助于降低投资者和管理层之间的信息不对称，缓解委托代理问题提高经营绩效，提高年报信息披露及时性。Bushee 等（2010）认为网络媒体报道为其提供了一条免费获取上市公司经营活动信息的渠道，有助于降低投资者和管理层之间的信息不对称。其次，网络新媒体的用户特别关注年报披露及时性问题，并由此形成巨大的社会舆论压力，迫使管理层及时披露年报信息。在中国媒体负面报道是一种可置信威胁，网络新媒体对上市公司年报披露的讨论越多，管理层面临的社会舆论压力也就越大。因此，本书提出假设 H1：

假设 H1：在其他条件不变的情况下，网络新媒体互动降低了管理层年报披露时滞。

二、数据来源与研究设计

（一）数据来源与样本选择

有关投资者与上市公司网络新媒体互动的数据来源于深圳证券交易所“互动易”平台（以下简称“互动易”平台，网址为 http：//irm. cninfo. com. cn/szse/index. html）的“问答”板块。我们使用 Java 编程软件抓取了“互动易”平台从 2010 年 1 月 1 日至 2017 年 12 月 31 日的问答记录，共 2332440 条，包含 2076 家深圳市 A 股上市公司。考虑到“互动易”平台的主要服务对象是在深圳证券交易所上市的公司及其投资者，同时“互动易”平台的最早上线时间为 2010 年 1 月，因此本书将研究样本限定为 2010~2017 年的深圳上市公司。产权性质数据来源于 CCER 数据库，机构投资者数据来源于 Wind 数据库，其他数据来源于 CSMAR 数据库。同时，借鉴已有研究的做法，按照如下标准对初始样本进行预处理：①剔除金融保险行业样本；②剔除资不抵债的样本；③剔除相关财务数据缺失的样本。最终得到 2050 个企业共 12106 个年度—企业样本。此外，为了排除异常值对回归结果的影响，所有连续变量均在 1%和 99%分位数上进行 Winsor 缩尾处理。

（二）变量选择与定义

1. 被解释变量——年报披露时滞

国外文献常常使用以下三种计算方法衡量年报披露的及时性：①年报预告日距离上一会计年度截止日期的天数，称为预告延迟；②审计师签署审计日距离上一会计年度截止日期的天数，称为审计延迟；③年度报告公布日距离上一会计年度截止日期的天数，称为总延迟。考虑到我国至今尚未有强制性的业绩预告制度，并非所有的上市公司都会披露业绩预告，因此预告延迟并不是一个理想指标；同时，本书主要关注网络新媒体互动对年报披露及时性的影响，因此也不使用审计延迟指标。所以本书使用总延迟（*Delay*）作为年报披露时滞的代理变量，年报披露总延迟越小说明年报披露越及时，越大则说明年报披露越不及时。

2. 解释变量——网络新媒体互动

“互动易”平台的问答数据包括提问者的个人信息、上市公司信息、提问信息和回答信息，其中提问信息包括提问时间和提问内容，回答信息包括回答时间和回答内容。将收集到的问答记录进行归类整理，可以得到上市公司 i 在第 t 年与投资者的有效互动情况。

本书将投资者与上市公司的网络新媒体互动分为互动频度、互动广度和互动深度三个方面。具体定义如下：①互动频度（*CommFre*），年度投资者与上市公司在“互动易”平台的有效问答数加 1 取自然对数；②互动广度（*CommScope*），年度参与上市公司“互动易”平台的有效问答提问人数加 1 取自然对数；③互动深度（*CommDep*），本书认为“互动易”平台的问答中，投资者向上市公司所提问题的长度以及上市公司回答的长度可以反映出投资者对某个事项的深入了解程度，提问深度（*CommDepq*）为投资者在“互动易”平台所提问题的总字数加 1 取自然对数，回答深度（*CommDepa*）为上市公司在“互动易”平台针对投资者问题做出回答的总字数加 1 取自然对数。

3. 控制变量

借鉴杜兴强和雷宇（2009）的做法，本书还加入了如下控制变量：①企业规模（*LnSize*），用企业总资产的自然对数表示；②上市年限（*LnAge*），用已上市年限的自然对数表示；③盈利能力（*ROA*），用净利润与总资产额比值表示；④成长性（*TobinQ*），用企业市场价值与账面价值的比值表示；⑤资产负债率（*Lev*），用企业总负债与总资产的比值表示；⑥是否亏损（*Loss*），如果企业当期出现亏损则取值为 1，否则取值为 0；⑦审计机构是否为全国十大会计师事务所（*Big*10），如果审计机构为全国“十大”会计师事务所①，则取值为 1，否则取值

① 对于“十大”审计的界定，参照中注协每年对于会计师事务所的排名，即历年《会计师事务所综合评价前百家信息》。

为0；⑧机构投资者持股比例（*Inst*），用机构投资者持股数与总股本的比值表示；⑨管理层持股比例（*Manager*），用管理层持股数与总股本的比值表示；⑩前十大股东持股比例（*Top*），用前十大股东持股数与总股本的比值表示。同时，本书还加入年份哑变量、行业哑变量、地区哑变量以控制年份固定效应、行业固定效应和地区固定效应，各变量的具体定义如表5-12所示。

表5-12　变量定义与说明

变量类型	变量符号	变量名称	变量定义
被解释变量	*Delay*	年报披露时滞	年报披露日-会计年度截止日
解释变量	*CommFre*	网络新媒体互动频度	“互动易”平台有效问答数加1取自然对数
	CommScope	网络新媒体互动广度	“互动易”平台有效问答的提问人数加1取自然对数
	CommDepq	网络新媒体互动提问深度	“互动易”平台所提问题的总字数加1取自然对数
	CommDepa	网络新媒体互动回答深度	“互动易”平台针对问题做出回答的总字数加1取自然对数
控制变量	*LnSize*	企业规模	总资产的自然对数
	LnAge	上市年限	已上市年限的自然对数
	ROA	盈利能力	净利润与总资产额比值
	TobinQ	成长性	企业市场价值与账面价值的比值
	Lev	资产负债率	总负债与总资产的比值
	Loss	是否亏损	若当期净利润小于0取值为1，否则取值为0
	*Big*10	是否为“十大”审计	若审计机构为全国十大会计师事务所则取值为1，否则取值为0
	Inst	机构投资者持股比例	机构投资者持股数与总股本的比值
	Manager	管理层持股比例	管理层持股数与总股本的比值
	Top	前十大股东持股比例	前十大股东持股数与总股本的比值

（三）计量模型构建

为了检验前文提出的研究假设，本书借鉴杜兴强和雷宇（2009）的方法，采用OLS计量回归模型，考察网络新媒体互动对管理层年报披露时滞的影响。具体计量模型如下：

$$Delay_{it} = \beta_0 + \beta_1 Comm_{it} + \beta_2 Controls_{it} + \sum \delta_t Year_t + \sum \gamma_i Ind_i + \sum \varphi_i Region_i + \varepsilon_{it} \quad (5-4)$$

其中，被解释变量 $Delay_{it}$ 是上市公司 i 在第 t 年的年报披露时滞；解释变量 $Comm_{it}$ 是上市公司 i 在第 t 年在深交所“互动易”平台与投资者的互动情况，包括网络新媒体互动频度、互动广度和互动深度三个方面；$Controls_{it}$ 是一系列的控制变量；*Year* 用以控制年度固定效应，*Ind* 用以控制行业固定效应，*Region* 用以控制地区固定效应；β 为各变量的回归系数，ε 为随机干扰项。根据这一模型，如果 $\beta_1<0$，则表明网络新媒体互动降低了管理层年报披露时滞，反之则提高了管理层年报披露时滞。

三、实证结果分析

（一）描述性统计分析

主要变量的描述性统计分析如表 5-13 所示。由表 5-13 可知，年报披露时滞（*Delay*）的均值为 95.125，中位数为 99.000，表明企业最偏爱的年报披露时间为年后 4 月前后。网络新媒体互动频度（*CommFre*）的均值为 4.081，标准差为 1.543；网络新媒体互动广度（*CommScope*）的均值为 3.872，标准差为 1.523；网络新媒体互动提问深度（*CommDepq*）的均值为 7.933，标准差为 2.144；网络新媒体互动回答深度（*CommDepa*）的均值为 8.159，标准差为 2.104。这表明网络新媒体互动情况在不同企业之间差异较大。

表 5-13　主要变量的描述性统计

变量	样本量	均值	标准差	最小值	p25	中位数	p75	最大值
Delay	12106	95.125	19.470	34.000	84.000	99.000	113.000	120.000
CommFre	12106	4.081	1.543	0.000	3.332	4.394	5.153	6.813
CommScope	12106	3.872	1.523	0.000	2.996	4.167	4.963	6.621
CommDepq	12106	7.933	2.144	0.000	7.280	8.410	9.240	11.065
CommDepa	12106	8.159	2.104	0.000	7.577	8.619	9.413	11.115
LnSize	12106	21.713	1.099	19.635	20.900	21.580	22.344	25.102
LnAge	12106	1.768	0.921	0.000	1.099	1.792	2.639	3.178
ROA	12106	0.045	0.049	-0.142	0.018	0.043	0.070	0.193
TobinQ	12106	3.099	2.195	0.966	1.656	2.399	3.758	13.253
Lev	12106	0.379	0.210	0.036	0.205	0.356	0.534	0.862
Loss	12106	0.074	0.261	0.000	0.000	0.000	0.000	1.000
Big10	12106	0.582	0.493	0.000	0.000	1.000	1.000	1.000
Inst	12106	0.333	0.232	0.000	0.122	0.315	0.514	0.843
Manager	12106	0.186	0.222	0.000	0.000	0.058	0.371	0.705

续表

变量	样本量	均值	标准差	最小值	p25	中位数	p75	最大值
Top	12106	0.596	0.148	0.230	0.492	0.614	0.716	0.875

注：①所有连续变量均在1%的水平进行Winsor缩尾处理；②p25和p75分别表示第1个四分位点和第3个四分位点。

在控制变量中，盈利能力（*ROA*）的均值为0.045，标准差为0.049，表明大多数企业的盈利能力不强；成长性（*TobinQ*）的均值为3.099，标准差为2.195，表明大多数企业的成长性较好；资产负债率（*Lev*）的均值为0.379，标准差为0.210，表明大多数企业的资产负债率不高；是否亏损（*Loss*）的均值为0.074，表明大多数企业未发生亏损；是否为“十大”审计（*Big*10）的均值为0.582，表明超过一半企业的审计机构为全国“十大”；机构投资者持股比例（*Inst*）的均值为0.333，中位数为0.315，表明机构持股比例相对较大，有足够的能力对企业进行监督；管理层持股比例（*Manager*）的均值为0.186，标准差为0.222，表明管理层持股比例在不同企业之间差异较大；前十大股东持股比例（*Top*）的均值为0.596，中位数为0.614，表明前十大股东可以形成绝对控股。

（二）基准回归结果分析

网络新媒体互动与管理层年报披露时滞的全样本OLS计量回归结果如表5-14所示，其中第1列的解释变量为网络新媒体互动频度（*CommFre*），第2列的解释变量为网络新媒体互动广度（*CommScope*），第3列和第4列的解释变量为网络新媒体互动深度，分别用提问深度（*CommDepq*）和回答深度（*CommDepa*）两个指标表示。从表5-14可以发现：网络新媒体互动频度（*CommFre*）的回归系数为-0.769，互动广度（*CommScope*）的回归系数为-0.815，提问深度（*CommDepq*）的回归系数为-0.532，回答深度（*CommDepa*）的回归系数为-0.490，且均在1%水平下显著。无论是网络新媒体互动频度还是网络新媒体互动广度，甚至是网络新媒体互动深度，都表明网络新媒体互动降低了管理层年报披露时滞，即网络新媒体互动能够传递资本市场的信息需求，以及降低信息不对称。这一结果支持了本书的假设H1。

表5-14 网络新媒体互动与年报披露时滞的回归结果

变量	被解释变量：*Delay*			
	(1)	(2)	(3)	(4)
CommFre	-0.769*** (-4.704)			

续表

变量	被解释变量：*Delay*			
	(1)	(2)	(3)	(4)
CommScope		-0.815*** (-4.628)		
CommDepq			-0.532*** (-4.752)	
CommDepa				-0.490*** (-4.356)
LnSize	1.206*** (4.779)	1.196*** (4.745)	1.185*** (4.728)	1.159*** (4.630)
LnAge	-0.725** (-2.401)	-0.715** (-2.371)	-0.699** (-2.317)	-0.685** (-2.272)
ROA	-45.303*** (-8.449)	-45.352*** (-8.459)	-45.425*** (-8.477)	-45.722*** (-8.532)
TobinQ	-0.184 (-1.495)	-0.186 (-1.515)	-0.185 (-1.503)	-0.185 (-1.505)
Lev	-1.068 (-0.877)	-1.053 (-0.864)	-1.048 (-0.862)	-0.952 (-0.784)
Loss	2.851*** (3.511)	2.840*** (3.496)	2.830*** (3.487)	2.791*** (3.440)
*Big*10	-0.579 (-1.577)	-0.581 (-1.582)	-0.574 (-1.563)	-0.571 (-1.555)
Inst	-3.932*** (-3.950)	-3.943*** (-3.963)	-3.910*** (-3.926)	-3.914*** (-3.928)
Manager	-0.771 (-0.744)	-0.774 (-0.747)	-0.796 (-0.769)	-0.835 (-0.806)
Top	0.694 (0.458)	0.697 (0.460)	0.896 (0.595)	1.094 (0.728)
截距项	77.237*** (14.459)	77.368*** (14.486)	78.540*** (14.823)	78.998*** (14.927)
年份固定效应	控制	控制	控制	控制
行业固定效应	控制	控制	控制	控制
地区固定效应	控制	控制	控制	控制

续表

变量	被解释变量：*Delay*			
	(1)	(2)	(3)	(4)
F 统计量	18.006***	17.971***	17.963***	17.911***
Adj. R^2	0.079	0.079	0.079	0.079
样本量	12106	12106	12106	12106

注：①被解释变量为年报披露时滞，值越大表示年报披露越滞后；②括号内为经异方差调整后的 t 值；③***、**、*分别表示双尾检验在1%、5%、10%下的统计显著水平。

关于控制变量对管理层年报披露时滞的影响，可以发现：企业规模（*LnSize*）和是否亏损（*Loss*）的回归系数显著为正；盈利能力（*ROA*）、上市年限（*LnAge*）和机构投资者持股比例（*Inst*）的回归系数显著为负；其他控制变量与被解释变量并未见显著关系。这说明企业规模越大和亏损越大均使管理层年报披露越不及时，而盈利能力越强、上市年限越长和机构投资者持股比例越高均使管理层年报披露越及时，这与雷宇（2014）的结论相一致。

（三）异质性检验

1. 按照产权性质分组检验

本书从 CCER 数据库提取了有关上市公司实际控制人信息，根据实际控制人的类型将其分为国有企业和非国有企业，区分国有企业与非国有企业样本的回归结果如表 5-15 所示。

表 5-15　网络新媒体互动与年报披露时滞的回归结果：按照产权性质分组检验

变量	被解释变量：*Delay*							
	国企	非国企	国企	非国企	国企	非国企	国企	非国企
	(1)	(2)	(3)	(4)	(5)	(6)	(7)	(8)
CommFre	-0.327 (-1.073)	-0.999*** (-5.021)						
CommScope			-0.461 (-1.395)	-1.019*** (-4.752)				
CommDepq					-0.308 (-1.525)	-0.656*** (-4.746)		
CommDepa							-0.362* (-1.802)	-0.571*** (-4.115)

续表

变量	被解释变量：*Delay*							
	国企	非国企	国企	非国企	国企	非国企	国企	非国企
	(1)	(2)	(3)	(4)	(5)	(6)	(7)	(8)
LnSize	2.167*** (5.102)	0.966*** (2.874)	2.195*** (5.176)	0.940*** (2.796)	2.198*** (5.221)	0.906*** (2.714)	2.225*** (5.264)	0.847** (2.546)
LnAge	0.486 (0.713)	-0.313 (-0.821)	0.456 (0.670)	-0.298 (-0.782)	0.463 (0.683)	-0.271 (-0.710)	0.459 (0.679)	-0.255 (-0.668)
ROA	-63.167*** (-6.222)	-40.927*** (-6.423)	-63.026*** (-6.210)	-40.983*** (-6.432)	-62.936*** (-6.203)	-41.240*** (-6.473)	-63.159*** (-6.230)	-41.519*** (-6.515)
TobinQ	0.124 (0.453)	-0.336** (-2.336)	0.129 (0.472)	-0.340** (-2.368)	0.127 (0.462)	-0.339** (-2.358)	0.139 (0.506)	-0.346** (-2.405)
Lev	-1.114 (-0.486)	-1.462 (-0.976)	-1.176 (-0.514)	-1.412 (-0.943)	-1.224 (-0.535)	-1.372 (-0.919)	-1.300 (-0.569)	-1.187 (-0.796)
Loss	0.645 (0.500)	3.590*** (3.498)	0.656 (0.508)	3.571*** (3.478)	0.661 (0.513)	3.529*** (3.439)	0.639 (0.496)	3.484*** (3.395)
*Big*10	-1.525** (-2.175)	-0.327 (-0.739)	-1.515** (-2.160)	-0.323 (-0.731)	-1.509** (-2.152)	-0.322 (-0.729)	-1.485** (-2.117)	-0.320 (-0.724)
Inst	-2.131 (-1.065)	-3.091*** (-2.629)	-2.142 (-1.071)	-3.133*** (-2.665)	-2.133 (-1.066)	-3.072*** (-2.610)	-2.115 (-1.057)	-3.092*** (-2.625)
Manager	36.110*** (5.986)	-2.776** (-2.411)	36.058*** (5.981)	-2.809** (-2.439)	36.022*** (5.967)	-2.796** (-2.427)	36.045*** (5.965)	-2.869** (-2.492)
Top	4.747* (1.685)	-0.508 (-0.276)	4.590 (1.631)	-0.443 (-0.241)	4.699* (1.680)	-0.191 (-0.104)	4.652* (1.663)	0.133 (0.073)
截距项	51.267*** (5.436)	82.759*** (11.557)	50.867*** (5.391)	83.128*** (11.607)	51.422*** (5.492)	85.030*** (11.996)	51.145*** (5.454)	86.012*** (12.161)
年份固定效应	控制	控制	控制	控制	控制	控制	控制	控制
行业固定效应	控制	控制	控制	控制	控制	控制	控制	控制
地区固定效应	控制	控制	控制	控制	控制	控制	控制	控制
F统计量	8.409***	14.576***	8.419***	14.501***	8.441***	14.457***	8.491***	14.337***
Adj. R^2	0.116	0.080	0.116	0.080	0.116	0.080	0.116	0.079
样本量	3056	8830	3056	8830	3056	8830	3056	8830

注：①被解释变量为年报披露时滞，值越大表示年报披露越滞后；②括号内为经异方差调整后的t值；③***、**、*分别表示双尾检验在1%、5%、10%下的统计显著水平。

从表 5-15 中可以发现：在国有企业样本中，仅网络新媒体互动回答深度（*CommDepa*）的回归系数在 10%水平下显著为负；但在非国有企业样本中，不论是网络新媒体互动频度（*CommFre*）、互动广度（*CommScope*），还是提问深度（*CommDepq*）、回答深度（*CommDepa*）的回归系数均在 1%水平下显著为负；而且非国有企业网络新媒体互动的回归系数大于国有企业网络新媒体互动的回归系数。这就表明网络新媒体互动对年报披露时滞的影响在非国有企业中更显著。这也符合直觉，对于国有企业而言，由于高管存在薪酬管制的现象，而且深受官本位思想的影响，因此网络新媒体互动产生的压力不足以改善公司治理；但对于非国有企业而言，高管的薪酬与股价联系密切，更加在乎投资者对企业业绩披露时滞的反应，因此网络新媒体互动产生的压力将降低年报披露的时滞。

在其他控制变量中，是否为“十大”（*Big*10）和前十大股东持股比例（*Top*）对国有企业年报披露及时性的影响显著，但对非国有企业影响不显著；成长性（*TobinQ*）、是否亏损（*Loss*）和机构投资者持股比例（*Inst*）对非国有企业年报披露及时性的影响显著，但对国有企业影响不显著。这些结果也进一步说明不同产权性质间年报披露及时性的影响因素存在较大差异。

2. 按照盈亏性质检验

本书根据企业在当期是否出现亏损，将样本划分为亏损企业和盈利企业，区分亏损企业和盈利企业样本的回归结果如表 5-16 所示。

从表 5-16 中可以发现：在亏损企业中，网络新媒体互动频度、互动广度以及互动深度均对年报披露时滞影响不显著；但在盈利企业中，网络新媒体互动频度（*CommFre*）的回归系数为-0.793，互动广度（*CommScope*）的回归系数为-0.858，提问深度（*CommDepq*）的回归系数为-0.543，回答深度（*CommDepa*）的回归系数为-0.507，且均在 1%水平下显著。这就表明网络新媒体互动对年报披露时滞的影响在盈利企业中更显著。这一结果符合企业经济利益。对于亏损企业而言，亏损这一信息将对企业股价产生冲击，可能对管理层的奖金水平甚至任免情况产生直接影响，因此管理层可能会通过盈余管理等手段调增盈利水平，抑或尽可能窖藏亏损信息，避免严重亏损带来的负面效应，所以网络新媒体互动这一手段无法对管理层行为产生影响；但对于盈利企业而言，管理层渴望尽快在资本市场与投资者分享这一利好消息，年报披露及时将对股价产生更加积极的影响，而网络新媒体互动传递了资本市场的信息需求，将对管理层的年报披露时滞行为产生影响。这也可以从控制变量盈利能力（*ROA*）的回归系数上体现，在盈利企业中，能力（*ROA*）的回归系数为-47.897；但在亏损企业中，盈利能力（*ROA*）的回归系数为-31.888。也就是说盈利能力提高了企业年报披露及时性，而且对年报披露及时性的影响在盈利样本中的影响更大。

表 5-16 网络新媒体互动与年报披露时滞的回归结果：按照盈亏性质检验

变量	被解释变量：*Delay*							
	亏损企业	盈利企业	亏损企业	盈利企业	亏损企业	盈利企业	亏损企业	盈利企业
	(1)	(2)	(3)	(4)	(5)	(6)	(7)	(8)
CommFre	-0.743 (-1.305)	-0.793*** (-4.641)						
CommScope			-0.610 (-1.007)	-0.858*** (-4.648)				
CommDepq					-0.493 (-1.271)	-0.543*** (-4.632)		
CommDepa							-0.355 (-0.920)	-0.507*** (-4.314)
LnSize	0.938 (1.048)	1.228*** (4.652)	0.893 (0.999)	1.224*** (4.640)	0.894 (1.003)	1.205*** (4.592)	0.872 (0.977)	1.181*** (4.507)
LnAge	-1.576 (-1.096)	-0.681** (-2.186)	-1.535 (-1.066)	-0.673** (-2.162)	-1.496 (-1.044)	-0.652** (-2.097)	-1.485 (-1.034)	-0.639** (-2.052)
ROA	-31.888** (-2.247)	-47.897*** (-7.951)	-31.660** (-2.230)	-47.933*** (-7.958)	-31.334** (-2.209)	-48.191*** (-8.006)	-31.178** (-2.197)	-48.565*** (-8.068)
TobinQ	-0.363 (-1.050)	-0.122 (-0.903)	-0.363 (-1.049)	-0.124 (-0.918)	-0.370 (-1.069)	-0.121 (-0.895)	-0.364 (-1.050)	-0.120 (-0.888)
Lev	0.326 (0.096)	-1.361 (-1.047)	0.493 (0.145)	-1.361 (-1.047)	0.395 (0.116)	-1.338 (-1.032)	0.600 (0.177)	-1.258 (-0.970)
*Big*10	0.526 (0.405)	-0.716* (-1.861)	0.542 (0.417)	-0.718* (-1.867)	0.574 (0.443)	-0.713* (-1.855)	0.571 (0.440)	-0.710* (-1.844)
Inst	-0.401 (-0.097)	-4.077*** (-3.949)	-0.358 (-0.086)	-4.087*** (-3.961)	-0.330 (-0.079)	-4.055*** (-3.926)	-0.283 (-0.068)	-4.057*** (-3.926)
Manager	5.666 (1.029)	-0.985 (-0.928)	5.676 (1.030)	-0.981 (-0.924)	5.700 (1.035)	-1.012 (-0.954)	5.646 (1.024)	-1.045 (-0.986)
Top	0.776 (0.132)	0.290 (0.183)	1.035 (0.176)	0.267 (0.168)	0.979 (0.167)	0.514 (0.325)	1.237 (0.211)	0.714 (0.452)
截距项	89.738*** (4.692)	76.748*** (13.695)	90.020*** (4.705)	76.798*** (13.706)	91.286*** (4.773)	78.107*** (14.049)	91.021*** (4.758)	78.571*** (14.153)
年份固定效应	控制	控制	控制	控制	控制	控制	控制	控制
行业固定效应	控制	控制	控制	控制	控制	控制	控制	控制

续表

变量	被解释变量：*Delay*							
	亏损企业	盈利企业	亏损企业	盈利企业	亏损企业	盈利企业	亏损企业	盈利企业
	(1)	(2)	(3)	(4)	(5)	(6)	(7)	(8)
地区固定效应	控制	控制	控制	控制	控制	控制	控制	控制
F 统计量	2.308***	14.139***	2.296***	14.141***	2.307***	14.070***	2.293***	14.030***
Adj. R^2	0.089	0.069	0.089	0.069	0.089	0.069	0.089	0.068
样本量	893	11213	893	11213	893	11213	893	11213

注：①被解释变量为年报披露时滞，值越大表示年报披露越滞后；②括号内为经异方差调整后的 t 值；③***、**、*分别表示双尾检验在 1%、5%、10%下的统计显著水平。

从其他控制变量来看，企业规模（*LnSize*）、上市年限（*LnAge*）、是否为“十大”（*Big*10）和机构投资者持股比例（*Inst*）对盈利企业年报披露及时性的影响显著，作为外部治理机制的两个代理变量是否为“十大”和机构投资者持股比例均显著提高了盈利企业年报披露及时性，这表明公司治理机制的完善有助于提高年报披露及时性。

3. 按照外部监督强弱分组检验

本书以机构持股比例高低作为外部监督的代理变量，将全样本划分为外部监督强和外部监督弱的子样本（按年度—行业中位数为界限，若机构持股比例高于年度—行业中位数则为外部监督强样本，否则为外部监督弱样本），区分外部监督强和外部监督弱样本的回归结果如表 5-17 所示。

表 5-17　网络新媒体互动与年报披露时滞的回归结果：按照外部监督强弱分组检验

变量	被解释变量：*Delay*							
	外部监督强	外部监督弱	外部监督强	外部监督弱	外部监督强	外部监督弱	外部监督强	外部监督弱
	(1)	(2)	(3)	(4)	(5)	(6)	(7)	(8)
CommFre	-0.408* (-1.676)	-0.999*** (-4.403)						
CommScope			-0.417 (-1.574)	-1.053*** (-4.316)				
CommDepq					-0.387** (-2.295)	-0.609*** (-3.979)		
CommDepa							-0.332* (-1.960)	-0.584*** (-3.815)

续表

变量	被解释变量：Delay							
	外部监督强	外部监督弱	外部监督强	外部监督弱	外部监督强	外部监督弱	外部监督强	外部监督弱
	(1)	(2)	(3)	(4)	(5)	(6)	(7)	(8)
LnSize	1.276*** (3.864)	0.871** (2.118)	1.264*** (3.837)	0.862** (2.094)	1.315*** (4.007)	0.792* (1.941)	1.286*** (3.926)	0.773* (1.894)
LnAge	−0.123 (−0.258)	−0.896** (−2.185)	−0.115 (−0.240)	−0.884** (−2.155)	−0.152 (−0.320)	−0.869** (−2.117)	−0.115 (−0.243)	−0.870** (−2.119)
ROA	−37.793*** (−5.206)	−56.634*** (−6.974)	−37.841*** (−5.211)	−56.708*** (−6.985)	−37.441*** (−5.158)	−57.074*** (−7.034)	−37.855*** (−5.222)	−57.258*** (−7.057)
TobinQ	−0.062 (−0.359)	−0.345* (−1.908)	−0.064 (−0.367)	−0.348* (−1.925)	−0.060 (−0.346)	−0.352* (−1.950)	−0.058 (−0.334)	−0.357** (−1.972)
Lev	1.492 (0.860)	−3.196* (−1.828)	1.519 (0.876)	−3.183* (−1.820)	1.401 (0.809)	−3.079* (−1.764)	1.488 (0.860)	−3.013* (−1.728)
Loss	3.780*** (3.496)	1.445 (1.173)	3.773*** (3.487)	1.428 (1.159)	3.820*** (3.534)	1.361 (1.105)	3.777*** (3.497)	1.330 (1.080)
*Big*10	−1.356*** (−2.621)	0.255 (0.481)	−1.355*** (−2.620)	0.250 (0.472)	−1.351*** (−2.613)	0.263 (0.496)	−1.345*** (−2.601)	0.255 (0.481)
Inst	−4.045* (−1.823)	−5.503** (−2.064)	−4.042* (−1.821)	−5.570** (−2.090)	−4.044* (−1.824)	−5.623** (−2.110)	−4.028* (−1.816)	−5.657** (−2.122)
Manager	1.474 (0.757)	−1.653 (−1.297)	1.459 (0.750)	−1.646 (−1.290)	1.486 (0.764)	−1.760 (−1.381)	1.473 (0.757)	−1.804 (−1.417)
Top	4.197* (1.653)	−1.722 (−0.830)	4.224* (1.664)	−1.732 (−0.835)	4.139 (1.636)	−1.428 (−0.691)	4.353* (1.726)	−1.289 (−0.623)
截距项	71.644*** (10.401)	87.415*** (9.911)	71.798*** (10.431)	87.550*** (9.918)	71.849*** (10.501)	89.942*** (10.304)	72.219*** (10.559)	90.415*** (10.371)
年份固定效应	控制	控制	控制	控制	控制	控制	控制	控制
行业固定效应	控制	控制	控制	控制	控制	控制	控制	控制
地区固定效应	控制	控制	控制	控制	控制	控制	控制	控制
F 统计量	10.361***	9.794***	10.353***	9.758***	10.401***	9.701***	10.379***	9.692***
Adj. R^2	0.087	0.076	0.087	0.076	0.087	0.075	0.087	0.075
样本量	6056	6050	6056	6050	6056	6050	6056	6050

注：①被解释变量为年报披露时滞，值越大表示年报披露越滞后；②括号内为经异方差调整后的 t 值；③***、**、*分别表示双尾检验在1%、5%、10%下的统计显著水平。

从表5-17中可以发现：对于外部监督强的样本，网络新媒体互动频度（*CommFre*）的回归系数为-0.408，在10%水平下显著，互动广度（*CommScope*）的回归系数不显著，提问深度（*CommDepq*）的回归系数为-0.387，在5%水平下显著，回答深度（*CommDepa*）的回归系数为-0.332，在10%水平下显著；对于外部监督弱的样本，网络新媒体互动频度（*CommFre*）的回归系数为-0.999，互动广度（*CommScope*）的回归系数为-1.053，提问深度（*CommDepq*）的回归系数为-0.609，回答深度（*CommDepa*）的回归系数为-0.584，均在1%水平下显著。这就表明网络新媒体互动对年报披露时滞的影响在外部监督弱的企业中更显著。这与经济学直觉一致，对于外部监督强的企业，网络新媒体互动作为另一种治理机制，只是“锦上添花”；但对于外部监督弱的企业，网络新媒体互动可以弥补外部监督的不足，起到“雪中送炭”的作用。

在其他控制变量中，是否亏损（*Loss*）、是否为“十大”（*Big*10）和前十大股东持股比例（*Top*）对外部监督强的企业年报披露及时性影响显著，但对外部监督弱的企业影响不显著；上市年限（*LnAge*）、成长性（*TobinQ*）和资产负债率（*Lev*）对外部监督弱的企业年报披露及时性影响显著，但对外部监督强的企业影响不显著。这些结果也进一步说明不同外部监督间年报披露及时性的影响因素存在较大差异。

4. 按照内部激励强弱分组检验

本书以管理层持股比例高低作为管理层内部激励的代理变量，将全样本划分为内部激励强和内部激励弱的子样本（按年度—行业中位数为界限，若管理层持股比例高于年度—行业中位数则为内部激励强样本，否则为内部激励弱样本），区分内部激励强和内部激励弱样本的回归结果如表5-18所示。

表5-18 网络新媒体互动与年报披露时滞的回归结果：按照内部激励强弱分组检验

变量	被解释变量：*Delay*							
	内部激励强	内部激励弱	内部激励强	内部激励弱	内部激励强	内部激励弱	内部激励强	内部激励弱
	(1)	(2)	(3)	(4)	(5)	(6)	(7)	(8)
CommFre	-0.861*** (-3.684)	-0.605*** (-2.595)						
CommScope			-0.932*** (-3.706)	-0.627** (-2.493)				
CommDepq					-0.654*** (-4.029)	-0.385** (-2.437)		

续表

变量	被解释变量：*Delay*							
	内部激励强	内部激励弱	内部激励强	内部激励弱	内部激励强	内部激励弱	内部激励强	内部激励弱
	(1)	(2)	(3)	(4)	(5)	(6)	(7)	(8)
CommDepa							-0.585*** (-3.576)	-0.365** (-2.320)
LnSize	1.052** (2.470)	1.301*** (3.976)	1.055** (2.478)	1.286*** (3.936)	1.040** (2.455)	1.274*** (3.923)	0.992** (2.346)	1.264*** (3.890)
LnAge	-0.456 (-0.979)	-0.626 (-1.412)	-0.450 (-0.965)	-0.614 (-1.388)	-0.440 (-0.943)	-0.586 (-1.328)	-0.442 (-0.948)	-0.570 (-1.292)
ROA	-55.888*** (-6.731)	-40.606*** (-5.641)	-55.981*** (-6.743)	-40.650*** (-5.648)	-56.202*** (-6.771)	-40.697*** (-5.659)	-56.247*** (-6.774)	-41.048*** (-5.712)
TobinQ	-0.147 (-0.798)	-0.138 (-0.813)	-0.149 (-0.808)	-0.141 (-0.829)	-0.144 (-0.780)	-0.142 (-0.835)	-0.152 (-0.821)	-0.140 (-0.822)
Lev	-1.357 (-0.710)	-0.464 (-0.287)	-1.376 (-0.720)	-0.436 (-0.270)	-1.382 (-0.726)	-0.423 (-0.262)	-1.222 (-0.643)	-0.380 (-0.236)
Loss	2.781** (2.057)	3.117*** (3.025)	2.785** (2.059)	3.102*** (3.009)	2.677** (1.980)	3.117*** (3.029)	2.670** (1.975)	3.079*** (2.993)
*Big*10	-0.881* (-1.681)	-0.240 (-0.460)	-0.881* (-1.681)	-0.242 (-0.463)	-0.877* (-1.673)	-0.238 (-0.457)	-0.883* (-1.685)	-0.230 (-0.440)
Inst	-2.989* (-1.934)	-4.421*** (-3.294)	-3.020* (-1.955)	-4.416*** (-3.290)	-2.926* (-1.892)	-4.425*** (-3.295)	-2.922* (-1.888)	-4.432*** (-3.300)
Manager	-3.765** (-2.096)	5.850 (0.907)	-3.763** (-2.094)	5.884 (0.913)	-3.753** (-2.090)	5.730 (0.889)	-3.818** (-2.127)	5.801 (0.900)
Top	3.152 (1.276)	0.381 (0.182)	3.132 (1.268)	0.403 (0.193)	3.234 (1.314)	0.623 (0.299)	3.472 (1.412)	0.774 (0.373)
截距项	79.389*** (8.867)	75.603*** (10.858)	79.242*** (8.844)	75.850*** (10.903)	81.002*** (9.115)	76.647*** (11.096)	81.881*** (9.234)	76.837*** (11.121)
年份固定效应	控制	控制	控制	控制	控制	控制	控制	控制
行业固定效应	控制	控制	控制	控制	控制	控制	控制	控制
地区固定效应	控制	控制	控制	控制	控制	控制	控制	控制
F 统计量	10.569***	9.503***	10.570***	9.486***	10.539***	9.496***	10.483***	9.500***
Adj. R^2	0.082	0.077	0.082	0.077	0.083	0.077	0.082	0.077
样本量	6010	6096	6010	6096	6010	6096	6010	6096

注：①被解释变量为年报披露时滞，值越大表示年报披露越滞后；②括号内为经异方差调整后的 t 值；③***、**、*分别表示双尾检验在 1%、5%、10%下的统计显著水平。

从表5-18中可以发现：在内部激励强的样本中，网络新媒体互动频度（*CommFre*）的回归系数为-0.861，互动广度（*CommScope*）的回归系数为-0.932，提问深度（*CommDepq*）的回归系数为-0.654，回答深度（*CommDepa*）的回归系数为-0.585，均在1%水平下显著；但在内部激励弱的样本中，网络新媒体互动频度（*CommFre*）的回归系数为-0.605，在1%水平下显著，互动广度（*CommScope*）的回归系数为-0.627，提问深度（*CommDepq*）的回归系数为-0.385，回答深度（*CommDepa*）的回归系数为-0.365，均在5%水平下显著。这就表明网络新媒体互动对年报披露时滞的影响在内部激励强的企业中更显著，这是因为在内部激励强的企业中，高管报酬与股价联系更加密切，更加关注投资者对年报披露时滞的影响，如果管理层对年报信息进行“捂盘”将产生一系列后果，降低管理层报酬，因此网络新媒体互动对年报披露及时性的影响体现在内部激励强的企业中。

从其他控制变量来看，是否为“十大”（*Big*10）和管理层持股比例（*Manager*）对内部激励强的企业年报披露及时性影响显著，但对内部激励弱的企业影响不显著。这就是说管理层持股比例需要达到一定的比例才可以对年报披露及时性产生影响，而且管理层持股比例提高了年报披露及时性，从侧面验证了年报披露及时性与管理层报酬息息相关的结论。

四、稳健性检验

考虑到产业政策、行业景气度等因素可能对投资者与上市公司的网络新媒体互动产生影响，本书使用年度—行业内投资者与上市公司网络新媒体互动的均值（*MComm*）作为工具变量，运用2SLS两阶段工具变量法进行内生性控制。具体做法是：在第一阶段回归中加入*meanComm*以及全部控制变量，得到投资者与上市公司网络新媒体互动的拟合值（*CommFit*），再进行第二阶段回归。

第一阶段的回归结果如表5-19所示，从中可以发现，网络新媒体互动频度（*MCommFre*）的回归系数为0.951，互动广度（*MCommScope*）的回归系数为0.959，提问深度（*MCommDepq*）的回归系数为0.955，回答深度（*MCommDepa*）的回归系数为0.954，且均在1%水平下显著。这表明以投资者与上市公司网络新媒体互动的年度—行业均值作为工具变量具有一定的合理性。

表5-19 网络新媒体互动与年报披露时滞的回归结果：2SLS第一阶段

变量	*CommFre*	*CommScope*	*CommDepq*	*CommDepa*
	(1)	(2)	(3)	(4)
MCommFre	0.951*** (15.299)			

续表

变量	CommFre	CommScope	CommDepq	CommDepa
	(1)	(2)	(3)	(4)
MCommScope		0.959*** (15.409)		
MCommDepq			0.955*** (15.539)	
MCommDepa				0.954*** (15.237)
LnSize	0.347*** (25.864)	0.315*** (25.333)	0.462*** (23.519)	0.449*** (22.825)
LnAge	-0.173*** (-10.695)	-0.152*** (-10.122)	-0.197*** (-8.305)	-0.186*** (-7.840)
ROA	1.547*** (5.511)	1.401*** (5.382)	2.055*** (5.006)	1.624*** (3.943)
TobinQ	0.031*** (5.070)	0.026*** (4.560)	0.044*** (4.921)	0.047*** (5.242)
Lev	-0.895*** (-14.139)	-0.828*** (-14.109)	-1.243*** (-13.423)	-1.163*** (-12.515)
Loss	0.202*** (4.425)	0.177*** (4.174)	0.259*** (3.873)	0.204*** (3.049)
Big10	-0.029 (-1.421)	-0.028 (-1.527)	-0.031 (-1.044)	-0.028 (-0.934)
Inst	0.190*** (3.570)	0.165*** (3.359)	0.303*** (3.894)	0.327*** (4.193)
Manager	0.476*** (8.507)	0.444*** (8.553)	0.637*** (7.791)	0.615*** (7.493)
Top	-1.636*** (-19.826)	-1.539*** (-20.122)	-1.989*** (-16.485)	-1.756*** (-14.503)
截距项	-6.106*** (-20.332)	-5.527*** (-19.917)	-8.211*** (-17.068)	-8.028*** (-16.204)
年份固定效应	控制	控制	控制	控制
行业固定效应	控制	控制	控制	控制
地区固定效应	控制	控制	控制	控制

续表

变量	CommFre	CommScope	CommDepq	CommDepa
	(1)	(2)	(3)	(4)
F 统计量	229.237***	283.493***	189.727***	173.782***
Adj. R^2	0.562	0.613	0.515	0.493
样本量	12106	12106	12106	12106

注：①被解释变量为网络新媒体互动，值越大表示互动越活跃；②括号内为经异方差调整后的 t 值；③***、**、*分别表示双尾检验在 1%、5%、10%下的统计显著水平。

第二阶段的回归结果如表 5-20 所示，从中可以发现：网络新媒体互动频度（*CommFreFit*）的回归系数为-1.952，互动广度（*CommScopeFit*）的回归系数为-1.766，提问深度（*CommDepqFit*）的回归系数为-1.359，回答深度（*CommDepaFit*）的回归系数为-1.489，且均在 1%水平下显著。回归结果表明，采用 2SLS 两阶段估计控制内生性后，回归结果与基准回归结果一致，即网络新媒体互动降低了管理层年报披露时滞。

表 5-20　网络新媒体互动与年报披露时滞的回归结果：2SLS 第二阶段

变量	被解释变量：*Delay*			
	(1)	(2)	(3)	(4)
CommFreFit	-1.952*** (-10.214)			
CommScopeFit		-1.766*** (-9.644)		
CommDepqFit			-1.359*** (-9.674)	
CommDepaFit				-1.489*** (-10.174)
LnSize	1.058*** (4.194)	1.166*** (4.647)	1.245*** (5.036)	1.184*** (4.781)
LnAge	0.020 (0.065)	-0.011 (-0.038)	0.010 (0.034)	-0.012 (-0.041)
ROA	-53.675*** (-10.132)	-52.951*** (-9.978)	-55.092*** (-10.410)	-54.566*** (-10.314)

续表

变量	被解释变量：*Delay*			
	(1)	(2)	(3)	(4)
TobinQ	-0.043 (-0.399)	-0.056 (-0.518)	0.050 (0.469)	0.041 (0.388)
Lev	-0.053 (-0.043)	-0.404 (-0.329)	-0.256 (-0.209)	-0.150 (-0.122)
Loss	1.962** (2.404)	2.079** (2.547)	1.880** (2.302)	1.935** (2.370)
*Big*10	-0.473 (-1.272)	-0.431 (-1.161)	-0.461 (-1.241)	-0.491 (-1.322)
Inst	-6.139*** (-6.157)	-6.079*** (-6.095)	-6.299*** (-6.309)	-6.335*** (-6.348)
Manager	-1.935* (-1.826)	-1.706 (-1.612)	-1.784* (-1.682)	-1.894* (-1.788)
Top	5.548*** (3.613)	5.159*** (3.367)	4.939*** (3.232)	4.819*** (3.163)
截距项	74.928*** (14.745)	74.067*** (14.554)	68.421*** (13.786)	68.357*** (13.798)
年份固定效应	控制	控制	控制	控制
行业固定效应	控制	控制	控制	控制
地区固定效应	控制	控制	控制	控制
F 统计量	13.095***	12.891***	12.897***	13.087***
Adj. R^2	0.056	0.055	0.055	0.056
样本量	12106	12106	12106	12106

注：①被解释变量为盈余预告类型，值越大表示盈余预测精确度越高；②括号内为经异方差调整后的 t 值；③***、**、*分别表示双尾检验在 1%、5%、10%下的统计显著水平。

第三节 本章小结

本章以 2010~2017 年在深交所推出的“互动易”平台问答记录为基础，探讨了网络新媒体互动的压力效应，包括检验网络新媒体互动对管理层盈余预告精确度和年报披露时滞的影响。首先，使用了4种不同类型的业绩预告方式来度量管理层盈余预告精确度，结合盈余预告性质，考察网络新媒体互动与管理层盈余预告精确度的关系。结果表明：网络新媒体互动与管理层发布的盈余预告精确度显著负相关，即网络新媒体互动降低了管理层盈余预告精确度，验证了压力假说。为了确保研究结果的可靠性，本书使用2SLS工具变量法和Heckman两阶段估计后，回归结果未发生本质改变，结论依然成立。为了考察网络新媒体互动对盈余预告精确度影响的非对称性，在计量回归中引入网络新媒体互动与盈余预测性质的交互项，发现“好消息”的盈余预告可以抑制网络新媒体互动对盈余预告精确度的不利影响。这也从侧面验证了网络新媒体互动的压力效应。进一步的研究发现，网络新媒体互动对盈余预告精确度的影响在非国有企业中更加明显，而且盈利性质对网络新媒体互动的压力效应的调节作用在非国有企业中也更加显著。

其次，通过网络新媒体互动与年报披露及时性的研究，发现网络新媒体互动降低了年报披露时滞，导致这种结果的原因是投资者与管理层在互动沟通过程中比较关注上市公司年报披露的及时性问题，并向管理层表达了他们的信息需求，迫使管理层及时披露年报信息。因此，网络新媒体具有提高信息透明度和形成强大社会舆论压力的作用。考虑到可能存在的内生性，使用2SLS工具变量法后，以上结论依然成立。异质性检验结果表明：网络新媒体互动对年报披露及时性的促进作用在非国有企业、盈利企业、外部监管较弱企业、内部激励较强企业中更加突出。本章的实证结果表明“互动易”平台的推出降低了投资者的监督成本，倒逼着管理层改善信息披露行为。

第六章　网络新媒体互动的信息披露效应

通过第四章的研究可知，网络新媒体互动具有公司治理效应，包括价值效应和创新效应。更进一步，第五章从盈余预告精确度和年报披露时滞两方面考察网络新媒体互动作用于公司治理的内在机理。因此，本章在上述研究基础上从企业信息透明度方面考察网络新媒体互动作用于公司治理的内在机理。

第一节　研究假设

在西方国家，媒体被誉为“无冕之王”，是独立于立法、司法和行政之外的“第四权力”。媒体报道内容可以吸引观众眼球，并快速成为舆论焦点，从而引起监管部门的关注。2001 年的“银广夏案”、2005 年的“科龙电器舞弊案”以及 2010 年的“五粮液关联交易案”都是由媒体率先揭露的，随后引起监管部门的重视。在商业利益的驱动下，媒体具有积极挖掘上市公司可能有意隐藏信息的动机，从而提高企业信息透明度。

Miller（2006）对上市公司的违规行为进行了研究，发现 28.5%的违规公司都曾受到媒体的负面报道。Dyck 等（2008）认为媒体报道独特的声誉机制能够有效约束管理层的自利行为。李培功和沈艺峰（2010）对入选“最差董事会”的 50 家上市公司进行研究，发现媒体曝光度越高，行政机构介入的可能性越大，上市公司改正违规行为的概率也就越大。柳木华（2010）考察了媒体报道对会计舞弊行为的监督作用，发现媒体报道在这一过程中主要扮演信息传播者的角色，能够对舞弊高发行业、股价上涨幅度过大等异常表现进行曝光。戴亦一等（2011）的研究发现媒体报道能够有效抑制上市公司财务重述行为。醋卫华和李培功（2012）发现受到证监会处罚的上市公司中，有 60.42%的公司在被调查前已经受到媒体质疑和负面报道。陈红等（2014）发现媒体曝光能够显著提高上市公司信息透明度。李明等（2014）的研究进一步认为媒体负面报道有助于提高企业信息透明度。面对媒体报道所形成的巨大舆论压力，对于已存在损害投资者利益行为的上市公司，管理层为了避免行政机构的进一步介入，将停止违规行为；对于不存在违规行为的上市公司，其声誉机制将对管理层形成外部约束（郑志刚等，2011）。同时管理层有强烈的动机向外界提供完整的信息来缓解信息不对称，以避免股价被低估。考虑到网络新媒体互动的针对性较强，上市公司将通过网络新媒体互动来降低信息不对称以及提高企业信息透明度，从而赢得资本市场信心。因此，本书提出假设 H1：

假设 H1：在其他条件不变的情况下，网络新媒体互动提高了企业信息透明度（信息假说）。

第二节　数据来源与研究设计

一、数据来源与样本选择

有关投资者与上市公司网络新媒体互动的数据来源于深圳证券交易所“互动易”平台（以下简称“互动易”平台，网址为 http：//irm. cninfo. com. cn/szse/index. html）的“问答”板块。我们使用 Java 编程软件抓取了“互动易”平台从 2010 年 1 月 1 日至 2017 年 12 月 31 日的问答记录，共 2332440 条，包含 2076 家深圳市 A 股上市公司。考虑到“互动易”平台的主要服务对象是在深圳证券交易所上市的公司及其投资者，同时“互动易”平台的最早上线时间为 2010 年 1 月，因此本书将研究样本限定为 2010~2017 年的深圳上市公司。产权性质数据来源于 CCER 数据库，机构投资者数据来源于 Wind 数据库，其他数据来源于 CSMAR 数据库。同时，借鉴已有研究的做法，按照如下标准对初始样本进行预处理：①剔除金融保险行业样本；②剔除资不抵债的样本；③剔除相关财务数据缺失的样本。最终得到 2050 个企业共 12067 个年度—企业样本。此外，为了排除异常值对回归结果的影响，所有连续变量均在 1%和 99%分位数上进行 Winsor 缩尾处理。

二、变量选择与定义

（一）被解释变量——企业信息透明度

借鉴曾颖和陆正飞（2006）、伊志宏等（2010）的研究，使用深交所信息披

露考评结果作为企业信息透明度的代理变量。《深圳证券交易所上市公司信息披露工作考核办法》规定信息披露考评主要从及时性、准确性、完整性、合法性四方面分等级对上市公司及董事会秘书的信息披露工作进行考核，并且将考核结果计入诚信档案，向全社会公开。信息披露考评从高到低依次划分为 A、B、C、D 四个等级，即优秀、良好、合格和不合格，因此本书定义企业信息透明度（*Disclosure*）按照信息披露考评结果 A、B、C、D 四个等级分别赋值为 4、3、2、1。

（二）解释变量——网络新媒体互动

“互动易”平台的问答数据包括提问者的个人信息、上市公司信息、提问信息和回答信息，其中提问信息包括提问时间和提问内容，回答信息包括回答时间和回答内容。将收集到的问答记录进行归类整理，可以得到上市公司 i 在第 t 年与投资者的有效互动情况。

本书将投资者与上市公司的网络新媒体互动分为互动频度、互动广度和互动深度三个方面。具体定义如下：①互动频度（*CommFre*），年度投资者与上市公司在“互动易”平台的有效问答数加 1 取自然对数；②互动广度（*CommScope*），年度参与上市公司“互动易”平台的有效问答提问人数加 1 取自然对数；③互动深度（*CommDep*），本书认为“互动易”平台的问答中，投资者向上市公司所提问题的长度以及上市公司回答的长度可以反映出投资者对某个事项的深入了解程度，提问深度（*CommDepq*）为投资者在“互动易”平台所提问题的总字数加 1 取自然对数，回答深度（*CommDepa*）为上市公司在“互动易”平台针对投资者问题做出回答的总字数加 1 取自然对数。

（三）控制变量

借鉴伊志宏等（2010）的做法，本书还加入了如下控制变量：①公司特征变量，包括企业规模（*LnSize*），用企业总资产的自然对数表示；上市年限（*LnAge*），用已上市年限的自然对数表示；资产负债率（*Lev*），用企业总负债与总资产的比值表示；盈利能力（*ROA*），用净利润与总资产额比值表示；成长性（*TobinQ*），用企业市场价值与账面价值的比值表示；是否亏损（*Loss*），如果企业当期出现亏损则取值为 1，否则取值为 0；审计机构是否为全国十大会计师事务所（*Big*10），如果审计机构为全国十大会计师事务所①，则取值为 1，否则取值为 0。②股东治理变量，包括第一大股东持股比例（*Top*1），用第一大股东持股数与总股本的比值表示；机构投资者持股比例（*Inst*），用机构投资者持股数与总股本的比值表示。③董事会治理变量，包括董事会规模（*LnBoard*），用董事会总席位的自然对数表示；独立董事比例（*Indep*），用独立董事席位占董事会总

① 对于“十大”审计的界定，参照中注协每年对于会计师事务所的排名，即历年《会计师事务所综合评价前百家信息》。

席位的比例表示。④管理层治理变量，包括管理层货币薪酬（*LnPay*），用前三名高管薪酬的自然对数表示；管理层持股比例（*Manager*），用管理层持股数与总股本的比值表示；管理层权力（*Dual*），若董事长总经理两职合一则取值为 1，否则取值为 0。同时，本书还加入年份哑变量、行业哑变量、地区哑变量以控制年份固定效应、行业固定效应和地区固定效应，各变量的具体定义如表 6-1 所示。

表 6-1 变量定义与说明

变量类型	变量符号	变量名称	变量定义
被解释变量	*Disclosure*	企业信息透明度	按照信息披露考评结果 A、B、C、D 四个等级分别赋值为 4、3、2、1
解释变量	*CommFre*	网络新媒体互动频度	"互动易"平台有效问答数加 1 取自然对数
	CommScope	网络新媒体互动广度	"互动易"平台有效问答的提问人数加 1 取自然对数
	CommDepq	网络新媒体互动提问深度	"互动易"平台所提问题的总字数加 1 取自然对数
	CommDepa	网络新媒体互动回答深度	"互动易"平台针对问题做出回答的总字数加 1 取自然对数
控制变量	*LnSize*	企业规模	总资产的自然对数
	LnAge	上市年限	已上市年限的自然对数
	Lev	资产负债率	总负债与总资产的比值
	ROA	盈利能力	净利润与总资产额比值
	TobinQ	成长性	企业市场价值与账面价值的比值
	Loss	是否亏损	若当期净利润小于 0 取值为 1，否则取值为 0
	*Big*10	是否为"十大"审计	若审计机构为全国十大会计师事务所则取值为 1，否则取值为 0
	*Top*1	第一大股东持股比例	第一大股东持股数与总股本的比值
	Inst	机构投资者持股比例	机构投资者持股数与总股本的比值
	LnBoard	董事会规模	董事会总席位的自然对数
	Indep	独立董事比例	独立董事席位占董事会总席位的比例
	LnPay	管理层货币薪酬	前 3 名高管薪酬的自然对数
	Manager	管理层持股比例	管理层持股数与总股本的比值
	Dual	管理层权力	若董事长总经理两职合一则取 1，否则取 0

三、计量模型构建

为了检验前文提出的研究假设，本书采用 Ordered Logit 计量回归模型，考察网络新媒体互动对企业信息透明度的影响。具体计量模型如下：

$$Disclosure_{it} = \beta_0 + \beta_1 Comm_{it} + \beta_2 Controls_{it} + \sum \delta_t Year_t + \sum \gamma_i Ind_i + \sum \varphi_i Region_i + \varepsilon_{it} \quad (6-1)$$

其中，被解释变量 $Disclosure_{it}$ 是上市公司 i 在第 t 年的企业信息透明度；解释变量 $Comm_{it}$ 是上市公司 i 在第 t 年在深交所“互动易”平台与投资者的互动情况，包括网络新媒体互动频度、互动广度和互动深度三个方面；$Controls_{it}$ 是包括公司特征、股东治理、董事会治理和高管治理等一系列的控制变量；*Year* 用以控制年度固定效应，*Ind* 用以控制行业固定效应，*Region* 用以控制地区固定效应；β 为各变量的回归系数，ε 为随机干扰项。根据这一模型，如果 $\beta_1>0$，则表明网络新媒体互动提高了企业信息透明度，反之则降低了企业信息透明度。

第三节　实证结果分析

一、描述性统计分析

主要变量的描述性统计分析如表 6-2 所示。企业信息透明度（*Disclosure*）的均值为 3.039，中位数为 3.000，表明大多数企业的信息透明度可以达到良好等级。网络新媒体互动频度（*CommFre*）的均值为 4.087，标准差为 1.539；网络新媒体互动广度（*CommScope*）的均值为 3.877，标准差为 1.520；网络新媒体互动提问深度（*CommDepq*）的均值为 7.941，标准差为 2.136；网络新媒体互动回答深度（*CommDepa*）的均值为 8.166，标准差为 2.095。这表明网络新媒体互动情况在不同企业之间差异较大。

表 6-2　主要变量的描述性统计

变量	样本量	均值	标准差	最小值	p25	中位数	p75	最大值
Disclosure	12067	3.039	0.603	1.000	3.000	3.000	3.000	4.000
CommFre	12067	4.087	1.539	0.000	3.332	4.394	5.153	6.813
CommScope	12067	3.877	1.520	0.000	3.045	4.174	4.963	6.628

续表

变量	样本量	均值	标准差	最小值	p25	中位数	p75	最大值
CommDepq	12067	7.941	2.136	0.000	7.291	8.414	9.243	11.068
CommDepa	12067	8.166	2.095	0.000	7.585	8.622	9.414	11.117
LnSize	12067	21.712	1.099	19.631	20.900	21.579	22.344	25.114
LnAge	12067	1.768	0.921	0.000	1.099	1.792	2.639	3.178
Lev	12067	0.379	0.209	0.036	0.205	0.356	0.534	0.862
ROA	12067	0.045	0.049	-0.142	0.018	0.043	0.070	0.192
TobinQ	12067	3.101	2.197	0.966	1.656	2.402	3.758	13.264
Loss	12067	0.074	0.261	0.000	0.000	0.000	0.000	1.000
*Big*10	12067	0.583	0.493	0.000	0.000	1.000	1.000	1.000
*Top*1	12067	0.339	0.142	0.090	0.226	0.318	0.429	0.716
Inst	12067	0.333	0.232	0.000	0.122	0.315	0.513	0.843
LnBoard	12067	2.121	0.190	1.609	1.946	2.197	2.197	2.639
Indep	12067	0.374	0.053	0.333	0.333	0.333	0.429	0.571
LnPay	12067	14.159	0.677	12.521	13.731	14.133	14.569	16.030
Manager	12067	0.187	0.222	0.000	0.000	0.058	0.372	0.705
Dual	12067	0.329	0.470	0.000	0.000	0.000	1.000	1.000

注：①所有连续变量均在1%的水平进行 Winsor 缩尾处理；②p25 和 p75 分别表示第 1 个四分位点和第 3 个四分位点。

在控制变量中，资产负债率（*Lev*）的均值为 0.379，标准差为 0.209，表明大多数企业的资产负债率不高；盈利能力（*ROA*）的均值为 0.045，标准差为 0.049，表明大多数企业的盈利能力不强；成长性（*TobinQ*）的均值为 3.101，标准差为 2.197，表明大多数企业的成长性较好；是否亏损（*Loss*）的均值为 0.074，表明大多数企业未发生亏损；是否为“十大”审计（*Big*10）的均值为 0.583，表明超过一半企业的审计机构为全国“十大”；第一大股东持股比例（*Top*1）的均值为 0.339，中位数为 0.318，表明第一大股东可以实现对企业的相对控股；机构持股比例（*Inst*）的均值为 0.333，中位数为 0.315，表明机构持股比例相对较大，有足够的能力对企业进行监督；独立董事比例（*Indep*）的均值为 0.374，最小值为 0.333，表明企业的独立董事比例符合 1/3 的规定；管理层持股比例（*Manager*）的均值为 0.187，标准差为 0.222，表明管理层持股比例在不同企业之间差异较大；管理层权力（*Dual*）的均值为 0.329，中位数为 0.000，表明大多数企业的董事长和总经理不是由同一人担任，即管理层权力相对较小。

二、相关系数分析

主要变量的 Pearson 相关系数分析如表 6-3 所示。从表 6-3 中可以发现：①网络新媒体互动频度（*CommFre*）、互动广度（*CommScope*）、提问深度（*CommDepq*）、回答深度（*CommDepa*）四个指标均与企业信息透明度（*Disclosure*）在1%水平下显著正相关，这些结果初步支持了假设 H1，即网络新媒体互动提高了企业信息透明度（信息假说）。②企业规模（*LnSize*）、盈利能力（*ROA*）、是否为全国"十大"（*Big*10）、第一大股东持股比例（*Top*1）、机构投资者持股比例（*Inst*）、董事会规模（*LnBoard*）、管理层货币薪酬（*LnPay*）、管理层持股比例（*Manager*）也在 1%水平下显著正相关。③上市年限（*LnAge*）、资产负债率（*Lev*）、成长性（*TobinQ*）、是否亏损（*Loss*）、独立董事比例（*Indep*）在1%水平下显著负相关。④主要解释变量与控制变量的相关系数不高（均在 0.2 以下），降低了解释变量与控制变量产生多重共线性的可能性。

三、基准回归结果分析

网络新媒体互动与企业信息透明度的全样本 Ordered Logit 计量回归结果如表 6-4 所示，其中第 1 列的解释变量为网络新媒体互动频度（*CommFre*），第 2 列的解释变量为网络新媒体互动广度（*CommScope*），第 3 列和第 4 列的解释变量为网络新媒体互动深度，分别用提问深度（*CommDepq*）和回答深度（*CommDepa*）两个指标表示。从表 6-4 中可以发现：网络新媒体互动频度（*CommFre*）的回归系数为 0.070，互动广度（*CommScope*）的回归系数为 0.074，提问深度（*CommDepq*）的回归系数为 0.050，回答深度（*CommDepa*）的回归系数为 0.069，且均在 1%水平下显著。无论是网络新媒体互动频度还是网络新媒体互动广度，甚至是网络新媒体互动深度，都表明网络新媒体互动提高了企业信息透明度，即网络新媒体互动能够传递资本市场的信息需求，也能降低信息不对称。这一结果支持了本书的假设 H1。

关于控制变量对企业信息透明度的影响，可以发现：企业规模（*LnSize*）、盈利能力（*ROA*）、是否为"十大"审计（*Big*10）、第一大股东持股比例（*Top*1）、机构投资者持股比例（*Inst*）、董事会规模（*LnBoard*）、管理层货币薪酬（*LnPay*）、管理层持股比例（*Manager*）的回归系数显著为正；上市年限（*LnAge*）、资产负债率（*Lev*）、成长性（*TobinQ*）、是否亏损（*Loss*）、管理层权力（*Dual*）的回归系数显著为负；独立董事比例（*Indep*）与被解释变量并未见显著关系。这就表明企业规模越大、盈利能力越强、审计质量越高、第一大股东持股比例越高、机构投资者持股比例越高、董事会规模越大、管理层货币薪酬越高、管理层

表 6-3　主要变量相关系数性分析

	Disclosure	*CommFre*	*CommScope*	*CommDepq*	*CommDepa*	*LnSize*	*LnAge*
Disclosure	1.000						
CommFre	0.099（***）	1.000					
CommScope	0.096（***）	0.989（***）	1.000				
CommDepq	0.103（***）	0.956（***）	0.936（***）	1.000			
CommDepa	0.112（***）	0.933（***）	0.912（***）	0.981（***）	1.000		
LnSize	0.167（***）	0.182（***）	0.183（***）	0.171（***）	0.173（***）	1.000	
LnAge	-0.052（***）	0.100（***）	0.117（***）	0.093（***）	0.089（***）	0.472（***）	1.000
Lev	-0.107（***）	-0.050（***）	-0.041（***）	-0.051（***）	-0.047（***）	0.537（***）	0.466（***）
ROA	0.319（***）	0.022（**）	0.009	0.028（***）	0.027（***）	-0.056（***）	-0.259（***）
TobinQ	-0.048（***）	0.078（***）	0.097（***）	0.039（***）	0.036（***）	-0.458（***）	-0.210（***）
Loss	-0.264（***）	0.010	0.016（*）	0.006	0.001	-0.018（*）	0.158（***）
Big10	0.070（***）	0.101（***）	0.104（***）	0.099（***）	0.100（***）	0.073（***）	-0.022（**）
Top1	0.107（***）	-0.129（***）	-0.130（***）	-0.107（***）	-0.098（***）	0.100（***）	-0.093（***）
Inst	0.147（***）	0.008	0.010	0.020（**）	0.024（***）	0.383（***）	0.380（***）
LnBoard	0.073（***）	-0.058（***）	-0.065（***）	-0.047（***）	-0.045（***）	0.219（***）	0.115（***）
Indep	-0.033（***）	0.045（***）	0.047（***）	0.040（***）	0.040（***）	-0.017（*）	-0.005
LnPay	0.220（***）	0.267（***）	0.264（***）	0.249（***）	0.260（***）	0.461（***）	0.165（***）
Manager	0.043（***）	0.081（***）	0.074（***）	0.078（***）	0.077（***）	-0.318（***）	-0.544（***）
Dual	-0.015	0.049（***）	0.044（***）	0.042（***）	0.040（***）	-0.143（***）	-0.213（***）

续表

	Lev	*ROA*	*TobinQ*	*Loss*	*Big10*	*Top1*	*Inst*
Lev	1.000						
ROA	-0.391 (***)	1.000					
TobinQ	-0.337 (***)	0.248 (***)	1.000				
Loss	0.199 (***)	-0.598 (***)	-0.001	1.000			
Big10	0.012	0.039 (***)	0.008	-0.010	1.000		
Top1	0.030 (***)	0.105 (***)	-0.054 (***)	-0.063 (***)	0.024 (***)	1.000	
Inst	0.238 (***)	0.052 (***)	-0.095 (***)	-0.007	0.029 (***)	0.234 (***)	1.000
LnBoard	0.150 (***)	0.009	-0.169 (***)	-0.012	-0.015	-0.034 (***)	0.161 (***)
Indep	-0.029 (***)	-0.017 (*)	0.074 (***)	0.022 (**)	-0.001	0.040 (***)	-0.050 (***)
LnPay	0.113 (***)	0.194 (***)	-0.066 (***)	-0.111 (***)	0.117 (***)	-0.024 (***)	0.227 (***)
Manager	-0.358 (***)	0.190 (***)	0.178 (***)	-0.113 (***)	0.027 (***)	-0.069 (***)	-0.467 (***)
Dual	-0.124 (***)	0.052 (***)	0.095 (***)	-0.027 (***)	0.031 (***)	-0.001	-0.147 (***)
	LnBoard	*Indep*	*LnPay*	*Manager*	*Dual*		
LnBoard	1.000						
Indep	-0.566 (***)	1.000					
LnPay	0.102 (***)	-0.006	1.000				
Manager	-0.168 (***)	0.075 (***)	-0.119 (***)	1.000			
Dual	-0.153 (***)	0.119 (***)	-0.005	0.215 (***)	1.000		

注：***、**、*分别表示双尾检验在1%、5%、10%下的统计显著水平。

持股比例越高，企业信息透明度越高；企业上市年限越长、资产负债率越高、成长性越好、亏损越严重、管理层权力越大，企业信息透明度越低。

表 6-4　网络新媒体互动与企业信息透明度的回归结果

变量	被解释变量：*Disclosure*			
	(1)	(2)	(3)	(4)
CommFre	0.070*** (3.673)			
CommScope		0.074*** (3.613)		
CommDepq			0.050*** (3.901)	
CommDepa				0.069*** (5.437)
LnSize	0.309*** (9.418)	0.310*** (9.452)	0.310*** (9.489)	0.304*** (9.324)
LnAge	-0.063** (-2.127)	-0.064** (-2.156)	-0.064** (-2.167)	-0.063** (-2.129)
Lev	-1.336*** (-9.417)	-1.338*** (-9.430)	-1.336*** (-9.432)	-1.320*** (-9.335)
ROA	9.520*** (14.619)	9.525*** (14.629)	9.525*** (14.621)	9.540*** (14.632)
TobinQ	-0.070*** (-5.420)	-0.070*** (-5.405)	-0.070*** (-5.416)	-0.071*** (-5.477)
Loss	-0.698*** (-6.897)	-0.697*** (-6.885)	-0.697*** (-6.889)	-0.699*** (-6.903)
*Big*10	0.125*** (2.814)	0.126*** (2.818)	0.125*** (2.800)	0.125*** (2.815)
*Top*1	0.760*** (4.827)	0.759*** (4.819)	0.752*** (4.784)	0.763*** (4.862)
Inst	1.041*** (9.420)	1.042*** (9.431)	1.036*** (9.373)	1.034*** (9.351)
LnBoard	0.390*** (2.739)	0.390*** (2.741)	0.389*** (2.736)	0.389*** (2.736)

续表

变量	被解释变量：*Disclosure*			
	(1)	(2)	(3)	(4)
Indep	-0.043 (-0.086)	-0.042 (-0.085)	-0.044 (-0.088)	-0.045 (-0.091)
LnPay	0.349*** (8.895)	0.350*** (8.905)	0.350*** (8.909)	0.344*** (8.755)
Manager	0.513*** (4.361)	0.513*** (4.364)	0.512*** (4.362)	0.504*** (4.295)
Dual	-0.083* (-1.828)	-0.082* (-1.815)	-0.082* (-1.815)	-0.083* (-1.834)
截距项 1	8.999*** (11.674)	9.015*** (11.698)	9.118*** (11.900)	9.021*** (11.780)
截距项 2	11.466*** (14.976)	11.482*** (15.001)	11.586*** (15.223)	11.489*** (15.106)
截距项 3	15.466*** (19.957)	15.481*** (19.983)	15.585*** (20.228)	15.493*** (20.121)
年份固定效应	控制	控制	控制	控制
行业固定效应	控制	控制	控制	控制
地区固定效应	控制	控制	控制	控制
Wald 统计量	2036.551***	2035.217***	2032.972***	2039.145***
Pse. R^2	0.117	0.117	0.117	0.118
样本量	12067	12067	12067	12067

注：①被解释变量为信息披露考评等级，值越大表示企业信息透明度越高；②括号内为经异方差调整后的 t 值；③***、**、*分别表示双尾检验在1%、5%、10%下的统计显著水平。

四、异质性检验

（一）按照产权性质分组检验

本书从 CCER 数据库提取了有关上市公司实际控制人信息，根据实际控制人的类型将其分为国有企业和非国有企业，分组回归结果如表 6-5 所示。从中可以发现：在国有企业样本中，无论使用哪种方法度量投资者与上市公司的网络新媒体互动情况，均对企业信息透明度无显著影响；在非国有企业样本中，无论使用哪种方法度量网络新媒体互动情况，网络新媒体互动均显著提高了企业信息透明度（网络新媒体互动频度的回归系数为 0.107，互动广度的回归系数为 0.110，提问深度的回归系数为 0.075，回答深度的回归系数为 0.093，且均在 1%水平下显著）。这就说明网络新媒体互动对企业信息透明度的影响主要集中于非国有企业。这与中国企业现状是相符的，国有企业管理制度相对僵化，薪酬激励机制不完善，受官本位思想影响严重，且存在多种委托代理等问题，管理层更加在乎自身的政治前途，而非关注企业利益相关者的切实利益，所以网络新媒体互动不足以影响管理层行为；而非国有企业管理较为科学合理，激励机制相对完善，不存在多层委托—代理问题，管理层更加在乎股东行为对其利益的影响，因此网络新媒体互动可以传递资本市场的信息需求，提高企业信息透明度。

表 6-5　网络新媒体互动与企业信息透明度的回归结果：按照产权性质分组检验

变量	被解释变量：*Disclosure*							
	国企	非国企	国企	非国企	国企	非国企	国企	非国企
	(1)	(2)	(3)	(4)	(5)	(6)	(7)	(8)
CommFre	0.015 (0.359)	0.107*** (4.703)						
CommScope			0.020 (0.462)	0.110*** (4.496)				
CommDepq					0.008 (0.302)	0.075*** (4.859)		
CommDepa							0.028 (1.106)	0.093*** (6.080)
LnSize	0.390*** (6.352)	0.236*** (5.410)	0.389*** (6.339)	0.238*** (5.463)	0.391*** (6.386)	0.240*** (5.506)	0.384*** (6.288)	0.235*** (5.399)
LnAge	-0.327*** (-4.239)	-0.076** (-2.079)	-0.326*** (-4.228)	-0.077** (-2.105)	-0.327*** (-4.250)	-0.078** (-2.128)	-0.324*** (-4.224)	-0.077** (-2.110)
Lev	-1.790*** (-6.304)	-1.132*** (-6.623)	-1.788*** (-6.299)	-1.136*** (-6.646)	-1.792*** (-6.299)	-1.137*** (-6.669)	-1.768*** (-6.202)	-1.131*** (-6.653)
ROA	5.642*** (4.350)	10.927*** (14.136)	5.640*** (4.348)	10.928*** (14.142)	5.643*** (4.349)	10.948*** (14.154)	5.649*** (4.351)	10.959*** (14.156)
TobinQ	-0.003 (-0.079)	-0.081*** (-5.312)	-0.003 (-0.085)	-0.080*** (-5.286)	-0.003 (-0.074)	-0.081*** (-5.307)	-0.004 (-0.120)	-0.081*** (-5.338)
Loss	-0.846*** (-4.777)	-0.673*** (-5.277)	-0.846*** (-4.779)	-0.671*** (-5.263)	-0.845*** (-4.774)	-0.668*** (-5.247)	-0.847*** (-4.784)	-0.671*** (-5.274)

续表

变量	被解释变量：*Disclosure*							
	国企	非国企	国企	非国企	国企	非国企	国企	非国企
	(1)	(2)	(3)	(4)	(5)	(6)	(7)	(8)
*Big*10	0.278*** (3.035)	0.092* (1.738)	0.278*** (3.032)	0.091* (1.731)	0.278*** (3.031)	0.092* (1.736)	0.273*** (2.975)	0.094* (1.783)
*Top*1	-0.192 (-0.561)	0.828*** (4.367)	-0.189 (-0.554)	0.825*** (4.351)	-0.197 (-0.580)	0.823*** (4.339)	-0.183 (-0.541)	0.830*** (4.380)
Inst	0.923*** (3.872)	1.002*** (7.801)	0.925*** (3.878)	1.006*** (7.832)	0.921*** (3.857)	0.994*** (7.738)	0.930*** (3.898)	0.988*** (7.686)
LnBoard	0.374 (1.324)	0.080 (0.460)	0.374 (1.325)	0.081 (0.466)	0.373 (1.321)	0.083 (0.475)	0.379 (1.341)	0.078 (0.445)
Indep	-0.941 (-0.981)	-0.435 (-0.727)	-0.942 (-0.983)	-0.434 (-0.725)	-0.941 (-0.981)	-0.431 (-0.720)	-0.937 (-0.976)	-0.453 (-0.756)
LnPay	0.513*** (5.297)	0.312*** (6.848)	0.512*** (5.291)	0.312*** (6.859)	0.514*** (5.304)	0.313*** (6.876)	0.506*** (5.223)	0.308*** (6.763)
Manager	-1.442 (-1.356)	0.785*** (6.066)	-1.440 (-1.352)	0.787*** (6.084)	-1.443 (-1.357)	0.781*** (6.042)	-1.441 (-1.353)	0.774*** (5.990)
Dual	0.081 (0.613)	-0.034 (-0.682)	0.081 (0.611)	-0.033 (-0.657)	0.081 (0.612)	-0.033 (-0.668)	0.079 (0.597)	-0.033 (-0.662)
截距项 1	10.582*** (6.999)	6.438*** (6.250)	10.560*** (6.985)	6.476*** (6.287)	10.618*** (7.048)	6.666*** (6.513)	10.484*** (6.958)	6.586*** (6.434)
截距项 2	13.520*** (9.014)	8.832*** (8.626)	13.497*** (8.999)	8.870*** (8.663)	13.557*** (9.068)	9.061*** (8.908)	13.420*** (8.978)	8.983*** (8.829)
截距项 3	17.698*** (11.620)	12.841*** (12.442)	17.675*** (11.606)	12.878*** (12.478)	17.734*** (11.678)	13.070*** (12.743)	17.600*** (11.591)	12.997*** (12.671)
年份固定效应	控制	控制	控制	控制	控制	控制	控制	控制
行业固定效应	控制	控制	控制	控制	控制	控制	控制	控制
地区固定效应	控制	控制	控制	控制	控制	控制	控制	控制
Wald 统计量	744.883***	1458.697***	744.546***	1458.054***	744.745***	1454.336***	745.187***	1459.645***
Pse. R^2	0.174	0.114	0.174	0.114	0.174	0.114	0.175	0.115
样本量	2981	8758	2981	8758	2981	8758	2981	8758

注：①被解释变量为信息披露考评等级，值越大表示企业信息透明度越高；②括号内为经异方差调整后的 t 值；③***、**、*分别表示双尾检验在 1%、5%、10%下的统计显著水平。

从其他控制变量来看，成长性、第一大股东持股比例和管理层持股比例对非国有企业信息透明度的影响显著，但对国有企业影响不显著，即企业成长性越高，非国有企业信息透明度越低；第一大股东持股比例和管理层持股比例越高，非国有企业信息透明度越高；其余变量在两个分组中的表现未出现明显差异。

（二）按照盈亏性质分组检验

本书根据企业在当期是否出现亏损，将样本划分为亏损企业和盈利企业，分组回归结果如表6-6所示。从中可以发现：在亏损企业样本中，无论使用哪种方法度量投资者与上市公司的网络新媒体互动情况，均降低了企业信息透明度，但回归系数均不显著；但在盈利企业样本中，无论使用哪种方法度量网络新媒体互动情况，网络新媒体互动均显著提高了企业信息透明度（网络新媒体互动频度的回归系数为0.089，互动广度的回归系数为0.096，提问深度的回归系数为0.062，回答深度的回归系数为0.083，至少在1%水平下显著）。这就说明网络新媒体互动对企业信息透明度的影响在盈利企业中更显著。这与管理层的薪酬激励是相符的，企业信息披露考评主要从及时性、准确性、完整性、合法性四个方面进行考察，如果企业出现亏损，那么管理层的奖金收入将会下降，而且还有可能被股东集体弹劾，被迫离职，因此管理层将尽可能模糊化企业业绩报告，降低企业信息透明度，所以网络新媒体互动这一方式无法对管理层行为产生影响；而盈利企业更加符合股东期望，管理层被迫离职的可能性较小，如果业绩水平够好，还有可能获得巨额奖金，因此高质量的信息披露不仅符合股东的需求，也符合管理层自身利益，所以网络新媒体互动传递了资本市场的信息需求，这将对管理层行为产生影响，以及提高企业信息透明度。

表6-6　网络新媒体互动与企业信息透明度的回归结果：按照盈亏性质分组检验

变量	被解释变量：*Disclosure*							
	亏损企业	盈利企业	亏损企业	盈利企业	亏损企业	盈利企业	亏损企业	盈利企业
	(1)	(2)	(3)	(4)	(5)	(6)	(7)	(8)
CommFre	-0.090 (-1.337)	0.089*** (4.432)						
CommScope			-0.101 (-1.404)	0.096*** (4.434)				
CommDepq					-0.052 (-1.114)	0.062*** (4.620)		
CommDepa							-0.046 (-0.978)	0.083*** (6.269)

续表

变量	被解释变量：*Disclosure*							
	亏损企业	盈利企业	亏损企业	盈利企业	亏损企业	盈利企业	亏损企业	盈利企业
	(1)	(2)	(3)	(4)	(5)	(6)	(7)	(8)
LnSize	-0.037 (-0.333)	0.339*** (9.861)	-0.038 (-0.338)	0.340*** (9.885)	-0.044 (-0.397)	0.341*** (9.960)	-0.045 (-0.401)	0.334*** (9.775)
LnAge	0.581*** (3.465)	-0.108*** (-3.548)	0.580*** (3.456)	-0.109*** (-3.583)	0.591*** (3.536)	-0.109*** (-3.596)	0.590*** (3.527)	-0.108*** (-3.563)
Lev	-1.313*** (-3.220)	-1.360*** (-9.024)	-1.312*** (-3.221)	-1.361*** (-9.028)	-1.298*** (-3.188)	-1.361*** (-9.041)	-1.286*** (-3.162)	-1.344*** (-8.938)
ROA	6.112*** (3.652)	10.701*** (14.680)	6.121*** (3.658)	10.707*** (14.696)	6.208*** (3.715)	10.727*** (14.714)	6.231*** (3.729)	10.751*** (14.749)
TobinQ	-0.074* (-1.843)	-0.096*** (-6.872)	-0.074* (-1.851)	-0.096*** (-6.859)	-0.074* (-1.859)	-0.096*** (-6.890)	-0.074* (-1.842)	-0.098*** (-6.974)
*Big*10	0.193 (1.259)	0.132*** (2.821)	0.194 (1.260)	0.132*** (2.827)	0.200 (1.302)	0.131*** (2.811)	0.199 (1.294)	0.132*** (2.822)
*Top*1	1.502** (2.372)	0.745*** (4.499)	1.500** (2.368)	0.744*** (4.496)	1.527** (2.415)	0.734*** (4.439)	1.526** (2.413)	0.744*** (4.510)
Inst	0.192 (0.418)	1.114*** (9.704)	0.192 (0.417)	1.116*** (9.721)	0.208 (0.454)	1.108*** (9.645)	0.216 (0.470)	1.105*** (9.619)
LnBoard	0.761 (1.628)	0.334** (2.248)	0.752 (1.610)	0.333** (2.246)	0.754 (1.615)	0.333** (2.243)	0.749 (1.604)	0.332** (2.239)
Indep	1.709 (1.073)	-0.147 (-0.283)	1.673 (1.051)	-0.150 (-0.288)	1.701 (1.068)	-0.149 (-0.286)	1.689 (1.061)	-0.150 (-0.289)
LnPay	0.591*** (3.967)	0.332*** (8.066)	0.591*** (3.971)	0.332*** (8.073)	0.588*** (3.951)	0.332*** (8.083)	0.590*** (3.955)	0.327*** (7.937)
Manager	0.672 (1.091)	0.509*** (4.212)	0.667 (1.084)	0.509*** (4.211)	0.688 (1.119)	0.508*** (4.215)	0.685 (1.113)	0.498*** (4.127)
Dual	-0.224 (-1.319)	-0.067 (-1.428)	-0.223 (-1.317)	-0.066 (-1.413)	-0.230 (-1.359)	-0.066 (-1.411)	-0.232 (-1.367)	-0.067 (-1.424)
截距项 1	7.635*** (2.615)	9.177*** (11.303)	7.606*** (2.607)	9.184*** (11.311)	7.386** (2.541)	9.329*** (11.563)	7.400** (2.546)	9.220*** (11.438)
截距项 2	9.981*** (3.412)	11.723*** (14.603)	9.953*** (3.405)	11.729*** (14.612)	9.731*** (3.341)	11.876*** (14.885)	9.745*** (3.346)	11.768*** (14.765)

续表

变量	被解释变量：*Disclosure*							
	亏损企业	盈利企业	亏损企业	盈利企业	亏损企业	盈利企业	亏损企业	盈利企业
	(1)	(2)	(3)	(4)	(5)	(6)	(7)	(8)
截距项3	14.635*** (4.940)	15.761*** (19.394)	14.606*** (4.935)	15.767*** (19.403)	14.383*** (4.878)	15.914*** (19.698)	14.394*** (4.882)	15.812*** (19.592)
年份固定效应	控制	控制	控制	控制	控制	控制	控制	控制
行业固定效应	控制	控制	控制	控制	控制	控制	控制	控制
地区固定效应	控制	控制	控制	控制	控制	控制	控制	控制
Wald 统计量	165.476***	1573.707***	165.666***	1572.211***	164.933***	1572.104***	164.644***	1587.259***
Pse. R^2	0.095	0.093	0.095	0.093	0.095	0.093	0.094	0.094
样本量	872	11087	872	11087	872	11087	872	11087

注：①被解释变量为信息披露考评等级，值越大表示企业信息透明度越高；②括号内为经异方差调整后的t值；③***、**、*分别表示双尾检验在1%、5%、10%下的统计显著水平。

从其他控制变量来看，企业规模、盈利能力、“十大”审计、第一大股东持股比例、机构投资者持股比例、董事会规模、管理层货币薪酬和管理层持股比例均显著提高了盈利企业的信息透明度，上市年限、资产负债率、成长性均显著降低了盈利企业的信息透明度；上市年限、盈利能力、第一大股东持股比例、管理层货币薪酬均显著提高了亏损企业的信息透明度，资产负债率、成长性均显著降低了亏损企业的信息透明度。

（三）按照审计质量分组检验

本书参照中注协每年对于会计师事务所的排名界定全国“十大”审计事务所，如果审计单位为全国排名前十的事务所则为“十大”审计样本，反之则为非“十大”审计样本。按是否为“十大”审计的回归结果如表6-7所示，从中可以发现：在“十大”审计样本中，无论使用哪种方法度量网络新媒体互动情况，网络新媒体互动均显著提高了企业信息透明度（网络新媒体互动频度的回归系数为0.101，互动广度的回归系数为0.109，提问深度的回归系数为0.079，回答深度的回归系数为0.095，且均在1%水平下显著）；而在非“十大”审计样本中，仅网络新媒体互动回答深度的回归系数在5%水平下显著为正。这就说明网络新媒体互动对企业信息透明度的影响在“十大”审计企业更显著，“十大”审计样本本身就意味着较高的审计质量，而非“十大”审计本身的审计质量较低，因此网络新媒体互动对较高质量信息披露仍有激励空间，但对于较低质量信息披露的激励有限。从控制变量来看，上市年限和独立董事比例均显著降低了非“十大”审计样本的企业信息透明度，而董事会规模显著提高了“十大”审计样本

的企业信息透明度，其余变量在两个分组中的表现未出现明显差异。

表 6-7　网络新媒体互动与企业信息透明度的回归结果：按照审计质量分组检验

变量	被解释变量：*Disclosure*							
	十大	非十大	十大	非十大	十大	非十大	十大	非十大
	(1)	(2)	(3)	(4)	(5)	(6)	(7)	(8)
CommFre	0.101*** (3.998)	0.038 (1.268)						
CommScope			0.109*** (4.030)	0.037 (1.135)				
CommDepq					0.079*** (4.400)	0.024 (1.302)		
CommDepa							0.095*** (5.271)	0.045** (2.490)
LnSize	0.332*** (7.873)	0.258*** (4.718)	0.332*** (7.870)	0.260*** (4.762)	0.332*** (7.910)	0.259*** (4.772)	0.328*** (7.828)	0.251*** (4.637)
LnAge	-0.027 (-0.669)	-0.113** (-2.406)	-0.028 (-0.694)	-0.114** (-2.422)	-0.029 (-0.726)	-0.114** (-2.424)	-0.028 (-0.711)	-0.112** (-2.388)
Lev	-1.415*** (-7.489)	-1.218*** (-5.526)	-1.414*** (-7.475)	-1.222*** (-5.553)	-1.415*** (-7.513)	-1.219*** (-5.537)	-1.412*** (-7.504)	-1.194*** (-5.431)
ROA	10.055*** (11.973)	8.901*** (8.325)	10.066*** (11.991)	8.903*** (8.328)	10.060*** (11.976)	8.904*** (8.326)	10.112*** (12.027)	8.890*** (8.310)
TobinQ	-0.075*** (-4.458)	-0.075*** (-3.580)	-0.075*** (-4.456)	-0.074*** (-3.566)	-0.076*** (-4.480)	-0.075*** (-3.573)	-0.076*** (-4.529)	-0.076*** (-3.627)
Loss	-0.877*** (-6.560)	-0.496*** (-3.115)	-0.875*** (-6.546)	-0.495*** (-3.109)	-0.877*** (-6.568)	-0.494*** (-3.105)	-0.872*** (-6.527)	-0.501*** (-3.141)
Top1	0.548** (2.555)	1.008*** (4.134)	0.547** (2.551)	1.006*** (4.125)	0.542** (2.536)	1.003*** (4.111)	0.549** (2.575)	1.013*** (4.152)
Inst	1.070*** (7.046)	0.970*** (5.840)	1.072*** (7.057)	0.970*** (5.840)	1.063*** (6.994)	0.967*** (5.822)	1.056*** (6.953)	0.970*** (5.840)
LnBoard	0.568*** (3.101)	0.111 (0.481)	0.570*** (3.113)	0.110 (0.476)	0.568*** (3.100)	0.109 (0.472)	0.570*** (3.111)	0.112 (0.486)

续表

变量	被解释变量：*Disclosure*							
	十大	非十大	十大	非十大	十大	非十大	十大	非十大
	(1)	(2)	(3)	(4)	(5)	(6)	(7)	(8)
Indep	0.785 (1.232)	-1.394* (-1.716)	0.788 (1.236)	-1.396* (-1.719)	0.778 (1.221)	-1.395* (-1.716)	0.777 (1.220)	-1.382* (-1.700)
LnPay	0.345*** (6.684)	0.376*** (6.018)	0.347*** (6.711)	0.376*** (6.016)	0.345*** (6.672)	0.377*** (6.032)	0.339*** (6.549)	0.371*** (5.935)
Manager	0.341** (2.211)	0.762*** (3.994)	0.341** (2.212)	0.763*** (3.999)	0.335** (2.178)	0.764*** (4.009)	0.331** (2.151)	0.754*** (3.958)
Dual	-0.090 (-1.521)	-0.047 (-0.646)	-0.089 (-1.506)	-0.046 (-0.643)	-0.090 (-1.505)	-0.047 (-0.648)	-0.089 (-1.490)	-0.048 (-0.666)
截距项 1	9.775*** (9.788)	7.292*** (5.580)	9.789*** (9.811)	7.319*** (5.599)	9.929*** (9.993)	7.367*** (5.679)	9.886*** (9.955)	7.229*** (5.574)
截距项 2	12.463*** (12.590)	9.588*** (7.383)	12.477*** (12.615)	9.615*** (7.402)	12.619*** (12.816)	9.663*** (7.495)	12.577*** (12.780)	9.525*** (7.390)
截距项 3	16.615*** (16.572)	13.502*** (10.300)	16.630*** (16.600)	13.529*** (10.318)	16.773*** (16.814)	13.577*** (10.430)	16.736*** (16.787)	13.442*** (10.329)
年份固定效应	控制	控制	控制	控制	控制	控制	控制	控制
行业固定效应	控制	控制	控制	控制	控制	控制	控制	控制
地区固定效应	控制	控制	控制	控制	控制	控制	控制	控制
Wald 统计量	1394.369***	812.973***	1392.908***	813.094***	1394.032***	813.006***	1401.318***	811.587***
Pse. R^2	0.134	0.109	0.134	0.109	0.134	0.109	0.135	0.109
样本量	6957	5002	6957	5002	6957	5002	6957	5002

注：①被解释变量为信息披露考评等级，值越大表示企业信息透明度越高；②括号内为经异方差调整后的 t 值；③***、**、*分别表示双尾检验在 1%、5%、10%下的统计显著水平。

（四）按照管理层权力分组检验

本书根据董事长和总经理是否为同一人担任界定管理层权力大小，如果董事长兼任总经理则认为管理层权力较大，反之则认为管理层权力较小，分组回归结果如表 6-8 所示。从中可以发现：在管理层权力较大的分组中，无论使用哪种方法度量网络新媒体互动情况，网络新媒体互动均显著提高了企业信息透明度（网络新媒体互动频度的回归系数为 0.091，互动广度的回归系数为 0.090，提问深度的回归系数为 0.081，回答深度的回归系数为 0.088，至少在 1%水平下显著）；

在管理层权力较小的分组中，无论使用哪种方法度量网络新媒体互动情况，网络新媒体互动也均显著提高了企业信息透明度（网络新媒体互动频度的回归系数为0.058，互动广度的回归系数为0.066，提问深度的回归系数为0.037，回答深度的回归系数为0.062，且至少在5%水平下显著）。不论是从网络新媒体互动的回归系数还是从系数显著性来看，网络新媒体互动对企业信息透明度的提升作用在管理层权力大的企业更显著，这是因为网络新媒体互动兼具新媒体的作用，可以引导社会舆论风向，也可以对管理层形成无形的压力，特别是管理层权力较大的企业，但如果管理层权力较小，网络新媒体互动对管理层产生的约束力较小。从控制变量来看，各变量的系数大小和显著性也有所差异。

表 6-8　网络新媒体互动与企业信息透明度的回归结果：按照管理层权力分组检验

变量	被解释变量：*Disclosure*							
	权力大	权力小	权力大	权力小	权力大	权力小	权力大	权力小
	(1)	(2)	(3)	(4)	(5)	(6)	(7)	(8)
CommFre	0.091*** (2.694)	0.058** (2.471)						
CommScope			0.090** (2.466)	0.066*** (2.608)				
CommDepq					0.081*** (3.405)	0.037** (2.418)		
CommDepa							0.088*** (3.738)	0.062*** (3.999)
LnSize	0.352*** (5.483)	0.303*** (7.825)	0.355*** (5.532)	0.303*** (7.823)	0.348*** (5.432)	0.305*** (7.928)	0.350*** (5.472)	0.297*** (7.714)
LnAge	0.036 (0.656)	-0.091** (-2.494)	0.035 (0.632)	-0.091** (-2.499)	0.035 (0.633)	-0.093** (-2.537)	0.037 (0.659)	-0.091** (-2.499)
Lev	-0.986*** (-3.651)	-1.627*** (-9.503)	-0.992*** (-3.671)	-1.625*** (-9.491)	-0.975*** (-3.624)	-1.632*** (-9.546)	-0.980*** (-3.647)	-1.607*** (-9.402)
ROA	14.644*** (11.413)	7.585*** (10.021)	14.659*** (11.427)	7.585*** (10.021)	14.673*** (11.425)	7.586*** (10.025)	14.696*** (11.438)	7.594*** (10.026)
TobinQ	-0.065*** (-2.845)	-0.074*** (-4.684)	-0.065*** (-2.824)	-0.074*** (-4.679)	-0.067*** (-2.898)	-0.074*** (-4.669)	-0.067*** (-2.901)	-0.075*** (-4.731)
Loss	-0.642*** (-3.102)	-0.771*** (-6.522)	-0.638*** (-3.081)	-0.771*** (-6.521)	-0.640*** (-3.098)	-0.770*** (-6.515)	-0.638*** (-3.092)	-0.774*** (-6.536)

续表

变量	被解释变量：*Disclosure*							
	权力大	权力小	权力大	权力小	权力大	权力小	权力大	权力小
	(1)	(2)	(3)	(4)	(5)	(6)	(7)	(8)
*Big*10	0.073 (0.902)	0.128** (2.363)	0.074 (0.907)	0.129** (2.368)	0.074 (0.914)	0.127** (2.339)	0.077 (0.951)	0.127** (2.343)
*Top*1	1.392*** (4.982)	0.454** (2.312)	1.386*** (4.960)	0.457** (2.328)	1.388*** (4.978)	0.443** (2.261)	1.384*** (4.966)	0.462** (2.364)
Inst	0.913*** (4.383)	1.077*** (8.144)	0.916*** (4.400)	1.079*** (8.153)	0.911*** (4.370)	1.071*** (8.097)	0.911*** (4.368)	1.069*** (8.084)
LnBoard	0.482* (1.761)	0.302* (1.769)	0.478* (1.749)	0.303* (1.778)	0.480* (1.752)	0.301* (1.767)	0.475* (1.732)	0.302* (1.772)
Indep	1.261 (1.483)	-1.016 (-1.600)	1.251 (1.473)	-1.013 (-1.595)	1.263 (1.485)	-1.019 (-1.604)	1.235 (1.451)	-1.012 (-1.593)
LnPay	0.260*** (3.444)	0.373*** (7.994)	0.261*** (3.462)	0.373*** (7.985)	0.257*** (3.411)	0.375*** (8.027)	0.252*** (3.342)	0.368*** (7.873)
Manager	0.400** (2.101)	0.509*** (3.264)	0.402** (2.109)	0.510*** (3.268)	0.401** (2.111)	0.507*** (3.253)	0.408** (2.155)	0.493*** (3.162)
截距项1	9.061*** (6.183)	8.718*** (9.395)	9.109*** (6.215)	8.709*** (9.395)	9.117*** (6.248)	8.845*** (9.596)	9.141*** (6.266)	8.698*** (9.443)
截距项2	11.576*** (7.944)	11.200*** (12.152)	11.623*** (7.976)	11.191*** (12.153)	11.633*** (8.016)	11.328*** (12.373)	11.658*** (8.034)	11.181*** (12.223)
截距项3	15.805*** (10.735)	15.179*** (16.267)	15.851*** (10.766)	15.171*** (16.272)	15.867*** (10.819)	15.306*** (16.509)	15.894*** (10.836)	15.164*** (16.371)
年份固定效应	控制	控制	控制	控制	控制	控制	控制	控制
行业固定效应	控制	控制	控制	控制	控制	控制	控制	控制
地区固定效应	控制	控制	控制	控制	控制	控制	控制	控制
Wald 统计量	827.771***	1402.817***	827.511***	1402.119***	827.864***	1401.696***	827.407***	1408.845***
Pse. R^2	0.150	0.117	0.150	0.117	0.150	0.117	0.151	0.118
样本量	3930	8029	3930	8029	3930	8029	3930	8029

注：①被解释变量为信息披露考评等级，值越大表示企业信息透明度越高；②括号内为经异方差调整后的 t 值；③***、**、*分别表示双尾检验在 1%、5%、10%下的统计显著水平。

第四节 稳健性检验

考虑到可能存在的内生性问题，本书主要进行了如下稳健性检验：

一、替代变量检验

考虑到深交所将信息披露考评从高到低依次划分为优秀、良好、合格和不合格四个等级，重新定义企业信息透明度的方法是当企业信息披露等级为优秀和良好时，则认为企业信息透明度较好，取值为 1，否则取值为 0。重新定义企业信息透明度的 Logit 回归结果如表 6-9 所示，从中可以发现：无论使用哪种方法度量网络新媒体互动情况，网络新媒体互动均显著提高了企业信息透明度（网络新媒体互动频度的回归系数为 0. 182，互动广度的回归系数为 0. 198，提问深度的回归系数为 0. 140，回答深度的回归系数为 0. 178，且均在 1%水平下显著）。这表明重新定义企业信息透明度后，网络新媒体互动依然对企业信息透明度的提升有显著影响，且研究结论不变。

表 6-9 网络新媒体互动与企业信息透明度的回归结果：替代变量检验

变量	被解释变量：*Disclosure*			
	(1)	(2)	(3)	(4)
CommFre	0. 182*** (7. 180)			
CommScope		0. 198*** (7. 282)		
CommDepq			0. 140*** (7. 128)	
CommDepa				0. 178*** (8. 299)
LnSize	0. 402*** (10. 232)	0. 403*** (10. 281)	0. 403*** (10. 285)	0. 395*** (10. 052)
LnAge	-0. 015 (-0. 368)	-0. 016 (-0. 397)	-0. 018 (-0. 460)	-0. 016 (-0. 394)

续表

变量	被解释变量：*Disclosure*			
	(1)	(2)	(3)	(4)
Lev	-1.492*** (-8.028)	-1.493*** (-8.036)	-1.490*** (-8.021)	-1.469*** (-7.897)
ROA	11.095*** (14.180)	11.098*** (14.197)	11.119*** (14.203)	11.216*** (14.291)
TobinQ	-0.098*** (-5.089)	-0.097*** (-5.067)	-0.098*** (-5.099)	-0.100*** (-5.178)
Loss	-1.238*** (-4.654)	-1.236*** (-4.647)	-1.237*** (-4.652)	-1.234*** (-4.637)
*Big*10	0.067 (1.163)	0.067 (1.174)	0.067 (1.165)	0.067 (1.176)
*Top*1	0.753*** (3.839)	0.753*** (3.838)	0.737*** (3.761)	0.750*** (3.830)
Inst	1.284*** (9.260)	1.289*** (9.293)	1.271*** (9.164)	1.272*** (9.152)
LnBoard	0.451** (2.464)	0.449** (2.452)	0.444** (2.426)	0.445** (2.429)
Indep	0.333 (0.540)	0.327 (0.530)	0.317 (0.513)	0.327 (0.528)
LnPay	0.325*** (6.821)	0.325*** (6.826)	0.325*** (6.836)	0.315*** (6.599)
Manager	0.492*** (3.148)	0.493*** (3.148)	0.488*** (3.128)	0.472*** (3.018)
Dual	-0.025 (-0.428)	-0.023 (-0.406)	-0.023 (-0.404)	-0.022 (-0.374)
截距项	-18.108*** (-18.203)	-18.104*** (-18.225)	-18.454*** (-18.630)	-18.435*** (-18.593)
年份固定效应	控制	控制	控制	控制
行业固定效应	控制	控制	控制	控制
地区固定效应	控制	控制	控制	控制
Wald 统计量	1354.586***	1355.196***	1344.727***	1349.330***
Pse. R^2	0.153	0.153	0.153	0.156

续表

变量	被解释变量：*Disclosure*			
	(1)	(2)	(3)	(4)
样本量	12067	12067	12067	12067

注：①被解释变量为信息披露考评等级，值越大表示企业信息透明度越高；②括号内为经异方差调整后的 t 值；③***、**、*分别表示双尾检验在 1%、5%、10%下的统计显著水平。

二、Ordered Probit 计量回归模型

网络新媒体互动与企业信息透明度的全样本 Ordered Probit 计量回归结果如表 6-10 所示，从中可以发现：无论使用哪种方法度量网络新媒体互动情况，网络新媒体互动均显著提高了企业信息透明度（网络新媒体互动频度的回归系数为 0.037，互动广度的回归系数为 0.039，提问深度的回归系数为 0.027，回答深度的回归系数为 0.037，且均在 1%水平下显著）。与 Ordered Logit 计量回归结果相比，回归系数有所下降，但网络新媒体互动对企业信息透明度的提升作用依然是显著的，且研究结论不变。

表 6-10　网络新媒体互动与企业信息透明度的回归结果：Ordered Probit 回归检验

变量	被解释变量：*Disclosure*			
	(1)	(2)	(3)	(4)
CommFre	0.037*** (3.563)			
CommScope		0.039*** (3.498)		
CommDepq			0.027*** (3.805)	
CommDepa				0.037*** (5.347)
LnSize	0.168*** (9.290)	0.168*** (9.322)	0.168*** (9.344)	0.165*** (9.181)
LnAge	-0.044*** (-2.645)	-0.044*** (-2.672)	-0.044*** (-2.679)	-0.043*** (-2.627)
Lev	-0.725*** (-9.476)	-0.726*** (-9.488)	-0.724*** (-9.480)	-0.716*** (-9.390)

续表

变量	被解释变量：*Disclosure*			
	(1)	(2)	(3)	(4)
ROA	5.200*** (14.221)	5.201*** (14.229)	5.203*** (14.227)	5.208*** (14.230)
TobinQ	−0.040*** (−5.644)	−0.040*** (−5.628)	−0.040*** (−5.639)	−0.040*** (−5.692)
Loss	−0.374*** (−6.889)	−0.374*** (−6.880)	−0.374*** (−6.877)	−0.374*** (−6.889)
*Big*10	0.071*** (2.959)	0.071*** (2.960)	0.071*** (2.946)	0.072*** (2.965)
*Top*1	0.417*** (4.834)	0.416*** (4.828)	0.413*** (4.792)	0.419*** (4.869)
Inst	0.567*** (9.380)	0.567*** (9.387)	0.564*** (9.327)	0.563*** (9.311)
LnBoard	0.202*** (2.623)	0.202*** (2.626)	0.201*** (2.618)	0.201*** (2.611)
Indep	−0.048 (−0.178)	−0.047 (−0.175)	−0.049 (−0.185)	−0.051 (−0.192)
LnPay	0.192*** (8.979)	0.192*** (8.990)	0.193*** (8.992)	0.189*** (8.837)
Manager	0.286*** (4.415)	0.286*** (4.416)	0.285*** (4.405)	0.281*** (4.339)
Dual	−0.043* (−1.749)	−0.043* (−1.739)	−0.042* (−1.723)	−0.043* (−1.745)
截距项 1	4.976*** (11.610)	4.986*** (11.637)	5.037*** (11.812)	4.984*** (11.690)
截距项 2	6.182*** (14.456)	6.192*** (14.483)	6.244*** (14.673)	6.191*** (14.553)
截距项 3	8.494*** (19.678)	8.503*** (19.707)	8.555*** (19.916)	8.504*** (19.805)
年份固定效应	控制	控制	控制	控制
行业固定效应	控制	控制	控制	控制
地区固定效应	控制	控制	控制	控制

续表

变量	被解释变量：*Disclosure*			
	(1)	(2)	(3)	(4)
Wald 统计量	2072.153***	2071.420***	2068.992***	2074.582***
Pse. R^2	0.117	0.117	0.117	0.117
样本量	12067	12067	12067	12067

注：①被解释变量为信息披露考评等级，值越大表示企业信息透明度越高；②括号内为经异方差调整后的 t 值；③***、**、*分别表示双尾检验在 1%、5%、10%下的统计显著水平。

三、2SLS 两阶段检验

Healy 和 Palepu（2001）认为有关企业信息透明度问题的研究均无法避免内生性问题。因此本书借鉴相关研究的处理方式，使用上一年度投资者与上市公司网络新媒体互动情况（*LComm*）作为工具变量，运用 2SLS 两阶段工具变量法进行内生性控制。具体做法是：在第一阶段回归中加入 *LComm* 以及全部控制变量，得到投资者与上市公司网络新媒体互动的拟合值（*CommFit*），再进行第二阶段回归。

第一阶段的回归结果如表 6-11 中（1）至（4）列所示，从中可以发现，网络新媒体互动频度（*LCommFre*）的回归系数为 0.555，互动广度（*LCommScope*）的回归系数为 0.579，提问深度（*LCommDepq*）的回归系数为 0.424，回答深度（*LCommDepa*）的回归系数为 0.401，且均在 1%水平下显著。这表明使用上一年度投资者与上市公司网络新媒体互动情况作为工具变量具有一定的合理性。

表 6-11　网络新媒体互动与企业信息透明度的回归结果：2SLS 检验

变量	被解释变量：*Comm*				被解释变量：*Disclosure*			
	第一阶段				第二阶段			
	(1)	(2)	(3)	(4)	(5)	(6)	(7)	(8)
LCommFre	0.555*** (92.061)							
LCommScope		0.579*** (95.189)						
LCommDepq			0.424*** (76.684)					

续表

变量	被解释变量：*Comm*				被解释变量：*Disclosure*			
	第一阶段				第二阶段			
	(1)	(2)	(3)	(4)	(5)	(6)	(7)	(8)
LCommDepa				0.401*** (73.251)				
CommFreFit					0.120*** (4.310)			
CommScopeFit						0.112*** (4.127)		
CommDepqFit							0.115*** (4.686)	
CommDepaFit								0.144*** (5.497)
LnSize	0.089*** (6.673)	0.068*** (5.175)	0.147*** (8.375)	0.157*** (9.188)	0.305*** (8.542)	0.308*** (8.640)	0.303*** (8.500)	0.292*** (8.208)
LnAge	−0.197*** (−12.119)	−0.174*** (−10.836)	−0.249*** (−11.520)	−0.245*** (−11.592)	−0.208*** (−5.022)	−0.215*** (−5.180)	−0.204*** (−4.898)	−0.199*** (−4.787)
Lev	−0.092 (−1.547)	−0.031 (−0.535)	−0.334*** (−4.249)	−0.346*** (−4.513)	−1.312*** (−8.414)	−1.322*** (−8.497)	−1.288*** (−8.211)	−1.264*** (−8.064)
ROA	1.502*** (5.841)	1.352*** (5.316)	1.729*** (5.067)	1.138*** (3.418)	9.870*** (14.069)	9.924*** (14.111)	9.832*** (14.033)	9.928*** (14.149)
TobinQ	0.006 (1.129)	0.010* (1.859)	0.006 (0.875)	0.013* (1.950)	−0.054*** (−3.701)	−0.055*** (−3.755)	−0.051*** (−3.607)	−0.054*** (−3.805)
Loss	0.171*** (4.261)	0.152*** (3.839)	0.217*** (4.058)	0.158*** (3.024)	−0.611*** (−5.742)	−0.605*** (−5.679)	−0.617*** (−5.792)	−0.613*** (−5.745)
Big10	0.021 (1.150)	0.039** (2.134)	0.029 (1.200)	0.034 (1.421)	0.138*** (2.799)	0.137*** (2.774)	0.136*** (2.757)	0.134*** (2.719)
Top1	−0.238*** (−3.571)	−0.180*** (−2.727)	−0.303*** (−3.421)	−0.231*** (−2.669)	0.765*** (4.371)	0.756*** (4.319)	0.762*** (4.358)	0.766*** (4.391)
Inst	−0.250*** (−5.191)	−0.211*** (−4.427)	−0.335*** (−5.223)	−0.328*** (−5.233)	1.000*** (7.975)	0.996*** (7.950)	0.999*** (7.974)	1.006*** (8.025)
LnBoard	0.127** (2.172)	0.133** (2.295)	0.101 (1.302)	0.076 (0.999)	0.453*** (2.915)	0.456*** (2.934)	0.450*** (2.901)	0.458*** (2.948)

续表

变量	被解释变量：*Comm*				被解释变量：*Disclosure*			
	第一阶段				第二阶段			
	(1)	(2)	(3)	(4)	(5)	(6)	(7)	(8)
Indep	0.155 (0.772)	0.184 (0.931)	0.091 (0.342)	0.090 (0.347)	-0.019 (-0.036)	-0.014 (-0.026)	-0.031 (-0.058)	-0.027 (-0.051)
LnPay	0.041** (2.472)	0.033** (2.013)	0.086*** (3.887)	0.126*** (5.840)	0.319*** (7.292)	0.321*** (7.338)	0.315*** (7.196)	0.301*** (6.841)
Manager	-0.120** (-2.180)	-0.089 (-1.644)	-0.125* (-1.702)	-0.106 (-1.477)	0.396*** (2.751)	0.393*** (2.732)	0.392*** (2.723)	0.382*** (2.653)
Dual	0.020 (1.050)	0.011 (0.586)	0.035 (1.382)	0.025 (0.982)	-0.093* (-1.867)	-0.091* (-1.828)	-0.094* (-1.881)	-0.093* (-1.867)
截距项	-0.346 (-1.094)	-0.111 (-0.355)	0.849** (2.046)	0.526 (1.301)				
截距项 1					8.754*** (10.624)	8.776*** (10.643)	9.078*** (11.285)	8.978*** (11.167)
截距项 2					11.122*** (13.581)	11.145*** (13.599)	11.447*** (14.310)	11.349*** (14.195)
截距项 3					15.002*** (18.103)	15.024*** (18.118)	15.327*** (18.919)	15.232*** (18.814)
年份固定效应	控制	控制	控制	控制	控制	控制	控制	控制
行业固定效应	控制	控制	控制	控制	控制	控制	控制	控制
地区固定效应	控制	控制	控制	控制	控制	控制	控制	控制
F/Wald 统计量	196.606***	208.961***	137.419***	129.185***	1716.588***	1716.078***	1718.335***	1719.687***
Adj. R2/ Pse. R2	0.570	0.585	0.480	0.465	0.119	0.119	0.119	0.120
样本量	9594	9594	9594	9594	9594	9594	9594	9594

注：①被解释变量为信息披露考评等级，值越大表示企业信息透明度越高；②括号内为经异方差调整后的t值；③***、**、*分别表示双尾检验在1%、5%、10%下的统计显著水平。

第二阶段的回归结果如表6-11中（5）至（8）列所示，从中可以发现，网络新媒体互动频度（*CommFreFit*）的回归系数为0.120，互动广度（*CommScopeFit*）的回归系数为0.112，提问深度（*CommDepqFit*）的回归系数为0.115，回答深度（*CommDepaFit*）的回归系数为 0.144，且均在 1%水平下显著。回归结果表明，采用 IV 两阶段估计控制内生性后，回归结果与基准回归结果一致，但网络新媒体互动的回归系数有所上升，即在考虑可能的内生性问题后，网络新媒体互动依然提高了企业信息透明度。

第五节　本章小结

本章以深交所推出的“互动易”平台问答记录为基础，并结合深交所发布的信息披露考评数据，考察网络新媒体互动对企业信息披露质量的影响。深交所发布的信息披露考评分为四个等级：优秀（A）、良好（B）、合格（C）、不合格（D），通过 Ordered Logit 计量回归方法，检验网络新媒体互动的信息披露效应。研究结果发现：网络新媒体互动与企业信息透明度显著正相关，说明网络新媒体互动越多、越广、越深，上市公司信息透明度越高，其根源在于网络新媒体互动对于已存在损害投资者利益行为的上市公司，管理层为了避免行政机构的进一步介入，将停止违规行为；对于不存在违规行为的上市公司，其声誉机制将对管理层形成外部约束。考虑到可能存在的内生性问题，在使用替代变量、变更计量方法、2SLS 工具变量法后，回归结果未发生本质变化，结论依然成立。进一步研究结果发现，网络新媒体互动提高企业信息透明度的作用在非国有企业、盈利企业、“十大”审计企业和管理层权力较大企业中表现得更加明显。原因在于非国有企业管理层对于资本市场的信息需求相对敏感；网络新媒体互动的信息披露效应具有一定的局限性，在亏损企业中不显著；在审计质量较高的情况下，网络新媒体互动依然具有信息披露效应；网络新媒体互动能够弥补公司内部治理机制的不足之处。

第七章　网络新媒体互动的监督效应

管理层进行盈余管理必须同时具备主观条件和客观条件：主观条件是管理层存在进行盈余管理的动机，如果缺乏盈余管理的动机，盈余管理行为也不会发生；客观条件是管理层具备盈余管理的可能性，这种可能性受到法律、监管、会计准则等外部因素以及公司治理等内部因素的影响。在第六章检验了网络新媒体互动的信息披露效应，发现网络新媒体互动提高了企业信息透明度，这就表明网络新媒体互动可以有效提高投资者的信息获取和解读能力，即网络新媒体互动可以缓解资本市场的信息不对称问题。既然如此，那么网络新媒体互动又能否对企业盈余管理产生影响呢？这种影响是抑制作用还是促进作用？针对这些问题，本章将对上市公司网络新媒体互动与盈余管理之间的关系进行检验。

第一节　研究假设

在资本市场中，投资者最关注的会计信息莫过于盈余信息。不管是基于资本市场的动机，抑或是基于契约的动机，更或者是基于政治成本的动机，管理层将选择相应的手段进行盈余管理（Schipper，1989）。目前学术界常用于度量企业盈余管理的方法主要有 Healy 模型、De Angelo 模型、Dechow 模型、Jones 模型，其中 Jones 模型提出的可操纵应计项模型是基于财务报表来测算企业盈余管理程度。Jones 模型不仅可以度量上市公司的盈余管理情况，还可以度量非上市公司的盈余管理情况，特别是 Jones 模型不需要受到资本市场强式有效的限制，这就使得 Jones 模型成为目前度量企业盈余管理的主要方法。已有研究发现有效的公司治理可以显著抑制企业盈余管理，提升盈余质量，例如佟岩和程小可（2007）发现如果企业两权分离度较高，那么企业关联交易将降低企业盈余质量。陈德球等（2011）发现 CEO 任期与企业盈余质量的关系显著为正，特别是非国有企业。黄海杰等（2016）发现会计专业独立董事可以发挥治理作用，提高盈余质量，特别是较高声誉的独立董事。

管理层进行盈余管理的动机主要有以下两个：一是避免盈余不及预期导致的损失，管理层认为与企业估值上的损失相比，盈余管理对公司的损害较小（Dechow 等，1996）；二是实现管理层利益最大化，例如管理层为了获得高额的奖金报酬，倾向于进行盈余管理，选择能够最大化自身效用的盈余报告。但无论是哪种动机，管理层之所以能够进行盈余管理，最重要的原因是投资者和管理层之间的信息不对称。从媒体报道来看，李培功和沈艺峰（2010）发现行政介入可以提高违规企业的行政成本和盈余管理成本。Dyck 等（2008）发现媒体报道可以影响经理人声誉，进而发挥治理作用。Chen 等（2013）认为媒体报道可以改善投资者的信息环境，有助于投资者了解企业的真实信息，进而对股票价格进行合理定位。Chen 等（2013）发现媒体独立性将对审计意见产生影响，特别是媒体独立性较高的国家，倾向于出具"非标"审计意见。从证券分析师来看，Dyck 等（2010）发现证券分析师能够及时发现管理层的盈余管理行为，改善企业盈余治理。Degeorge 等（2013）使用多个国家的上市公司为样本，发现证券分析师对企业盈余管理的制约作用在金融市场发达的国家中更加显著。李春涛等（2014）则以中国上市公司为研究对象，发现证券分析师对企业盈余管理的抑制作用在声誉较高的企业经理人中更加显著。从机构投资者调研来看，机构投资者不仅会发布实时的调研信息，也会对获取到的信息进行加工，同时发布投资报告。谭劲松和林雨晨（2016）研究发现，投资者调研有助于资本市场投资者获取有关上市公司信息，降低企业内外部的信息不对称程度，抑制管理层为攫取私利而进行的盈余管理，进而提高盈余质量。同时机构投资者具有更加专业的知识背景（夏冬林和李刚，2008），能够在一定程度上识别管理层的机会主义行为，对管理层形成一种无形的威慑，削弱管理层进行盈余管理的动机，提升盈余质量。

深圳证券交易所推出的"互动易"沟通平台，有助于投资者获取和解读上市公司信息，在一定程度上缓解了投资者和管理层之间的信息不对称，提高了整个公司的治理质量（谭松涛等，2016；丁慧等，2018）。网络新媒体互动约束管理层盈余管理行为的途径主要有以下四条：一是网络新媒体互动中出现的问题可以引起监管部门的介入。"互动易"平台受到官方监督，网络新媒体互动中出现的任何问题都可能引起监管部门的行政介入，进而发挥公司治理作用。一方面行政介入可以提高盈余管理被发现的概率，"互动易"平台是一个开放的平台，所有提问及回答完全向大众展示，投资者和监管部门可以通过这个平台更好地了解企业盈余管理的情况，降低信息不对称程度，提高盈余管理行为被发现的概率。另一方面行政介入也可以提高上市公司盈余管理的成本，如果引起了行政介入可

能会给上市公司带来巨大的成本，这是一种无形的威慑。二是网络新媒体互动中出现的问题将影响经理人声誉。随着中国市场化建设的不断推进，经理人市场不断趋于成熟和完善。在经理人市场中，职业经理人的核心竞争力是管理水平和职场声誉，如果职业经理人声誉良好，更容易获得较高的职位和薪酬（Chang 等，2010）。三是网络新媒体互动中出现的任何问题将导致投资者“用脚投票”。投资者信息搜寻成本较大，不可能对市场上的所有公司进行全面的分析。而网络新媒体互动可以降低投资者的信息搜寻成本，改善投资者的信息环境，降低投资者和管理层之间的信息不对称程度。当投资者了解到有关企业真实价值的信息后，就会对上市公司的股票价格有一个合理定位。如果被投资者发现上市公司存在盈余管理行为，投资者就会“用脚投票”来发泄内心的不满。四是网络新媒体互动中出现的问题将影响审计师的审计意见。投资者与上市公司在网络新媒体互动中出现的问题会被审计师放大，降低审计师对上市公司盈余管理行为的容忍程度。在这种情况下，审计师出具非标审计意见的可能性更大。因此本书提出假设 H1：

假设 H1：在其他条件不变的情况下，网络新媒体互动降低了企业应计盈余管理。

虽然以上分析表明由于网络新媒体互动具有抑制管理层应计盈余管理的作用，却并未消除管理层进行盈余管理的动机。网络新媒体互动虽然抑制应计盈余管理，但管理层是否会通过其他手段来满足盈余管理的动机？这个问题依然悬而未决。Roychowdhury（2006）把研究视野从应计盈余管理拓展到真实盈余管理。Cohen 等（2008）的研究发现管理层可以通过实际经营活动影响真实盈余管理，这种类型的盈余管理具有更强的隐蔽性，是应计盈余管理的天然替代品。

一些学者研究发现，如果公司业绩未达到投资者的预期，企业将面临市场价值损失（Bartov 等，2002），导致经理人被降薪（Matsunaga 等，2001），甚至被解雇（Hazarika 等，2012）。Graham 等（2005）的研究发现在评估公司业绩时，更加看重盈余的数量和稳定性，而不是经营现金流。因此面对这种可预期的私人利益损失，有理由相信经理人有动机进行盈余管理。如果网络新媒体互动确实能够抑制管理层的应计盈余管理，那么管理层应对网络新媒体互动的监督有两种策略性选择：一是在网络新媒体互动的监督下通过努力工作提高企业的盈余水平和盈余质量，减少财务欺诈的可能性，那么网络新媒体互动使公司治理作用得到充分的发挥；二是倒逼管理层将应计盈余管理转向真实盈余管理，对企业价值产生更大的损害（He and Tian，2013），这是投资者不愿意看到的。

与国外发达国家相比，中国对上市公司真实盈余管理的研究较少。因此本书在研究网络新媒体互动对上市公司盈余管理的问题时，也对网络新媒体互动与真实盈余管理之间的关系进行了检验。只有当网络新媒体互动能同时抑制管理层的两类盈余管理时，才能对网络新媒体互动外部监督的治理作用做出充分的肯定，否则只怕会适得其反。因此本书提出竞争性假设：

假设 H2a：在其他条件不变的情况下，网络新媒体互动提高了企业真实盈余管理；

假设 H2b：在其他条件不变的情况下，网络新媒体互动降低了企业真实盈余管理。

第二节　数据来源与研究设计

一、数据来源与样本选择

有关投资者与上市公司网络新媒体互动的数据来源于深圳证券交易所“互动易”平台（以下简称“互动易”平台，网址为 http：//irm. cninfo. com. cn/szse/index. html）的“问答”板块。我们使用 Java 编程软件抓取了“互动易”平台从 2010 年 1 月 1 日至 2017 年 12 月 31 日的问答记录共 2332440 条，包含 2076 家深圳市 A 股上市公司。考虑到“互动易”平台的主要服务对象是在深圳证券交易所上市的公司及其投资者，同时“互动易”平台的最早上线时间为 2010 年 1 月，因此本书将研究样本限定为 2010~2017 年的深圳上市公司。产权性质数据来源于 CCER 数据库，机构投资者数据来源于 Wind 数据库，其他数据来源于 CSMAR 数据库。同时，借鉴已有研究的做法，按照如下标准对初始样本进行预处理：①剔除金融保险行业样本；②剔除资不抵债的样本；③剔除相关财务数据缺失的样本。最终得到 1684 个企业共 10428 个年度—企业样本。此外，为了排除异常值对回归结果的影响，所有连续变量均在 1%和 99%分位数上进行 Winsor 缩尾处理。

二、变量选择与定义

（一）被解释变量——应计盈余管理

本书使用修正后的 Jones 模型来度量应计盈余管理。Jones（1991）认为，在不存在应计盈余管理的情况下，企业利润的应计部分应当与销售量、固定资产和应收账款之间存在一个稳定的线性关系。这种稳定的线性关系存在于同一行业的多个企业中，本书使用申银万国的行业分类，将所有上市公司分为 28 个行业，在删除金融保险业后，对如下计量模型进行分年度分行业回归：

$$\frac{TA_{i,t}}{A_{i,t-1}}=\alpha_1\frac{1}{A_{i,t-1}}+\alpha_2\frac{\Delta REV_{i,t}-\Delta REC_{i,t}}{A_{i,t-1}}+\alpha_3\frac{PPE_{i,t}}{A_{i,t-1}}+\varepsilon_{i,t} \tag{7-1}$$

其中，$TA_{i,t}$ 表示 i 企业在第 t 年的总应计项目，即净利润减去经营现金流净额，$A_{i,t-1}$ 表示 i 企业在第 $t-1$ 年年末的总资产，$\Delta REV_{i,t}$ 表示 i 企业在第 t 年的营业收入增量，$\Delta REC_{i,t}$ 表示 i 企业在第 t 年的应收账款增量，$PPE_{i,t}$ 表示 i 企业在第 t 年的固定资产。逐年对每个行业按照模型（7-1）进行回归，那么残差就是 i 企业在第 t 年的应计盈余管理（$DA_{i,t}$）。如果 $DA_{i,t}>0$，表示管理层进行了增加利润的盈余管理；如果 $DA_{i,t}<0$，表示管理层进行了减少利润的盈余管理。但本书关心的是盈余管理总量而非方向，因此使用 $|DA|$ 作为应计盈余管理的度量指标。

（二）被解释变量——真实盈余管理

本书借鉴 Roychowdhury（2006）的研究，使用经营活动产生的异常现金流（*CFOEM*）、异常产品成本（*PRODEM*）和异常费用（*DISXEM*）三个指标来合成一个综合的真实盈余管理指标（*RM*），具体度量方法如下：

异常现金流：Dechow 等（1998）认为同一年份同一行业的企业，经营活动产生的现金流应当与销售额之间存在稳定的线性关系。根据 Roychowdhury（2006）的方法可以使用模型（7-2）估计公司经营活动产生的正常现金流：

$$\frac{CFO_{i,t}}{A_{i,t-1}}=\beta_1\frac{1}{A_{i,t-1}}+\beta_2\frac{S_{i,t}}{A_{i,t-1}}+\beta_3\frac{\Delta S_{i,t}}{A_{i,t-1}}+\varepsilon_{i,t} \tag{7-2}$$

其中，$CFO_{i,t}$ 表示 i 企业在第 t 年的主营业务经营现金流净额，$A_{i,t-1}$ 表示 i 企业在第 $t-1$ 年年末的总资产，$S_{i,t}$ 表示 i 企业在第 t 年的主营营业收入，$\Delta S_{i,t}$ 表示 i 企业在第 t 年的主营营业收入增量。逐年对每个行业按照模型（7-2）进行回归，那么残差就是 i 企业在第 t 年的经营活动产生的异常现金流（*CFOEM*）。如果企业通过打折促销或降低门槛赊销来提高盈余水平，企业营业收入增加，但经营活动产生的现金流却没有同步提高，导致真实现金流低于预期现金流。因此异常现金流是一个反向指标，如果异常现金流越低，则表明真实盈余管理越严重。

异常产品成本：制造业企业的管理层可能通过增加产量的方式来降低产品单位成本，提高盈余水平。在固定成本不变的情况下，可以通过增加产量来均摊固定成本和销货成本，增加利润，但这样将导致总生产升本和存货上升。正常产品成本参照 Roychowdhury（2006）的方法，对模型（7-3）进行估计：

$$\frac{\Delta PROD_{i,t}}{A_{i,t-1}}=\beta_1\frac{1}{A_{i,t-1}}+\beta_2\frac{S_{i,t}}{A_{i,t-1}}+\beta_3\frac{\Delta S_{i,t}}{A_{i,t-1}}+\beta_4\frac{\Delta S_{i,t-1}}{A_{i,t-1}}+\varepsilon_{i,t} \tag{7-3}$$

其中，$\Delta PROD_{i,t}$ 表示 i 企业在第 t 年的产品成本，$A_{i,t-1}$ 表示 i 企业在第 $t-1$

年年末的总资产，$S_{i,t}$ 表示 i 企业在第 t 年的主营营业收入，$\Delta S_{i,t}$ 表示 i 企业在第 t 年的主营营业收入增量，$\Delta S_{i,t-1}$ 表示 i 企业在第 $t-1$ 年的主营营业收入增量。逐年对每个行业按照模型（7-3）进行回归，那么残差就是 i 企业在第 t 年的经营活动产生的异常生产成本（*PRODEM*）。如果企业通过增加产量的方式来均摊成本，那么企业的总生产成本高于预期的合理水平。因此异常生产成本是一个正向指标，如果异常生产成本越高，则表明真实盈余管理越严重。

异常费用：管理层也可能通过降低可酌情处置费用来提高企业盈余水平。正常费用参照 Roychowdhury（2006）的方法，对模型（7-4）进行估计：

$$\frac{DISX_{i,t}}{A_{i,t-1}}=\beta_1\frac{1}{A_{i,t-1}}+\beta_2\frac{S_{i,t-1}}{A_{i,t-1}}+\varepsilon_{i,t} \tag{7-4}$$

其中，$DISX_{i,t}$ 表示 i 企业在第 t 年的可酌情处置费用，是管理费用和销售费用之和，$A_{i,t-1}$ 表示 i 企业在第 $t-1$ 年年末的总资产，$S_{i,t-1}$ 表示 i 企业在第 $t-1$ 年的主营营业收入。逐年对每个行业按照模型（7-4）进行回归，那么残差就是 i 企业在第 t 年的经营活动产生的异常费用（*DISXEM*）。如果企业通过降低可酌情处置费用来提高利润，那么企业的可酌情处置费用将低于预期的合理水平。因此异常费用是一个反向指标，如果异常费用越低，则表明真实盈余管理越严重。

由于这三个指标调整的方向不一致，本书参照 Zang（2012）的做法，将异常现金流（*CFOEM*）、异常产品成本（*PRODEM*）和异常费用（*DISXEM*）三个指标合成一个综合的真实盈余管理指标（*RM*），合成方法如下：

$$RM_{i,t}=PRODEM_{i,t}-CFOEM_{i,t}-DISXEM_{i,t} \tag{7-5}$$

（三）解释变量——网络新媒体互动

“互动易”平台的问答数据包括提问者的个人信息、上市公司信息、提问信息和回答信息，其中提问信息包括提问时间和提问内容，回答信息包括回答时间和回答内容。将收集到的问答记录进行归类整理，可以得到上市公司 i 在第 t 年与投资者的有效互动情况。

本书将投资者与上市公司的网络新媒体互动分为互动频度、互动广度和互动深度三个方面。具体定义如下：①互动频度（*CommFre*）为年度投资者与上市公司在“互动易”平台的有效问答数加 1 取自然对数；②互动广度（*CommScope*）为年度参与上市公司“互动易”平台的有效问答提问人数加 1 取自然对数；③互动深度（*CommDep*）为投资者向上市公司所提问题的长度以及上市公司回答的长度可以反映出投资者对某个事项的深入了解程度，提问深度（*CommDepq*）为投资者在“互动易”平台所提问题的总字数加 1 取自然对数，回答深度（*CommDepa*）为上市公司在“互动易”平台针对投资者问题做出回答的总字数加 1 取自然对数。

(四) 控制变量

借鉴李春涛等（2016）的做法，本书还加入了如下控制变量：①公司特征变量，包括企业规模（*LnSize*），用企业总资产的自然对数表示；上市年限（*LnAge*），用已上市年限的自然对数表示；资产负债率（*Lev*），用企业总负债与总资产的比值表示；盈利能力（*ROA*），用净利润与总资产额比值表示；产权性质（*State*），如果实际控制人为国有单位则取值为1，否则取值为0。②公司治理变量，包括第一大股东持股比例（*Top*1），用第一大股东持股数与总股本的比值表示；机构投资者持股比例（*Inst*），用机构投资者持股数与总股本的比值表示；审计机构是否为全国十大会计师事务所（*Big*10），如果审计机构为全国十大会计师事务所①，则取值为1，否则取值为0；管理层持股比例（*Manager*），用管理层持股数与总股本的比值表示；管理层权力（*Dual*），若董事长总经理两职合一则取值为1，否则取值为0。同时，本书还加入年份哑变量、行业哑变量、地区哑变量以控制年份固定效应、行业固定效应和地区固定效应，各变量的具体定义如表7-1所示。

表7-1　变量定义与说明

变量类型	变量符号	变量名称	变量定义
被解释变量	|*DA*|	应计盈余管理	根据修正后的Jones模型计算得到
	RM	真实盈余管理	参照Roychowhury（2006）的方法计算得到
解释变量	*CommFre*	网络新媒体互动频度	“互动易”平台有效问答数加1取自然对数
	CommScope	网络新媒体互动广度	“互动易”平台有效问答的提问人数加1取自然对数
	CommDepq	网络新媒体互动提问深度	“互动易”平台所提问题的总字数加1取自然对数
	CommDepa	网络新媒体互动回答深度	“互动易”平台针对问题做出回答的总字数加1取自然对数
控制变量	*LnSize*	企业规模	总资产的自然对数
	LnAge	上市年限	已上市年限的自然对数
	Lev	资产负债率	总负债与总资产的比值
	ROA	盈利能力	净利润与总资产额比值

① 对于“十大”审计的界定，参照中注协每年对于会计师事务所的排名，即历年《会计师事务所综合评价前百家信息》。

续表

变量类型	变量符号	变量名称	变量定义
控制变量	*State*	产权性质	如果实际控制人为国有单位则取值为1，否则取值为0
	*Top*1	第一大股东持股比例	第一大股东持股数与总股本的比值
	Inst	机构投资者持股比例	机构投资者持股数与总股本的比值
	*Big*10	是否为“十大”审计	若审计机构为全国十大会计师事务所则取值为1，否则取值为0
	Manager	管理层持股比例	管理层持股数与总股本的比值
	Dual	管理层权力	若董事长总经理两职合一则取1，否则取0

三、计量模型构建

为了检验前文提出的研究假设，本书采用OLS计量回归模型，考察网络新媒体互动对企业盈余管理的影响。具体计量模型如下：

$$EM_{it}=\beta_0+\beta_1 Comm_{it}+\beta_2 Controls_{it}+\sum\delta_t Year_t+\sum\gamma_i Ind_i+\sum\varphi_i Region_i+\varepsilon_{it} \tag{7-6}$$

其中，被解释变量 EM_{it} 是上市公司 i 在第 t 年的盈余管理水平，包括应计盈余管理和真实盈余管理，应计盈余管理根据修正后的Jones模型计算得到，真实盈余管理根据参照Roychowhury（2006）的方法计算得到；解释变量 $Comm_{it}$ 是上市公司 i 在第 t 年在深交所“互动易”平台与投资者的互动情况，包括网络新媒体互动频度、互动广度和互动深度三方面；$Controls_{it}$ 是包括公司特征和公司治理等一系列的控制变量；*Year* 用以控制年度固定效应，*Ind* 用以控制行业固定效应，*Region* 用以控制地区固定效应；β 为各变量的回归系数，ε 为随机干扰项。根据这一模型，如果 $\beta_1>0$，则表明网络新媒体互动提高了企业盈余管理水平，反之则降低了企业盈余管理水平。

第三节　实证结果分析

一、描述性统计分析

主要变量的描述性统计分析如表7-2所示。由表7-2可知，应计盈余管理

（|*DA*|）的均值为0.066，中位数为0.043，真实盈余管理（*RM*）的均值为-0.002，中位数为-0.010，与李春涛等（2016）的水平相当，这表明中国企业上市公司盈余管理的手段主要还是应计盈余管理，通过真实盈余管理来操控业绩的现象并不普遍。网络新媒体互动频度（*CommFre*）的均值为4.192，标准差为1.478；网络新媒体互动广度（*CommScope*）的均值为3.983，标准差为1.466；网络新媒体互动提问深度（*CommDepq*）的均值为8.092，标准差为1.989；网络新媒体互动回答深度（*CommDepa*）的均值为8.310，标准差为1.942，表明网络新媒体互动情况在不同企业之间差异较大。

表7-2　主要变量的描述性统计

变量	样本量	均值	标准差	最小值	p25	中位数	p75	最大值
|*DA*|	10428	0.066	0.077	0.001	0.020	0.043	0.083	0.480
RM	10428	-0.002	0.135	-0.406	-0.074	-0.010	0.060	0.492
CommFre	10428	4.192	1.478	0.000	3.466	4.477	5.209	6.845
CommScope	10428	3.983	1.466	0.000	3.178	4.263	5.017	6.655
CommDepq	10428	8.092	1.989	0.000	7.454	8.497	9.304	11.086
CommDepa	10428	8.310	1.942	0.000	7.708	8.704	9.460	11.141
LnSize	10428	21.801	1.086	19.740	21.015	21.674	22.410	25.157
LnAge	10428	1.934	0.769	0.000	1.386	1.946	2.639	3.178
Lev	10428	0.393	0.207	0.044	0.222	0.375	0.548	0.863
ROA	10428	0.042	0.050	-0.147	0.015	0.038	0.066	0.190
State	10428	0.267	0.442	0.000	0.000	0.000	1.000	1.000
*Top*1	10428	0.336	0.143	0.090	0.224	0.311	0.426	0.726
Inst	10428	0.353	0.230	0.000	0.148	0.343	0.531	0.846
*Big*10	10428	0.578	0.494	0.000	0.000	1.000	1.000	1.000
Manager	10428	0.172	0.214	0.000	0.000	0.041	0.341	0.699
Dual	10428	0.312	0.463	0.000	0.000	0.000	1.000	1.000

注：①所有连续变量均在1%的水平进行Winsor缩尾处理；②p25和p75分别表示第1个四分位点和第3个四分位点。

从控制变量来看，资产负债率（*Lev*）的均值为0.393，标准差为0.207，表明大多数企业的资产负债率不高；盈利能力（*ROA*）的均值为0.042，标准差为0.050，表明大多数企业的盈利能力不强；产权性质（*State*）的均值为0.267，表明大约只有1/4的样本为国有企业；第一大股东持股比例（*Top*1）的均值为0.336，中位数为0.311，表明第一大股东可以形成相对控股；机构持股比例

(*Inst*) 的均值为 0.353，中位数为 0.343，表明机构持股比例相对较大，有足够的能力对企业进行监督；是否为“十大”审计（*Big*10）的均值为 0.578，表明将超过一半的企业选择的审计机构是“十大”审计；管理层持股比例（*Manager*）的均值为 0.172，表明管理层持股比例已达到一定规模，具有较强的激励作用；管理层权力（*Dual*）的均值为 0.312，表明不到 1/3 的样本总经理和董事长由同一人担任。

二、相关系数分析

主要变量的 Pearson 相关系数分析如表 7-3 所示。从表 7-3 中可以发现：①网络新媒体互动频度（*CommFre*）、互动广度（*CommScope*）、提问深度（*CommDepq*）、回答深度（*CommDepa*）四个指标均与应计盈余管理（|*DA*|）、真实盈余管理（*RM*）在 1%水平下显著负相关，这些结果初步支持了假设 H1 和 H2*b*，即网络新媒体互动不仅降低了管理层应计盈余管理，还降低了管理层真实盈余管理。②盈利能力（*ROA*）、“十大”审计（*Big*10）、管理层持股比例（*Manager*）与应计盈余管理（|*DA*|）在 1%水平下显著负相关；企业规模（*LnSize*）、盈利能力（*ROA*）、机构投资者持股比例（*Inst*）、“十大”审计（*Big*10）、管理层持股比例（*Manager*）、管理层权力（*Dual*）与真实盈余管理（*RM*）在 1%水平下显著负相关。③上市年限（*LnAge*）、资产负债率（*Lev*）、第一大股东持股比例（*Top*1）与应计盈余管理（|*DA*|）至少在 5%水平下显著正相关；上市年限（*LnAge*）、资产负债率（*Lev*）、产权性质（*State*）与真实盈余管理（*RM*）在 1%水平下显著正相关。④主要解释变量与控制变量的相关系数不高（均在 0.2 以下），降低了解释变量与控制变量产生多重共线性的可能性。

三、主回归结果分析

（一）网络新媒体互动与应计盈余管理

网络新媒体互动与管理层应计盈余管理的全样本 OLS 计量回归结果如表 7-4 所示，其中第 1 列的解释变量为网络新媒体互动频度（*CommFre*），第 2 列的解释变量为网络新媒体互动广度（*CommScope*），第 3 列和第 4 列的解释变量为网络新媒体互动深度，分别用提问深度（*CommDepq*）和回答深度（*CommDepa*）两个指标表示。从表 7-4 中可以发现：网络新媒体互动频度（*CommFre*）和互动广度（*CommScope*）的回归系数均为-0.002，提问深度（*CommDepq*）和回答深度（*CommDepa*）的回归系数也均为-0.002，且均在 1%水平下显著。无论是网络新媒体互动频度还是网络新媒体互动广度，甚至是网络新媒体互动深度，都表明网络新媒体互动降低了管理层应计盈余管理。网络新媒体互动有助于投资者获取和

表 7-3　主要变量相关系数性分析

	|DA|	RM	CommFre	CommScope	CommDepq	CommDepa	LnSize	LnAge
|DA|	1.000							
RM	0.013	1.000						
CommFre	-0.086 (***)	-0.119 (***)	1.000					
CommScope	-0.086 (***)	-0.113 (***)	0.987 (***)	1.000				
CommDepq	-0.087 (***)	-0.113 (***)	0.957 (***)	0.935 (***)	1.000			
CommDepa	-0.087 (***)	-0.106 (***)	0.933 (***)	0.912 (***)	0.979 (***)	1.000		
LnSize	-0.003	-0.040 (***)	0.158 (***)	0.157 (***)	0.146 (***)	0.151 (***)	1.000	
LnAge	0.036 (***)	0.087 (***)	-0.027 (***)	-0.007	-0.047 (***)	-0.049 (***)	0.432 (***)	1.000
Lev	0.146 (***)	0.108 (***)	-0.124 (***)	-0.114 (***)	-0.130 (***)	-0.122 (***)	0.518 (***)	0.435 (***)
ROA	-0.043 (***)	-0.169 (***)	0.048 (***)	0.035 (***)	0.058 (***)	0.053 (***)	-0.015	-0.198 (***)
State	0.004	0.052 (***)	-0.159 (***)	-0.157 (***)	-0.147 (***)	-0.146 (***)	0.300 (***)	0.439 (***)
Top1	0.021 (**)	-0.008	-0.115 (***)	-0.117 (***)	-0.090 (***)	-0.081 (***)	0.114 (***)	-0.088 (***)
Inst	-0.013	-0.031 (***)	-0.054 (***)	-0.051 (***)	-0.045 (***)	-0.039 (***)	0.353 (***)	0.286 (***)
Big10	-0.027 (***)	-0.033 (***)	0.093 (***)	0.097 (***)	0.093 (***)	0.094 (***)	0.079 (***)	-0.022 (**)
Manager	-0.052 (***)	-0.112 (***)	0.131 (***)	0.124 (***)	0.133 (***)	0.131 (***)	-0.292 (***)	-0.548 (***)
Dual	-0.008	-0.042 (***)	0.070 (***)	0.064 (***)	0.067 (***)	0.064 (***)	-0.127 (***)	-0.196 (***)

续表

	Lev	*ROA*	*State*	*Top*1	*Inst*	*Big*10	*Manager*	*Dual*
Lev	1.000							
ROA	-0.367（***）	1.000						
State	0.296（***）	-0.108（***）	1.000					
*Top*1	0.050（***）	0.102（***）	0.115（***）	1.000				
Inst	0.211（***）	0.109（***）	0.313（***）	0.281（***）	1.000			
*Big*10	0.008	0.028（***）	-0.016	0.020（**）	0.036（***）	1.000		
Manager	-0.345（***）	0.159（***）	-0.452（***）	-0.083（***）	-0.480（***）	0.031（***）	1.000	
Dual	-0.107（***）	0.027（***）	-0.252（***）	-0.006	-0.133（***）	0.023（**）	0.195（***）	1.000

注：***、**、*分别表示双尾检验在1%、5%、10%下的统计显著水平。

解读上市公司信息，在一定程度上缓解了投资者和管理层之间的信息不对称，提高了整个公司的治理质量。实证结果支持了本书的假设 H1，即网络新媒体互动降低了投资者的监督成本，导致企业难以进行应计盈余管理。

表 7-4　网络新媒体互动与管理层应计盈余管理的回归结果

变量	被解释变量：|DA|			
	(1)	(2)	(3)	(4)
CommFre	-0.002*** (-3.281)			
CommScope		-0.002*** (-3.482)		
CommDepq			-0.002*** (-3.242)	
CommDepa				-0.002*** (-3.356)
LnSize	-0.008*** (-6.564)	-0.008*** (-6.585)	-0.008*** (-6.644)	-0.008*** (-6.608)
LnAge	-0.002 (-1.036)	-0.002 (-0.953)	-0.002 (-1.104)	-0.002 (-1.113)
Lev	0.065*** (10.866)	0.065*** (10.866)	0.065*** (10.905)	0.065*** (10.908)
ROA	0.061** (2.574)	0.061** (2.545)	0.061*** (2.586)	0.061** (2.571)
State	-0.006*** (-2.798)	-0.006*** (-2.841)	-0.006*** (-2.749)	-0.006*** (-2.768)
Top1	0.007 (1.197)	0.007 (1.196)	0.007 (1.246)	0.008 (1.266)
Inst	-0.014*** (-3.391)	-0.014*** (-3.383)	-0.014*** (-3.369)	-0.014*** (-3.359)
Big10	-0.002 (-1.164)	-0.002 (-1.129)	-0.002 (-1.154)	-0.002 (-1.149)
Manager	-0.016*** (-3.437)	-0.016*** (-3.406)	-0.016*** (-3.432)	-0.016*** (-3.425)

续表

变量	被解释变量：|DA|			
	(1)	(2)	(3)	(4)
Dual	0.001 (0.477)	0.001 (0.465)	0.001 (0.471)	0.001 (0.458)
截距项	0.221*** (9.492)	0.220*** (9.477)	0.225*** (9.845)	0.225*** (9.880)
年份固定效应	控制	控制	控制	控制
行业固定效应	控制	控制	控制	控制
地区固定效应	控制	控制	控制	控制
F 统计量	8.301***	8.334***	8.261***	8.277***
Adj. R^2	0.069	0.069	0.069	0.069
样本量	10428	10428	10428	10428

注：①被解释变量为应计盈余管理，值越大表示应计盈余管理越严重；②括号内为经异方差调整后的 t 值；③***、**、*分别表示双尾检验在 1%、5%、10%下的统计显著水平。

在公司治理变量中，机构投资者持股比例（*Inst*）和管理层持股比例（*Manager*）的回归系数均在 1%水平下显著为负，说明机构投资者可以在一定程度上约束管理层行为，对应计盈余管理程度有一定的抑制作用，高管持股作为一种长期激励方式也在一定程度上抑制了上市公司的应计盈余管理，持股激励导致的利益趋同效应超越了机会主义行为，也起到了积极的治理作用。公司特征变量与应计盈余管理都存在较为显著的相关关系，企业规模（*LnSize*）和产权性质（*State*）与应计盈余管理负相关，资产负债率（*Lev*）、盈利能力（*ROA*）与应计盈余管理正相关，表明国有企业和规模越大的企业，应计盈余管理水平越低，而公司成立时间越长、资产负债率越高，应计盈余管理水平越高，其他控制变量与被解释变量并未见显著关系。

（二）网络新媒体互动与真实盈余管理

表 7-5 是网络新媒体互动与管理层真实盈余管理的全样本 OLS 计量回归结果。其中（1）到（4）列分别检验了网络新媒体互动频度、广度、提问深度以及回答深度对真实盈余管理的影响。从表 7-5 中可以发现：网络新媒体互动频度（*CommFre*）和互动广度（*CommScope*）的回归系数均为-0.003，提问深度（*CommDepq*）和回答深度（*CommDepa*）的回归系数均为-0.002，且均在 1%水平下显著。无论是网络新媒体互动频度还是网络新媒体互动广度，甚至是网络新媒体互动深度，都表明网络新媒体互动降低了管理层真实盈余管理。这就意味着在网络新媒体互动的监督下管理层通过努力工作提高企业的盈余水平和盈余质

量，发挥了公司治理作用，不仅抑制了上市公司应计盈余管理，也抑制了上市公司真实盈余管理，存在约束管理层盈余管理的有效机制。实证结果支持了本书的假设 H2b，即网络新媒体互动降低了投资者的监督成本，导致企业难以进行真实盈余管理。

表 7-5　网络新媒体互动与管理层真实盈余管理的回归结果

变量	被解释变量：*RM*			
	(1)	(2)	(3)	(4)
CommFre	-0.003*** (-6.950)			
CommScope		-0.003*** (-6.803)		
CommDepq			-0.002*** (-6.189)	
CommDepa				-0.002*** (-5.347)
LnSize	-0.006*** (-6.565)	-0.006*** (-6.731)	-0.006*** (-6.902)	-0.006*** (-7.122)
LnAge	0.003** (2.481)	0.004*** (2.613)	0.003** (2.325)	0.003** (2.292)
Lev	0.020*** (4.485)	0.021*** (4.557)	0.021*** (4.636)	0.022*** (4.817)
ROA	-0.175*** (-9.665)	-0.176*** (-9.690)	-0.174*** (-9.603)	-0.174*** (-9.578)
State	0.000 (0.247)	0.000 (0.224)	0.001 (0.477)	0.001 (0.559)
*Top*1	0.005 (0.848)	0.005 (0.889)	0.005 (1.012)	0.006 (1.107)
Inst	-0.022*** (-5.701)	-0.022*** (-5.677)	-0.022*** (-5.648)	-0.022*** (-5.623)
*Big*10	-0.002 (-1.354)	-0.002 (-1.331)	-0.002 (-1.410)	-0.002 (-1.478)
Manager	-0.029*** (-6.572)	-0.029*** (-6.546)	-0.029*** (-6.619)	-0.029*** (-6.665)

续表

变量	被解释变量：*RM*			
	（1）	（2）	（3）	（4）
Dual	-0.002 (-1.501)	-0.002 (-1.536)	-0.002 (-1.541)	-0.002 (-1.586)
截距项	0.122*** (7.028)	0.123*** (7.089)	0.132*** (7.631)	0.134*** (7.779)
年份固定效应	控制	控制	控制	控制
行业固定效应	控制	控制	控制	控制
地区固定效应	控制	控制	控制	控制
F 统计量	15.186***	15.133***	15.067***	14.955***
Adj. R^2	0.081	0.081	0.080	0.079
样本量	10428	10428	10428	10428

注：①被解释变量为真实盈余管理，值越大表示真实盈余管理越严重；②括号内为经异方差调整后的 t 值；③***、**、*分别表示双尾检验在 1%、5%、10%下的统计显著水平。

关于控制变量对管理层真实盈余管理的影响，从公司治理变量来看，机构投资者持股比例（*Inst*）、管理层持股比例（*Manager*）的回归系数显著为负，这就说明机构投资者和高管持股均能在一定程度上抑制公司的真实盈余管理，起到有效的治理作用；从公司特征变量来看，企业规模（*LnSize*）、盈利能力（*ROA*）的回归系数显著为负；上市年限（*LnAge*）、资产负债率（*Lev*）的回归系数显著为正。这就说明企业规模越大、盈利能力越强，管理层真实盈余管理程度越小；而公司成立时间越长、资产负债率越高，真实盈余管理程度越严重。其他控制变量与被解释变量并未见显著关系。

四、异质性检验

（一）按照产权性质分组检验

本书从 CCER 数据库提取了有关上市公司实际控制人信息，根据实际控制人的类型将其分为国有企业和非国有企业，区分国有企业与非国有企业样本的回归结果如表 7-6 和表 7-7 所示。

从表 7-6 中可以发现：在国有企业样本中，不论是网络新媒体互动频度（*CommFre*）、互动广度（*CommScope*），还是提问深度（*CommDepq*）、回答深度（*CommDepa*）的回归系数均不显著；但在非国有企业样本中，不论是网络新媒体互动频度（*CommFre*）、互动广度（*CommScope*），还是提问深度（*CommDepq*）、回答深度（*CommDepa*）的回归系数均在 1%水平下显著为负。这就表明网络新

媒体互动对应计盈余管理的影响在非国有企业中更显著。对于国有企业而言，高管普遍存在薪酬管制的现象，面临的业绩压力小于民营企业，而且国有企业应计盈余管理程度低于非国有企业；但对于非国有企业而言，高管的薪酬与股价联系密切，面临的业绩压力较大，因此盈余管理程度较国有企业高。深圳证券交易所推出的“互动易”平台能够在一定程度上约束管理层的应计盈余管理行为，特别是对于业绩压力较大的非国有企业。

表 7-6 网络新媒体互动与应计盈余管理的回归结果：按照产权性质分组检验

变量	被解释变量：|DA|							
	国企	非国企	国企	非国企	国企	非国企	国企	非国企
	(1)	(2)	(3)	(4)	(5)	(6)	(7)	(8)
CommFre	−0.001 (−0.581)	−0.003*** (−3.699)						
CommScope			−0.001 (−0.613)	−0.003*** (−3.936)				
CommDepq					−0.000 (−0.516)	−0.002*** (−3.801)		
CommDepa							−0.001 (−0.621)	−0.002*** (−3.846)
LnSize	−0.009*** (−3.802)	−0.007*** (−5.221)	−0.009*** (−3.809)	−0.007*** (−5.232)	−0.009*** (−3.874)	−0.007*** (−5.274)	−0.009*** (−3.870)	−0.007*** (−5.238)
LnAge	0.000 (0.083)	−0.002 (−0.953)	0.000 (0.092)	−0.002 (−0.840)	0.000 (0.073)	−0.002 (−1.042)	0.000 (0.077)	−0.002 (−1.068)
Lev	0.064*** (5.362)	0.065*** (8.991)	0.064*** (5.350)	0.065*** (8.996)	0.064*** (5.437)	0.065*** (8.993)	0.064*** (5.427)	0.065*** (9.020)
ROA	0.058 (1.269)	0.059** (2.079)	0.057 (1.257)	0.058** (2.055)	0.058 (1.280)	0.059** (2.086)	0.058 (1.271)	0.059** (2.076)
*Top*1	0.001 (0.057)	0.009 (1.327)	0.001 (0.056)	0.009 (1.327)	0.001 (0.075)	0.009 (1.357)	0.001 (0.073)	0.009 (1.379)
Inst	0.009 (0.905)	−0.021*** (−4.478)	0.009 (0.911)	−0.021*** (−4.484)	0.009 (0.905)	−0.021*** (−4.443)	0.009 (0.904)	−0.021*** (−4.426)
*Big*10	−0.004 (−1.351)	−0.001 (−0.602)	−0.004 (−1.343)	−0.001 (−0.557)	−0.004 (−1.363)	−0.001 (−0.591)	−0.004 (−1.344)	−0.001 (−0.612)

续表

变量	被解释变量：|DA|							
	国企	非国企	国企	非国企	国企	非国企	国企	非国企
	(1)	(2)	(3)	(4)	(5)	(6)	(7)	(8)
Manager	0.005 (0.147)	-0.017*** (-3.470)	0.005 (0.149)	-0.017*** (-3.431)	0.005 (0.143)	-0.017*** (-3.449)	0.005 (0.149)	-0.017*** (-3.454)
Dual	-0.004 (-0.862)	0.001 (0.773)	-0.004 (-0.863)	0.001 (0.757)	-0.004 (-0.860)	0.001 (0.766)	-0.004 (-0.862)	0.001 (0.752)
截距项	0.238*** (5.389)	0.213*** (7.422)	0.238*** (5.385)	0.213*** (7.395)	0.239*** (5.513)	0.220*** (7.778)	0.239*** (5.520)	0.221*** (7.817)
年份固定效应	控制	控制	控制	控制	控制	控制	控制	控制
行业固定效应	控制	控制	控制	控制	控制	控制	控制	控制
地区固定效应	控制	控制	控制	控制	控制	控制	控制	控制
F 统计量	3.341***	7.154***	3.346***	7.196***	3.342***	7.167***	3.343***	7.181***
Adj. R^2	0.069	0.077	0.069	0.077	0.069	0.077	0.069	0.077
样本量	2785	7643	2785	7643	2785	7643	2785	7643

注：①被解释变量为应计盈余管理，值越大表示应计盈余管理越严重；②括号内为经异方差调整后的 t 值；③***、**、*分别表示双尾检验在 1%、5%、10%下的统计显著水平。

表 7-7 网络新媒体互动与真实盈余管理的回归结果：按照产权性质分组检验

变量	被解释变量：*RM*							
	国企	非国企	国企	非国企	国企	非国企	国企	非国企
	(1)	(2)	(3)	(4)	(5)	(6)	(7)	(8)
CommFre	-0.001 (-0.642)	-0.005*** (-7.722)						
CommScope			-0.000 (-0.492)	-0.005*** (-7.567)				
CommDepq					-0.000 (-0.301)	-0.003*** (-7.167)		
CommDepa							-0.000 (0.394)	-0.003*** (-6.639)
LnSize	-0.006*** (-4.146)	-0.007*** (-5.700)	-0.006*** (-4.227)	-0.007*** (-5.855)	-0.006*** (-4.263)	-0.007*** (-5.995)	-0.006*** (-4.479)	-0.007*** (-6.124)

续表

变量	被解释变量：*RM*							
	国企	非国企	国企	非国企	国企	非国企	国企	非国企
	(1)	(2)	(3)	(4)	(5)	(6)	(7)	(8)
LnAge	0.015*** (5.416)	0.000 (0.300)	0.015*** (5.409)	0.001 (0.473)	0.015*** (5.407)	0.000 (0.101)	0.015*** (5.389)	0.000 (0.042)
Lev	0.011 (1.279)	0.023*** (4.225)	0.011 (1.319)	0.024*** (4.299)	0.012 (1.369)	0.024*** (4.301)	0.013 (1.521)	0.024*** (4.449)
ROA	−0.195*** (−6.896)	−0.147*** (−6.552)	−0.195*** (−6.878)	−0.148*** (−6.572)	−0.194*** (−6.880)	−0.146*** (−6.512)	−0.192*** (−6.829)	−0.146*** (−6.501)
*Top*1	0.005 (0.417)	−0.001 (−0.232)	0.005 (0.433)	−0.001 (−0.194)	0.005 (0.458)	−0.001 (−0.123)	0.005 (0.499)	−0.000 (−0.054)
Inst	−0.007 (−0.894)	−0.023*** (−5.310)	−0.007 (−0.888)	−0.023*** (−5.304)	−0.007 (−0.891)	−0.023*** (−5.229)	−0.007 (−0.887)	−0.023*** (−5.195)
*Big*10	0.004 (1.295)	−0.004** (−2.260)	0.003 (1.277)	−0.004** (−2.216)	0.003 (1.252)	−0.004** (−2.297)	0.003 (1.163)	−0.004** (−2.364)
Manager	0.024 (0.755)	−0.033*** (−7.229)	0.024 (0.746)	−0.033*** (−7.199)	0.024 (0.735)	−0.033*** (−7.254)	0.023 (0.700)	−0.034*** (−7.308)
Dual	−0.006 (−1.547)	−0.001 (−0.484)	−0.006 (−1.549)	−0.001 (−0.534)	−0.006 (−1.549)	−0.001 (−0.535)	−0.006 (−1.554)	−0.001 (−0.580)
截距项	0.168*** (5.969)	0.149*** (6.346)	0.169*** (6.015)	0.149*** (6.391)	0.170*** (6.071)	0.163*** (7.019)	0.173*** (6.166)	0.165*** (7.153)
年份固定效应	控制	控制	控制	控制	控制	控制	控制	控制
行业固定效应	控制	控制	控制	控制	控制	控制	控制	控制
地区固定效应	控制	控制	控制	控制	控制	控制	控制	控制
F统计量	9.765***	13.490***	9.765***	13.467***	9.773***	13.363***	9.775***	13.307***
Adj. R^2	0.124	0.101	0.124	0.100	0.124	0.100	0.124	0.099
样本量	2785	7643	2785	7643	2785	7643	2785	7643

注：①被解释变量为真实盈余管理，值越大表示真实盈余管理越严重；②括号内为经异方差调整后的t值；③***、**、*分别表示双尾检验在1%、5%、10%下的统计显著水平。

从表7-7中可以发现：在国有企业样本中，并未发现网络新媒体互动与真实盈余管理存在显著管理，但在非国有企业样本中，不论是网络新媒体互动频度（*CommFre*）、互动广度（*CommScope*），还是提问深度（*CommDepq*）、回答深度

（*CommDepa*）的回归系数均在1%水平下显著为负，说明网络新媒体互动对真实盈余管理的影响在非国有企业中更显著。原因在于非国有企业面临的业绩压力比较大，直接向投资者报告真实盈余将导致严重的价值损失，管理层也有可能被降薪或被炒鱿鱼，而进行盈余管理所需付出的成本较小，因此非国有企业盈余管理的程度较为严重；但国有企业肩负稳定国计民生的重大政治任务，盈利并不是管理层的唯一目标，对于管理层来讲更加重要的是晋升，因此国有企业进行盈余管理的动力也不如非国有企业强。由此便导致网络新媒体互动对盈余管理的抑制作用在非国有企业中更加明显。

（二）按照管理层权力分组检验

本书根据董事长和总经理是否为同一人担任界定管理层权力大小，如果董事长兼任总经理则认为管理层权力较大，反之则认为管理层权力较小，区分管理层权力较大与管理层权力较小企业样本的回归结果如表7-8和表7-9所示。

从表7-8中可以发现：在管理层权力较大的分组中，无论使用哪种方法度量网络新媒体互动情况，网络新媒体互动均显著降低了企业应计盈余管理（网络新媒体互动频度、提问深度、回答深度的回归系数均为-0.002，互动广度的回归系数为-0.003，且均在5%水平下显著）；在管理层权力较小的分组中，无论使用哪种方法度量网络新媒体互动情况，网络新媒体互动对企业应计盈余管理的影响均不显著。这就说明网络新媒体互动对企业应计盈余管理的抑制作用在管理层权力大的企业更显著，这是因为在管理层权力较大的企业中应计盈余管理程度更加严重，而网络新媒体互动兼具新媒体的作用，可以引导社会舆论风向，对管理层形成无形的压力；但如果管理层权力较小，企业应计盈余管理程度较小，则网络新媒体互动对管理层产生的约束力较小。

表7-8 网络新媒体互动与应计盈余管理的回归结果：按照管理层权力分组检验

变量	被解释变量：|*DA*|							
	权力大	权力小	权力大	权力小	权力大	权力小	权力大	权力小
	(1)	(2)	(3)	(4)	(5)	(6)	(7)	(8)
CommFre	-0.002** (-2.246)	0.000 (0.124)						
CommScope			-0.003** (-2.560)	0.000 (0.128)				
CommDepq					-0.002** (-2.298)	0.000 (0.258)		

续表

变量	被解释变量：|DA|							
	权力大	权力小	权力大	权力小	权力大	权力小	权力大	权力小
	(1)	(2)	(3)	(4)	(5)	(6)	(7)	(8)
CommDepa							-0.002** (-2.037)	-0.000 (-0.145)
LnSize	-0.005** (-2.307)	-0.007*** (-4.826)	-0.005** (-2.270)	-0.007*** (-4.831)	-0.005** (-2.308)	-0.008*** (-5.826)	-0.005** (-2.363)	-0.008*** (-5.753)
LnAge	-0.004 (-1.335)	0.005** (2.365)	-0.004 (-1.240)	0.005** (2.365)	-0.004 (-1.405)	0.002 (1.043)	-0.004 (-1.417)	0.002 (0.988)
Lev	0.082*** (7.677)	0.068*** (9.333)	0.082*** (7.677)	0.068*** (9.335)	0.082*** (7.701)	0.055*** (7.434)	0.082*** (7.706)	0.055*** (7.402)
ROA	0.092** (2.124)	0.035 (1.209)	0.091** (2.104)	0.035 (1.209)	0.091** (2.117)	0.033 (1.127)	0.091** (2.118)	0.033 (1.147)
State	-0.012** (-2.150)	-0.009*** (-3.529)	-0.012** (-2.202)	-0.009*** (-3.528)	-0.012** (-2.124)	-0.006** (-2.555)	-0.012** (-2.096)	-0.006** (-2.561)
*Top*1	0.002 (0.187)	0.019** (2.500)	0.002 (0.190)	0.019** (2.499)	0.002 (0.217)	0.010 (1.334)	0.002 (0.232)	0.010 (1.297)
Inst	-0.019** (-2.526)	-0.015*** (-2.801)	-0.019** (-2.548)	-0.015*** (-2.801)	-0.019** (-2.516)	-0.013** (-2.434)	-0.019** (-2.507)	-0.013** (-2.454)
*Big*10	-0.001 (-0.205)	-0.001 (-0.752)	-0.000 (-0.163)	-0.001 (-0.753)	-0.001 (-0.195)	-0.001 (-0.662)	-0.001 (-0.241)	-0.001 (-0.672)
Manager	-0.012 (-1.448)	-0.015** (-2.351)	-0.011 (-1.410)	-0.015** (-2.351)	-0.012 (-1.457)	-0.014** (-2.243)	-0.012 (-1.495)	-0.014** (-2.256)
截距项	0.168*** (3.900)	0.187*** (6.879)	0.166*** (3.865)	0.187*** (6.880)	0.173*** (4.036)	0.222*** (7.913)	0.175*** (4.085)	0.221*** (7.896)
年份固定效应	控制	控制	控制	控制	控制	控制	控制	控制
行业固定效应	控制	控制	控制	控制	控制	控制	控制	控制
地区固定效应	控制	控制	控制	控制	控制	控制	控制	控制
F 统计量	4.332***	6.525***	4.348***	6.522***	4.316***	6.071***	4.318***	6.066***
Adj. R^2	0.087	0.052	0.088	0.052	0.087	0.078	0.087	0.078
样本量	3257	7171	3257	7171	3257	7171	3257	7171

注：①被解释变量为应计盈余管理，值越大表示应计盈余管理越严重；②括号内为经异方差调整后的 t 值；③***、**、*分别表示双尾检验在1%、5%、10%下的统计显著水平。

从表 7-9 中可以发现：无论是管理层权力较大还是较小的分组，网络新媒体互动均能显著降低真实盈余管理，两组系数大小也未见明显差异。这就表明无论是管理层权力大的企业还是管理层权力小的企业，网络新媒体互动均能够在一定程度上约束管理层行为，有效发挥公司治理作用。

表 7-9　网络新媒体互动与真实盈余管理的回归结果：按照管理层权力分组检验

变量	被解释变量：*RM*							
	权力大	权力小	权力大	权力小	权力大	权力小	权力大	权力小
	(1)	(2)	(3)	(4)	(5)	(6)	(7)	(8)
CommFre	-0.004*** (-3.973)	-0.003*** (-5.394)						
CommScope			-0.003*** (-3.521)	-0.003*** (-5.434)				
CommDepq					-0.003*** (-3.988)	-0.003*** (-6.013)		
CommDepa							-0.002*** (-3.339)	-0.003*** (-5.281)
LnSize	-0.009*** (-5.306)	-0.005*** (-4.741)	-0.009*** (-5.477)	-0.005*** (-4.827)	-0.009*** (-5.306)	-0.005*** (-5.005)	-0.009*** (-5.472)	-0.005*** (-5.186)
LnAge	0.002 (0.624)	0.005*** (2.905)	0.002 (0.674)	0.005*** (2.997)	0.001 (0.497)	0.004** (2.133)	0.001 (0.461)	0.004** (2.232)
Lev	0.015* (1.803)	0.025*** (4.537)	0.015* (1.877)	0.025*** (4.558)	0.015* (1.764)	0.028*** (4.972)	0.015* (1.841)	0.028*** (5.103)
ROA	-0.083** (-2.427)	-0.206*** (-9.744)	-0.084** (-2.430)	-0.207*** (-9.772)	-0.084** (-2.443)	-0.193*** (-9.012)	-0.083** (-2.430)	-0.195*** (-9.081)
State	-0.010** (-2.131)	0.002 (0.811)	-0.010** (-2.081)	0.002 (0.769)	-0.010** (-2.050)	0.003 (1.316)	-0.010** (-1.994)	0.003 (1.305)
*Top*1	-0.021** (-2.176)	0.016** (2.438)	-0.021** (-2.146)	0.016** (2.455)	-0.021** (-2.124)	0.016** (2.408)	-0.020** (-2.096)	0.017** (2.543)
Inst	-0.029*** (-4.241)	-0.019*** (-4.088)	-0.029*** (-4.233)	-0.019*** (-4.053)	-0.029*** (-4.214)	-0.020*** (-4.250)	-0.029*** (-4.193)	-0.019*** (-4.167)
*Big*10	-0.011*** (-4.564)	0.001 (0.691)	-0.011*** (-4.596)	0.001 (0.727)	-0.011*** (-4.575)	0.000 (0.261)	-0.011*** (-4.661)	0.001 (0.307)

续表

变量	被解释变量：*RM*							
	权力大	权力小	权力大	权力小	权力大	权力小	权力大	权力小
	(1)	(2)	(3)	(4)	(5)	(6)	(7)	(8)
Manager	-0.046*** (-6.255)	-0.019*** (-3.396)	-0.046*** (-6.269)	-0.019*** (-3.368)	-0.046*** (-6.294)	-0.021*** (-3.768)	-0.047*** (-6.365)	-0.021*** (-3.692)
截距项	0.226*** (6.428)	0.095*** (4.567)	0.228*** (6.505)	0.096*** (4.588)	0.234*** (6.693)	0.101*** (4.840)	0.237*** (6.815)	0.104*** (4.976)
年份固定效应	控制	控制	控制	控制	控制	控制	控制	控制
行业固定效应	控制	控制	控制	控制	控制	控制	控制	控制
地区固定效应	控制	控制	控制	控制	控制	控制	控制	控制
F 统计量	6.919***	11.730***	6.868***	11.715***	6.947***	10.878***	6.901***	10.698***
Adj. R^2	0.107	0.088	0.106	0.088	0.107	0.089	0.106	0.088
样本量	3257	7171	3257	7171	3257	7171	3257	7171

注：①被解释变量为应计盈余管理，值越大表示应计盈余管理越严重；②括号内为经异方差调整后的t值；③***、**、*分别表示双尾检验在1%、5%、10%下的统计显著水平。

第四节　稳健性检验

为了确保研究结论的可靠性，本书还进行了如下的稳健性检验。

一、内生性检验

考虑到产业政策、行业景气度等因素可能对投资者与上市公司的网络新媒体互动产生影响，本书使用上一年度的投资者与上市公司网络新媒体互动情况（*LComm*）作为工具变量，运用2SLS两阶段工具变量法进行内生性控制。具体做法是：在第一阶段回归中加入*LComm*以及全部控制变量，得到投资者与上市公司网络新媒体互动的拟合值，再进行第二阶段回归。

第一阶段的回归结果如表7-10所示，从中可以发现，网络新媒体互动频度（*LCommFre*）的回归系数为0.590，互动广度（*LCommScope*）的回归系数为0.606，提问深度（*LCommDepq*）的回归系数为0.477，回答深度（*LCommDepa*）的回归系数为0.459，且均在1%水平下显著。这表明以上一年度的投资者与上市公司网络新媒体互动情况作为工具变量具有一定的合理性。

表 7-10 网络新媒体互动与盈余管理的回归结果：2SLS 第一阶段

变量	被解释变量：*Comm*			
	(1)	(2)	(3)	(4)
LCommFre	0. 590*** (93. 351)			
LCommScope		0. 606*** (95. 755)		
LCommDepq			0. 477*** (78. 598)	
LCommDepa				0. 459*** (75. 736)
LnSize	0. 095*** (8. 222)	0. 072*** (6. 294)	0. 151*** (9. 961)	0. 165*** (11. 145)
LnAge	-0. 124*** (-6. 545)	-0. 124*** (-6. 559)	-0. 158*** (-6. 297)	-0. 146*** (-5. 977)
Lev	-0. 102 (-1. 643)	-0. 064 (-1. 026)	-0. 304*** (-3. 706)	-0. 321*** (-4. 014)
ROA	0. 898*** (4. 327)	0. 846*** (4. 086)	1. 072*** (3. 906)	0. 777*** (2. 900)
State	0. 018 (0. 688)	0. 025 (0. 986)	-0. 012 (-0. 347)	-0. 039 (-1. 202)
*Top*1	-0. 243*** (-3. 470)	-0. 194*** (-2. 779)	-0. 296*** (-3. 206)	-0. 245*** (-2. 719)
Inst	-0. 215*** (-4. 196)	-0. 167*** (-3. 271)	-0. 273*** (-4. 030)	-0. 245*** (-3. 707)
*Big*10	0. 019 (0. 990)	0. 034* (1. 794)	0. 030 (1. 177)	0. 040 (1. 604)
Manager	-0. 104* (-1. 689)	-0. 051 (-0. 826)	-0. 130 (-1. 587)	-0. 106 (-1. 333)
Dual	0. 023 (1. 129)	0. 017 (0. 857)	0. 031 (1. 140)	0. 026 (0. 980)
截距项	0. 207 (0. 872)	0. 485** (2. 050)	1. 662*** (5. 349)	1. 708*** (5. 643)
年份固定效应	控制	控制	控制	控制

续表

变量	被解释变量：*Comm*			
	(1)	(2)	(3)	(4)
行业固定效应	控制	控制	控制	控制
地区固定效应	控制	控制	控制	控制
F 统计量	197.153***	201.952***	143.281***	135.639***
Adj. R^2	0.587	0.593	0.508	0.494
样本量	8415	8415	8415	8415

注：①被解释变量为网络新媒体互动，值越大表示网络新媒体互动情况越好；②括号内为经异方差调整后的 t 值；③ ***、**、* 分别表示双尾检验在 1%、5%、10%下的统计显著水平。

第二阶段的回归结果如表 7-11 所示，从（1）至（4）列可以发现：网络新媒体互动频度（*CommFreFit*）的回归系数为-0.006，互动广度（*CommScopeFit*）的回归系数为-0.006，提问深度（*CommDepqFit*）的回归系数为-0.005，回答深度（*CommDepaFit*）的回归系数为-0.006，且均在 1%水平下显著。回归结果表明，采用 2SLS 两阶段估计控制内生性后，回归结果与基准回归结果一致，但网络新媒体互动的回归系数有所上升，即网络新媒体互动降低了企业应计盈余管理水平。从（5）至（8）列的回归结果也可以发现：无论使用哪种方法度量网络新媒体互动情况，网络新媒体互动的回归系数均显著为负。这就表明在控制可能的内生性问题后，网络新媒体互动依然能够显著降低企业真实盈余管理。

表 7-11　网络新媒体互动与盈余管理的回归结果：2SLS 第二阶段

变量	被解释变量：|*DA*|				被解释变量：*RM*			
	(1)	(2)	(3)	(4)	(5)	(6)	(7)	(8)
CommFreFit	-0.006*** (-6.269)				-0.005*** (-5.289)			
CommScopeFit		-0.006*** (-6.322)				-0.004*** (-4.878)		
CommDepqFit			-0.005*** (-6.335)				-0.004*** (-4.515)	
CommDepaFit				-0.006*** (-6.433)				-0.003*** (-3.701)
LnSize	-0.005*** (-4.899)	-0.005*** (-5.086)	-0.005*** (-4.742)	-0.005*** (-4.558)	-0.005*** (-5.160)	-0.005*** (-5.496)	-0.005*** (-5.356)	-0.006*** (-5.580)

续表

变量	被解释变量：|DA|				被解释变量：RM			
	(1)	(2)	(3)	(4)	(5)	(6)	(7)	(8)
LnAge	0.002 (1.380)	0.003 (1.563)	0.002 (1.162)	0.002 (1.134)	0.007*** (4.371)	0.007*** (4.533)	0.007*** (4.241)	0.007*** (4.288)
Lev	0.049*** (8.988)	0.049*** (9.031)	0.048*** (8.805)	0.048*** (8.791)	0.023*** (4.422)	0.023*** (4.553)	0.023*** (4.483)	0.024*** (4.686)
ROA	0.022 (1.222)	0.021 (1.142)	0.023 (1.283)	0.022 (1.223)	-0.166*** (-9.707)	-0.167*** (-9.745)	-0.165*** (-9.634)	-0.165*** (-9.642)
State	-0.007*** (-3.067)	-0.007*** (-3.122)	-0.007*** (-3.002)	-0.007*** (-3.067)	-0.000 (-0.126)	-0.000 (-0.111)	0.000 (0.032)	0.000 (0.099)
Top1	0.005 (0.787)	0.005 (0.824)	0.005 (0.878)	0.006 (0.938)	0.006 (0.969)	0.006 (1.058)	0.007 (1.143)	0.007 (1.281)
Inst	-0.012*** (-2.581)	-0.011** (-2.509)	-0.012*** (-2.587)	-0.012** (-2.554)	-0.023*** (-5.500)	-0.023*** (-5.422)	-0.023*** (-5.460)	-0.023*** (-5.394)
Big10	-0.000 (-0.116)	-0.000 (-0.073)	-0.000 (-0.071)	-0.000 (-0.038)	-0.002 (-1.442)	-0.002 (-1.425)	-0.002 (-1.439)	-0.002 (-1.457)
Manager	-0.009* (-1.746)	-0.009* (-1.661)	-0.010* (-1.759)	-0.009* (-1.739)	-0.037*** (-7.167)	-0.036*** (-7.111)	-0.037*** (-7.200)	-0.037*** (-7.211)
Dual	0.001 (0.595)	0.001 (0.562)	0.001 (0.583)	0.001 (0.545)	-0.002 (-1.245)	-0.002 (-1.288)	-0.002 (-1.286)	-0.002 (-1.339)
截距项	0.178*** (8.561)	0.179*** (8.603)	0.194*** (9.488)	0.196*** (9.608)	0.107*** (5.446)	0.109*** (5.559)	0.121*** (6.248)	0.123*** (6.370)
年份固定效应	控制	控制	控制	控制	控制	控制	控制	控制
行业固定效应	控制	控制	控制	控制	控制	控制	控制	控制
地区固定效应	控制	控制	控制	控制	控制	控制	控制	控制
F 统计量	11.068***	11.080***	11.083***	11.105***	14.646***	14.570***	14.508***	14.387***
Adj. R^2	0.068	0.068	0.068	0.068	0.090	0.090	0.089	0.088
样本量	8415	8415	8415	8415	8415	8415	8415	8415

注：①第 1 至 4 列的被解释变量为应计盈余管理，值越大表示应计盈余管理越严重，第 5 至 8 列的被解释变量为真实盈余管理，值越大表示真实盈余管理越严重；②括号内为经异方差调整后的 t 值；③***、**、*分别表示双尾检验在 1%、5%、10%下的统计显著水平。

二、安慰剂检验

与 Cornaggia 等（2015）的做法一致，本书将网络新媒体互动指标在各企业间随机变换，并重新按照计量模型（7-6）进行回归。随机变换后的网络新媒体互动重新命名为 *SimComm*，如果影响企业盈余管理的因素并非网络新媒体互动，而是与网络新媒体互动相关，但尚未观测到的因素，那么回归系数将依旧显著为负。否则，企业盈余管理的降低的确是因为网络新媒体互动所引起的，那么随机变换后 *SimComm* 将不再显著。安慰剂检验结果如表 7-12 所示，从中可以发现，网络新媒体互动频度、广度、提问深度、回答深度的回归系数均不显著。结论表明，本书的计量检验结果并非遗漏变量所致。

表 7-12　网络新媒体互动与盈余管理的回归结果：安慰剂检验

变量	被解释变量：|DA|				被解释变量：RM			
	(1)	(2)	(3)	(4)	(5)	(6)	(7)	(8)
SimCommFre	-0.000 (-0.563)				-0.000 (-0.885)			
SimComm Scope		-0.000 (-0.512)				-0.000 (-0.982)		
SimCommDepq			-0.000 (-0.688)				-0.000 (-0.465)	
SimCommDepa				-0.000 (-0.817)				-0.000 (-0.326)
LnSize	-0.009*** (-7.883)	-0.009*** (-7.884)	-0.009*** (-7.884)	-0.009*** (-7.882)	-0.007*** (-9.032)	-0.007*** (-9.032)	-0.007*** (-9.035)	-0.007*** (-9.035)
LnAge	-0.002 (-1.175)	-0.002 (-1.175)	-0.002 (-1.173)	-0.002 (-1.176)	0.003* (1.857)	0.003* (1.856)	0.003* (1.863)	0.003* (1.863)
Lev	0.068*** (11.721)	0.068*** (11.721)	0.068*** (11.723)	0.068*** (11.722)	0.028*** (6.344)	0.028*** (6.343)	0.028*** (6.352)	0.028*** (6.352)
ROA	0.065*** (2.727)	0.065*** (2.727)	0.065*** (2.727)	0.065*** (2.727)	-0.168*** (-9.273)	-0.168*** (-9.274)	-0.168*** (-9.265)	-0.168*** (-9.263)
State	-0.005** (-2.366)	-0.005** (-2.365)	-0.005** (-2.366)	-0.005** (-2.367)	-0.000 (-0.114)	-0.000 (-0.113)	-0.000 (-0.109)	-0.000 (-0.108)
Top1	0.009 (1.491)	0.009 (1.493)	0.009 (1.491)	0.009 (1.488)	0.010* (1.790)	0.010* (1.792)	0.010* (1.797)	0.010* (1.797)

续表

变量	被解释变量：|DA|				被解释变量：RM			
	(1)	(2)	(3)	(4)	(5)	(6)	(7)	(8)
Inst	−0.014*** (−3.329)	−0.014*** (−3.329)	−0.014*** (−3.328)	−0.014*** (−3.324)	−0.020*** (−5.160)	−0.020*** (−5.157)	−0.020*** (−5.170)	−0.020*** (−5.172)
*Big*10	−0.002 (−1.446)	−0.002 (−1.446)	−0.002 (−1.447)	−0.002 (−1.446)	−0.002* (−1.739)	−0.002* (−1.741)	−0.002* (−1.734)	−0.002* (−1.731)
Manager	−0.017*** (−3.635)	−0.017*** (−3.637)	−0.017*** (−3.631)	−0.017*** (−3.629)	−0.033*** (−7.523)	−0.033*** (−7.524)	−0.033*** (−7.526)	−0.033*** (−7.529)
Dual	0.001 (0.363)	0.001 (0.364)	0.001 (0.364)	0.001 (0.362)	−0.003** (−2.004)	−0.003** (−2.003)	−0.003** (−2.003)	−0.003** (−2.003)
截距项	0.234*** (10.370)	0.234*** (10.371)	0.235*** (10.368)	0.235*** (10.388)	0.152*** (9.085)	0.152*** (9.101)	0.152*** (8.991)	0.151*** (8.965)
年份固定效应	控制	控制	控制	控制	控制	控制	控制	控制
行业固定效应	控制	控制	控制	控制	控制	控制	控制	控制
地区固定效应	控制	控制	控制	控制	控制	控制	控制	控制
F 统计量	8.077***	8.077***	8.077***	8.080***	21.234***	21.243***	21.187***	21.168***
Adj. R^2	0.068	0.068	0.068	0.068	0.058	0.058	0.058	0.058
样本量	10428	10428	10428	10428	10428	10428	10428	10428

注：①第 1 至 4 列的被解释变量为应计盈余管理，值越大表示应计盈余管理越严重，第 5 至 8 列的被解释变量为真实盈余管理，值越大表示真实盈余管理越严重；②括号内为经异方差调整后的 t 值；③***、**、*分别表示双尾检验在 1%、5%、10%下的统计显著水平。

第五节　本章小结

本章主要从企业盈余管理的角度分析了网络新媒体互动对公司治理的影响，包括企业应计盈余管理和真实盈余管理。首先，估算了企业应计盈余管理和真实盈余管理的情况，探讨了网络新媒体互动对企业盈余管理的影响。研究结果表明：网络新媒体互动不仅对应计盈余管理具有监督约束作用，能够降低了企业应计盈余管理；同时对真实盈余管理也具有抑制作用，网络新媒体互动得越多、越广、越深，则企业真实盈余管理越低。为了确保研究结论的可靠性，进行 2SLS 工具变量法和安慰剂检验后，结论依然成立。其次，从产权性质和管理层权力两

个方面考察网络新媒体互动监督效应的异质性，发现网络新媒体互动的监督效应在非国有企业、管理层权力较大的企业中更加显著，这就说明网络新媒体互动监督效应的发挥需要依赖于企业激励机制，而且网络新媒体互动能够与企业内部治理机制形成良性互补。

第八章　研究结论与政策建议

第一节　研究结论

本书以2010~2017年非金融业深圳A股上市公司为样本，使用“互动易”平台问答记录作为投资者与上市公司通过网络新媒体进行互动的情况，同时考虑到我国上市公司独特的产权结构，提出了一系列的假设并构建相应的计量模型，研究网络新媒体互动的公司治理效应及其内在机理，得出了以下结论：

（1）网络新媒体互动具有价值效应。首先，网络新媒体互动有助于提高企业经营绩效。根据实证分析结果可以发现，网络新媒体互动不仅与企业短期绩效存在显著的正相关关系，还与企业长期绩效存在显著的正相关关系，说明网络新媒体互动不仅有助于提高企业短期绩效，还有助于提高企业长期绩效。这就意味着网络新媒体互动能够有效抑制管理层偷懒、卸责乃至谋取私利等机会主义行为，从而改善企业绩效，具有价值效应。本书考虑到可能存在的内生性，在使用变量替代、2SLS工具变量法后，结论依然成立。其次，从短期绩效来看，网络新媒体互动的价值效应在非国有企业中更加显著。为了进一步考察网络新媒体互动的价值效应在不同产权性质企业中的表现，本书根据实际控制人的类型将样本分为国有企业和非国有企业。实证研究结果表明，网络新媒体互动的短期价值效应在非国有企业中更加显著，但长期价值效应在两类企业中不存在较大差异。这是因为与国有企业相比，非国有企业的激励机制相对完善，不存在多层委托—代理问题，管理层对于投资者的互动表现较为敏感。最后，较好的公司治理机制有助于提高企业经营绩效。根据研究结果，第一大股东持股比例和机构持股比例能够显著提升企业长短期绩效，表明大股东持股比例和机构持股比例具有监督效应；管理层持股比例也显著提高了企业的长短期绩效，说明管理层持股是一种比

较有效的激励方式，能够促使管理层做出与股东利益一致的决策；董事会规模和独立董事占比也能在一定程度上提升企业长短期绩效，这就意味着董事会规模和结构是制约管理层行为的重要手段。

（2）网络新媒体互动具有创新效应。首先，网络新媒体互动有助于提高企业创新活动。根据实证分析结果可以发现，网络新媒体互动与企业创新投入和创新产出均显著正相关，说明投资者与上市公司通过网络新媒体互动越多、越广、越深，企业创新投入和创新产出越高，具有创新效应。考虑到可能存在的内生性问题，在使用创新替代变量、变更计量方法、细分专利类型、2SLS 工具变量法、变化模型和安慰剂检验后，计量结果并未发生本质变化，结论依然成立。其次，网络新媒体互动发挥创新效应的机制是缓解融资约束和降低代理成本。为了进一步检验网络新媒体互动创新效应的作用机制，本书首先按照企业所面临的融资约束不同，将样本分为融资约束组和非融资约束组，分别检验网络新媒体互动对企业创新投入和创新产出的影响，发现网络新媒体互动的创新效应在融资约束企业中表现得更加明显，这就意味着网络新媒体互动发挥创新效应的一条渠道是缓解融资约束；随后本书还按照企业所面临的代理成本不同，将样本分为代理成本较高组和代理成本较低组，分别考察网络新媒体互动的创新效应在不同分组的表现，发现这一创新效应在代理成本较高分组中更加明显，这就意味着网络新媒体互动发挥创新效应的另一条渠道是降低代理成本。最后，网络新媒体互动的创新效应在不同产权性质企业中存在差异。考虑到非国有企业的激励机制相对完善，而国有企业体制相对僵化。因此本书考察了网络新媒体互动的创新效应在不同产权性质企业中的表现，结果发现非国有企业样本中网络新媒体互动的创新效应显著高于国有企业的创新效应。这就意味着对于那些激励制度相对完善的企业而言，网络新媒体互动可以有效发挥激励作用，缓解管理层的短视行为，并通过这一机制提高企业创新意愿。

（3）网络新媒体互动具有压力效应。首先，网络新媒体互动降低了管理层盈余预告精确度。根据实证分析结果可以发现，网络新媒体互动与管理层发布的盈余预告精确度显著负相关，这就说明投资者和管理层通过网络新媒体互动越多、越广、越深，管理层发布的年度盈余预告精确度越低。考虑到可能存在的内生性问题，本书使用 2SLS 工具变量法和 Heckman 两阶段估计后，回归结果未发生本质改变，结论依然成立。其次，在不同盈余预测性质企业中，网络新媒体互动对盈余预告精确度的影响具有非对称性。管理层在面对收益与损失时，效用函数并不对称，因此管理层对“好消息”和“坏消息”将采取完全不同的信息预告策略。为了考察网络新媒体互动对盈余预告精确度影响的非对称性，在计量回归中引入网络新媒体互动与盈余预测性质的交互项，发现“好消息”的盈余预告可以抑制网络新媒体互动对盈余预告精确度的不利影响。这也从侧面验证了网络新媒体互动的压力效应。最后，产权性质在网络新媒体互动、盈余预告精确度和盈余预告性质间起到调节作用。为了考察网络新媒体互动对盈余预告精确度的影响及其影响的非对称性在不同产权性质企业中的差异，本书根据实际控制人的类型将样本划分为国有企业和非国有企业。结果发现在非国有企业样本中，网络新媒体互动对盈余预告精确度的影响更加显著，而且“好消息”的盈余预告性质对于抑制网络新媒体互动对盈余预告精确度的不利影响也更加显著。这表明不同产权性质的企业所面临的业绩压力不同，非国有企业面临的业绩压力大于国有企业。

（4）网络新媒体互动有助于降低年报披露时滞。首先，网络新媒体互动与年报披露时滞显著负相关，说明网络新媒体互动越多、越广、越深，上市公司年报公告披露越及时。这就表明投资者与管理层在互动沟通过程中比较关注上市公司年报披露的及时性问题，向管理层表达了他们的信息需求，迫使管理层及时披露年报信息，有助于保护投资者利益，具有压力效应。其次，网络新媒体互动对年报披露时滞的抑制作用具有异质性。第一，本书检验了网络新媒体互动对年报披露时滞的抑制作用在不同产权性质企业中的表现，发现这一抑制作用在非国有企业中更加显著，这就说明非国有企业管理层更加在乎网络新媒体互动对企业的影响。第二，检验了不同盈利水平的企业表现，发现这种抑制作用在盈利企业中更加显著，在亏损企业中不显著，这就说明网络新媒体互动对年报披露时滞的影响具有一定的局限性，无法在亏损企业中发挥压力效应。第三，检验了不同外部治理水平的企业表现，发现这种抑制作用在外部治理水平较差的企业中更加显著，这就说明网络新媒体互动能够弥补外部治理水平不足，从而改善公司治理水平。第四，还检验了不同激励水平的企业表现，发现这一抑制作用在激励水平较高的企业中更加显著。这些异质性表现进一步说明网络新媒体互动可以反映投资者的信息需求，具有压力效应。

（5）网络新媒体互动具有信息披露效应。首先，网络新媒体互动有助于提高企业信息透明度。根据实证分析结果可以发现，网络新媒体互动与企业信息透明度显著正相关，说明网络新媒体互动越多、越广、越深，上市公司信息透明度越高，具有信息披露效应。考虑到可能存在的内生性问题，在使用替代变量、变更计量方法、2SLS 工具变量法后，回归结果未发生本质变化，结论依然成立。其次，网络新媒体互动的信息披露效应具有异质性。本书主要从以下四个方面考察网络新媒体互动信息披露效应的异质性：第一，检验了网络新媒体互动的信息披露效应在不同产权性质中的表现，发现信息披露效应在非国有企业中更加显著，这就意味着非国有企业管理层对于资本市场的信息需求相对敏感；第二，检验了在不同营利性质企业中的表现，发现网络新媒体互动的信息披露效应在盈利企业中更加明显，这就意味着网络新媒体互动的信息披露效应具有一定的局限性，在亏损企业中不显著；第三，检验了在不同审计质量下的企业表现，发现在审计质量较强的情况下网络新媒体互动的信息披露效应更加显著；第四，检验了在不同管理层权力企业中的表现，发现网络新媒体互动的信息披露效应在管理层权力较大的企业中更加明显，这就意味着网络新媒体互动能够弥补公司内部治理机制的不足。

（6）网络新媒体互动具有监督效应。首先，网络新媒体互动有助于降低企业盈余管理。根据实证分析结果可以发现，网络新媒体互动与企业盈余管理密切相关，具体来说网络新媒体互动不仅有助于降低企业应计盈余管理，还有助于降低企业真实盈余管理，具有监督效应。考虑到可能存在的内生性问题，在使用2SLS 工具变量法、安慰剂检验后，回归结论依然成立，表明回归结论是可靠的。其次，网络新媒体互动的监督效应具有异质性。本书主要从两个方面考察网络新媒体互动监督效应的异质性：第一，检验了网络新媒体互动的监督效应在不同产权性质下的表现，发现网络新媒体互动的监督效应在非国有企业中更加显著，这就说明网络新媒体互动监督效应的发挥需要依赖于企业激励机制；第二，检验了网络新媒体互动的监督效应在不同管理层权力下的表现，发现监督效应在管理层权力较大的企业中更加显著，这就说明网络新媒体互动能够与企业内部治理机制形成良性互补。

第二节　政策建议

本书的实证结果表明，投资者与上市公司通过网络新媒体进行互动拓宽了投资者的信息渠道，降低了股东的监督成本，具有积极的公司治理效应。而且网络新媒体互动有助于改善管理层信息披露行为和信息披露质量，提高企业经营绩效和创新活动，但国有控股将削弱网络新媒体互动的治理效应。因此，根据上述结论，提出以下五项政策建议，以此完善我国上市公司的治理结构，进而提高企业绩效。

第一，相关监管部门应该鼓励交易所和上市公司利用 Web 2.0 技术，搭建与投资者互动交流和信息发布的平台。中小股民作为投资主体是中国股市的最大特点，为了更好地保护中小投资者利益、促进资本市场健康发展，相关部门应当积极利用现有技术，为投资者提供多角度的“立体透视镜”。同时也需要对互动平台上的信息本身有所监管，以防上市公司发布虚假消息搅乱资本市场秩序。

第二，相关监管部门应加强对上市公司披露信息及时性、完整性和可读性的监管。对于投资者在互动平台上的提问，上市公司相关负责人应当及时予以回复，并严格遵循《关于深圳证券交易所上市公司投资者关系互动平台（“互动易”）有关事项的通知》的相关规定，同时以公平的态度对待所有投资者。对于定期报告和公告等强制性披露信息，应当优化披露形式，提高定期报告和公告的可读性。

第三，考虑到降低资本市场信息不对称是网络新媒体发挥治理作用的重要机制，因此监管当局应大力发展证券分析师等信息中介机构。大量研究表明，证券分析师的信息搜集、整理和加工能力强于个人投资者，他们发布的研究报告具有提高企业信息透明度、降低资本市场信息不对称的作用，但分析师的利益冲突导致其发布的盈余预告过于乐观，损害了投资者利益。因此监管部门应当加强对证券分析师的监管和引导，客观、严谨地为投资者提供真实信息，降低资本市场信息不对称。

第四，鉴于投资者的监督功能是网络新媒体发挥治理作用的另一重要机制，因此监管当局应当大力培育和发展机构投资者，优化投资者结构。例如引进合格境外投资者、提高社保基金持股比重等，形成多元化的投资者格局。同时监管当局应当加强对投资者的监管和引导，规范投资者行为，提高市场的公平性和合理性。

第五，鉴于国有控股显著削弱了网络新媒体互动的治理作用，因此应继续深化国有企业改革、明晰企业产权，解决所有者缺位以及“内部人控制”的问题。目前非国有上市公司相对弱小，而国有控股上市公司在资本市场中占据主导地位，但国有企业在公司治理方面存在先天不足，薪酬激励效果不高，容易出现所有者缺位和“内部人控制”的问题。因此，应当进一步深化国有企业改革、明晰产权，激活国有经济。

第三节　局限性与研究展望

尽管本书力求尽可能全面深入地探讨网络新媒体互动的公司治理作用及其内在机理，但限于客观条件与个人能力，本书可能还存在以下局限性：

第一，囿于深交所推出的“互动易”平台仅有深交所 A 股上市公司的问答记录，研究样本并未包括上交所 A 股上市公司。因此后续研究可以将上交所 A

股上市公司也纳入研究样本中，避免样本选择性偏差问题。

第二，本书将网络新媒体的公司治理作用机制主要聚焦于管理层行为。网络新媒体的治理效应受到诸多因素的影响，因此后续研究可以进一步从其他视角研究网络新媒体互动发挥治理效应的机制，例如董事会、股东行为等。

第三，对互动平台问答记录的处理过于粗糙，未使用文本挖掘技术进行深入处理。2010~2017 年互动平台的问答记录高达 2332440 条，共 2076 家上市公司，所包含的信息量巨大，可以大致将问答内容分为四类：咨询行业、产品、经营等方面的信息；求证公司传闻；向公司提供各种建议；对公司的经营状况质询。后续研究可以借助文本挖掘技术对问答记录进行分门别类，并考察各种类型互动的治理效应是否有差异。

第四，实证过程中无法完全避免遗漏变量、测量误差、反向因果关系等内生性问题。主要采用计量模型分析网络新媒体互动的公司治理效应及其内在机理，鉴于外生事件能够较好地控制内生性问题，后续研究可以考虑借助一些准外生事件来考察网络新媒体互动的治理效应。

参考文献

［1］ Allen F, Faulhaber G R. Signalling by Underpricing in the IPO Market ［J］. Journal of Financial Economics, 1989, 23 (2): 303-323.

［2］ Allen F, Qian J, Qian M. Law, Finance, and Economic Growth in China ［J］. Journal of Financial Economics, 2005, 77 (1): 57-116.

［3］ Anderson C, Shirako A. Are Individuals' Reputations Related to their History of Behavior? ［J］. Journal of Personality and Social Psychology, 2008, 94 (2).

［4］ Ashton R H, Graul P R, Newton J D. Audit Delay and the Timeliness of Corporate Reporting ［J］. Contemporary Accounting Research, 1989, 5 (2): 657-673.

［5］ Baginski S P, Hassell J M, Kimbrough M D. Why Do Managers Explain Their Earnings Forecasts? ［J］. Journal of Accounting Research, 2004, 42 (1): 1-29.

［6］ Barber B M, Odean T. All that Glitters: The Effect of Attention and News on the Buying Behavior of Individual and Institutional Investors ［J］. The Review of Financial Studies, 2008, 21 (2): 785-818.

［7］ Barney J. Firm Resources and Sustained Competitive Advantage ［J］. Advances in Strategic Management, 1991, 17 (1): 3-10.

［8］ Bartov E, Givoly D, Hayn C. The Rewards to Meeting or Beating Earnings Expectations ［J］. Journal of Accounting and Economics, 2002, 33 (2): 173-204.

［9］ Baumeister R F. Self-Esteem, Self-Presentation, and Future Interaction: A Dilemma of Reputation. ［J］. Journal of Personality, 1982, 50 (1): 29.

［10］ Beatty R P, Ritter J R. Investment Banking, Reputation, and the Underpricing of Initial Public Offerings ［J］. Journal of Financial Economics, 1986, 15 (1): 213-232.

［11］ Bednar M K. How Symbolic Action Affects the Media as a Governance

Mechanism [D] . Austin: The University of Texas, 2008.

[12] Bednar M K. Watchdog or Lapdog? A Behavioral View of the Media as a Corporate Governance Mechanism [J] . Academy of Management Journal, 2012, 55 (1): 131-150.

[13] Berry T D, Howe K M. Public Information Arrival [J] . The Journal of Finance, 1994, 49 (4): 1331-1346.

[14] Bertrand M, Mullainathan S. Enjoying the Quiet Life? Corporate Governance and Managerial Preferences [J] . Journal of Political Economy, 2003, 111 (5): 1043-1075.

[15] Besley T, Prat A. Handcuffs for the Grabbing Hand? Media Capture and Government Accountability [J] . The American Economic Review, 2006, 96 (3): 720-736.

[16] Bhattacharya S, Ritte J R. Innovation and Communication: Signaling with Partial Disclosure [J] . Journal of Financial and Quantitative Analysis, 1980, 15 (4): 853-854.

[17] Bhattacharya S. Imperfect Information, Dividend Policy, and "the Bird in the Hand" Fallacy [J] . The Bell Journal of Economics, 1979, 10 (1): 259-270.

[18] Blankespoor E, Miller G S, White H D. The Role of Dissemination in Market Liquidity: Evidence from Firms' Use of Twitter™ [J] . The Accounting Review, 2014, 89 (1): 79-112.

[19] Bollen J, Mao H, Zeng X. Twitter Mood Predicts the Stock Market [J] . Journal of Computational Science, 2011, 2 (1): 1-8.

[20] Bonson E, Torres L, Royo S, Flores F. Local E-Government 2.0: Social Media and Corporate Transparency in Municipalities [J] . Government Information Quarterly, 2012, 29 (2): 123-132.

[21] Bradshaw M T, Bushee B J, Miller G S. Accounting Choice, Home Bias, and U.S. Investment in Non-U.S. Firms [J] . Journal of Accounting Research, 2004, 42 (5): 795-841.

[22] Bradshaw M. Analysts' Forecasts: What Do We Know After Decades of Work? [R] . SSRN Working Paper, 2011.

[23] Brown R P, Budzek K, Tamborski M. On the Meaning and Measure of Narcissism [J] . Personality and Social Psychology Bulletin, 2009, 35 (7): 951-964.

[24] Bushee B J, Core J E, Guay W, Hamm S J W. The Role of the Business Press as an Information Intermediary [J] . Journal of Accounting Research, 2010, 48

(1): 1-19.

[25] Bushee B J, Matsumoto D A, Miller G S. Open Versus Closed Conference Calls: The Determinants and Effects of Broadening Access to Disclosure [J]. Journal of Accounting and Economics, 2003, 34 (1): 149-180.

[26] Carroll C, Mccombs M E. Agenda Setting Effects of Business News on the Public's Images and Opinions About Major Corporations [J]. Corporate Reputation Review, 2003 (6): 36-46.

[27] Chambers A E, Penman S H. Timeliness of Reporting and the Stock Price Reaction to Earnings Announcements [J]. Journal of Accounting Research, 1984, 22 (1): 21-47.

[28] Chang Y Y, Dasgupta S, Hilary G. CEO Ability, Pay, and Firm Performance [J]. Management Science, 2010, 56 (10): 1633-1652.

[29] Chatterjee A, Hambrick D C. It's All About Me: Narcissistic Chief Executive Officers and Their Effects on Company Strategy and Performance [J]. Administrative Science Quarterly, 2007, 52 (3): 351-386.

[30] Chen C, Pantzalis C, Park J C. Press Coverage and Stock Price Deviation From Fundamental Value [J]. Journal of Financial Research, 2013, 36 (2): 175-214.

[31] Chen P F, He S, Ma Z, Novoselov K E. Media Independence and Audit Quality [Z]. California, U.S, 2013.

[32] Chen R, Lazer M. Sentiment Analysis of Twitter Feeds for the Prediction of Stock Market Movement [R]. SSRN Electronic Journal, 2013.

[33] Cheng Q, Luo T, Yue H. Managerial Incentives and Management Forecast Precision [J]. The Accounting Review, 2013, 88 (5): 1575-1602.

[34] Chevalier J A, Mayzlin D. The Effect of Word of Mouth on Sales: Online Book Reviews [J]. Journal of Marketing Research, 2006, 43 (3): 345-354.

[35] Choi J, Myers L A, Zang Y, Ziebart D A. The Roles that Forecast Surprise and Forecast Error Play in Determining Management Forecast Precision [J]. Accounting Horizons, 2009, 24 (2): 165-188.

[36] Coffee J C. Do Norms Matter? A Cross-Country Evaluation [J]. University of Pennsylvania Law Review, 2001, 149 (6): 2151-2177.

[37] Cohen B C. The Press and Foreign Policy [M]. Princeton, New Jersey: Princeton University Press, 1963.

[38] Cohen D A, Dey A, Lys T Z. Real and Accrual-Based Earnings Manage-

ment in the Pre-and Post-Sarbanes-Oxley Periods [J]. The Accounting Review, 2008, 83 (3): 757-787.

[39] Cohen L, Diether K, Malloy C. Misvaluing Innovation [J]. The Review of Financial Studies, 2013, 26 (3): 635-666.

[40] Core J E, Guay W, Larcker D F. The Power of the Pen and Executive Compensation [J]. Journal of Financial Economics, 2008, 88 (1): 1-25.

[41] Cornaggia J, Mao Y, Tian X, Wolfe B. Does Banking Competition Affect Innovation? [J]. Journal of Financial Economics, 2015, 115 (1): 189-209.

[42] Damberg R L, Rimark F. Media Coverage, Market Power and Internalization of External Cost: A Study of Four Swedish Industries [D]. Gothenburg, Sweden: University of Gothenburg, 2012.

[43] Deangelo H, Deangelo L, Gilson S C. Perceptions and the Politics of Finance: Junk Bonds and the Regulatory Seizure of First Capital Life [J]. Journal of Financial Economics, 1996, 41 (3): 475-511.

[44] Dechow P M, Kothari S P, L. Watts R. The Relation Between Earnings and Cash Flows [J]. Journal of Accounting and Economics, 1998, 25 (2): 133-168.

[45] Dechow P M, Sloan R G, Sweeney A P. Causes and Consequences of Earnings Manipulation: An Analysis of Firms Subject to Enforcement Actions by the SEC [J]. Contemporary Accounting Research, 1996, 13 (1): 1-36.

[46] Deephouse D L. Media Reputation as a Strategic Resource: An Integration of Mass Communication and Resource-Based Theories [J]. Journal of Management, 2000, 26 (6): 1091-1112.

[47] Degeorge F, Ding Y, Jeanjean T, Stolowy H. Analyst Coverage, Earnings Management and Financial Development: An International Study [J]. Journal of Accounting and Public Policy, 2013, 32 (1): 1-25.

[48] Dellavigna S, Pollet J M. Investor Inattention and Friday Earnings Announcements [J]. The Journal of Finance, 2009, 64 (2): 709-749.

[49] Dorn D, Huberman G. Turnover and Volatility [R]. SSRN Electronic Journal, 2007.

[50] Dyck A, Morse A, Zingales L. Who Blows the Whistle on Corporate Fraud? [J]. The Journal of Finance, 2010, 65 (6): 2213-2253.

[51] Dyck A, Moss D, Zingales L. Media Versus Special Interests [J]. The Journal of Law and Economics, 2013, 56 (3): 521-553.

[52] Dyck A, Volchkova N, Zingales L. The Corporate Governance Role of the Media: Evidence from Russia [J] . The Journal of Finance, 2008, 63 (3): 1093-1135.

[53] Dyck A, Zingales L. Private Benefits of Control: An International Comparison [J] . The Journal of Finance, 2004, 59 (2): 537-600.

[54] Dyck I J A, Zingales L. The Bubble and the Media [M] . New York: Oxford University Press, 2003.

[55] Fama E F, Jensen M C. Agency Problems and Residual Claims [J] . The Journal of Law and Economics, 1983, 26 (2): 327-349.

[56] Fama E F, Jensen M C. Separation of Ownership and Control [J] . The Journal of Law and Economics, 1983, 26 (2): 301-325.

[57] Fama E F, Laffer A B. Information and Capital Markets [J] . The Journal of Business, 1971, 44 (3): 289-298.

[58] Fama E F. Agency Problems and the Theory of the Firm [J] . Journal of Political Economy, 1980, 88 (2): 288-307.

[59] Fang L, Peress J. Media Coverage and the Cross-Section of Stock Returns [J] . The Journal of Finance, 2009, 64 (5): 2023-2052.

[60] Farrell K A, Whidbee D A. Monitoring by the Financial Press and Forced CEO Turnover [J] . Journal of Banking and Finance, 2002, 26 (12): 2249-2276.

[61] Ferris S P, Jagannathan M, Pritchard A C. Too Busy to Mind the Business? Monitoring by Directors with Multiple Board Appointments [J] . The Journal of Finance, 2003, 58 (3): 1087-1111.

[62] Fombrun C J. Reputation: Realizing Value from the Corporate Image [M] . Boston: Harvard Business School Press, 1996.

[63] Fombrun C, Shanley M. What's in a Name? Reputation Building and Corporate Strategy [J] . The Academy of Management Journal, 1990, 33 (2): 233-258.

[64] Forker J J. Corporate Governance and Disclosure Quality [J] . Accounting and Business Research, 1992, 22 (86): 111-124.

[65] Fortunato J A. Public Relations Strategies for Creating Mass Media Content: A Case Study of the National Basketball Association [J] . Public Relations Review, 2000 (26): 481-497.

[66] Fu H, Liu M. Anti-Takeover Provisions and Corporate Disclosure [R] . SSRN Electronic Journal, 2007.

［67］ Ge W, Kim J. Boards, Takeover Protection, and Real Earnings Management ［J］. Review of Quantitative Finance and Accounting, 2014, 43 (4): 651-682.

［68］ Gibbins M, Richardson A J, Waterhouse J. The Management of Financial Disclosure: Theory and Perspectives ［R］. Certified General Accountants' Research Foundation, 1992.

［69］ Glaeser E L, Shleifer A. A Reason for Quantity Regulation ［J］. The American Economic Review, 2001, 91 (2): 431-435.

［70］ Gong S, Gul F. Chinese Media Coverage, Divergence of Opinion, and Stock Market Outcomes ［R］. SSRN Electronic Journal, 2011.

［71］ Gorman L, Lynn T, Mulgrew M. The Influence of the News Media on the Corporate Governance Practices of Anglo-American Listed PLCs ［R］. SSRN Electronic Journal, 2010.

［72］ Graham J R, Harvey C R, Rajgopal S. The Economic Implications of Corporate Financial Reporting ［J］. Journal of Accounting and Economics, 2005, 40 (1): 3-73.

［73］ Grinblatt M, Hwang C Y. Signalling and the Pricing of New Issues ［J］. The Journal of Finance, 1989, 44 (2): 393-420.

［74］ Grossman S J, Hart O D. The Costs and Benefits of Ownership: A Theory of Vertical and Lateral Integration ［J］. Journal of Political Economy, 1986, 94 (4): 691-719.

［75］ Gunny K A. The Relation Between Earnings Management Using Real Activities Manipulation and Future Performance: Evidence from Meeting Earnings Benchmarks ［J］. Contemporary Accounting Research, 2010, 27 (3): 855-888.

［76］ Habib M A, Ljungqvist A. Firm Value and Managerial Incentives: A Stochastic Frontier Approach ［J］. Journal of Business, 2005, 78 (6): 2053-2093.

［77］ Hahn R W. Policy Watch: Government Analysis of the Benefits and Costs of Regulation ［J］. The Journal of Economic Perspectives, 1998, 12 (4): 201-210.

［78］ Hales J. Are Investors Really Willing to Agree to Disagree? An Experimental Investigation of How Disagreement and Attention to Disagreement Affect Trading Behavior ［J］. Organizational Behavior and Human Decision Processes, 2009, 108 (2): 230-241.

［79］ Hall B J, Liebman J B. Are CEOS Really Paid Like Bureaucrats? ［J］. The Quarterly Journal of Economics, 1998, 113 (3): 653-691.

[80] Hart O, Moore J. Property Rights and the Nature of the Firm [J]. Journal of Political Economy, 1990, 98 (6): 1119-1158.

[81] Hart O. Corporate Governance: Some Theory and Implications [J]. The Economic Journal, 1995, 105 (430): 678-689.

[82] Haw I, Qi D D, Wu W. The Market Consequences of Voluntary Auditing: Evidence from Interim Reports in China [R]. SSRN Electronic Journal, 2004.

[83] Hazarika S, Karpoff J M, Nahata R. Internal Corporate Governance, CEO Turnover, and Earnings Management [J]. Journal of Financial Economics, 2012, 104 (1): 44-69.

[84] He J J, Tian X. The Dark Side of Analyst Coverage: The Case of Innovation [J]. Journal of Financial Economics, 2013, 109 (3): 856-878.

[85] Healy P M, Palepu K G. Information Asymmetry, Corporate Disclosure, and the Capital Markets: A Review of the Empirical Disclosure Literature [J]. Journal of Accounting and Economics, 2001, 31 (1): 405-440.

[86] Hirshleifer D, Lim S S, Teoh S H. Driven to Distraction: Extraneous Events and Underreaction to Earnings News [J]. The Journal of Finance, 2009, 64 (5): 2289-2325.

[87] Hirshleifer D, Lim S S, Teoh S H. Limited Investor Attention and Stock Market Misreactions to Accounting Information [J]. The Review of Asset Pricing Studies, 2011, 1 (1): 35-73.

[88] Holderness C G, Sheehan D P. The Role of Majority Shareholders in Publicly Held Corporations: An Exploratory Analysis [J]. Journal of Financial Economics, 1988 (20): 317-346.

[89] Holmstrom B. Agency Costs and Innovation [J]. Journal of Economic Behavior & Organization, 1989, 12 (3): 305-327.

[90] Jackson H E, Roe M J. Public and Private Enforcement of Securities Laws: Resource-Based Evidence [J]. Journal of Financial Economics, 2009, 93 (2): 207-238.

[91] Jensen M C, Meckling W H. Theory of the Firm: Managerial Behavior, Agency Costs and Ownership Structure [J]. Journal of Financial Economics, 1976, 3 (4): 305-360.

[92] Jensen M C. Agency Costs of Free Cash Flow, Corporate Finance, and Takeovers [J]. American Economic Review, 1986, 76 (2): 323-329.

[93] Joe J R, Louis H, Robinson D. Managers' and Investors' Responses to

Media Exposure of Board Ineffectiveness [J] . The Journal of Financial and Quantitative Analysis, 2009, 44 (3): 579-605.

[94] Joe J R. Why Press Coverage of a Client Influences the Audit Opinion [J] . Journal of Accounting Research, 2003, 41 (1): 109-133.

[95] Johnson M F, Porter S L, Shackell M B. Stakeholder Pressure and the Structure of Executive Compensation [R] . SSRN Electronic Journal, 1997.

[96] Jones J J. Earnings Management During Import Relief Investigations [J] . Journal of Accounting Research, 1991, 29 (2): 193-228.

[97] Kimbrough M D. The Effect of Conference Calls on Analyst and Market Underreaction to Earnings Announcements [J] . The Accounting Review, 2005, 80 (1): 189-219.

[98] Klein B, Leffler K B. The Role of Market Forces in Assuring Contractual Performance [J] . Journal of Political Economy, 1981, 89 (4): 615-641.

[99] Knyazeva D. Corporate Governance, Analyst Following, and Firm Behaviour. [R] . SSRN Electronic Journal, 2007.

[100] Kreps D M, Milgrom P, Roberts J, Wilson R. Rational Cooperation in the Finitely Repeated Prisoners' Dilemma [J] . Journal of Economic Theory, 1982, 27 (2): 245-252.

[101] Kuhnen C M, Niessen A. Public Opinion and Executive Compensation [J] . Management Science, 2012, 58 (7): 1249-1272.

[102] Leland H E, Pyle D H. Informational Asymmetries, Financial Structure, and Financial Intermediation [J] . The Journal of Finance, 1977, 32 (2): 371-387.

[103] Li Y, Zhang L. Short Selling Pressure, Stock Price Behavior, and Management Forecast Precision: Evidence from a Natural Experiment [J] . Journal of Accounting Research, 2015, 53 (1): 79-117.

[104] Lippmann W. Public Opinion [M] . New York: Macmillan, 1922.

[105] Liu B, Mcconnell J J. The Role of the Media in Corporate Governance: Do the Media Influence Managers' Capital Allocation Decisions? [J] . Journal of Financial Economics, 2013, 110 (1): 1-17.

[106] Lowenstein L. Financial Transparency and Corporate Governance: You Manage What You Measure [J] . Columbia Law Review, 1996, 96 (5): 1335-1362.

[107] Mailath G J, Samuelson L. Who Wants a Good Reputation? [J] . The

Review of Economic Studies, 2001, 68 (2): 415-441.

[108] Malmendier U, Tate G. Who Makes Acquisitions? CEO Overconfidence and the Market's Reaction [J]. Journal of Financial Economics, 2008, 89 (1): 20-43.

[109] Manso G. Motivating Innovation [J]. The Journal of Finance, 2011, 66 (5): 1823-1860.

[110] Matsunaga S, Park C. The Effect of Missing a Quarterly Earnings Benchmark on the CEO's Annual Bonus [J]. Accounting Review, 2001, 76 (3): 313-332.

[111] Mccombs M E, Shaw D L. The Agenda-Setting Function of Mass Media [J]. The Public Opinion Quarterly, 1972, 36 (2): 176-187.

[112] Merton R C. A Simple Model of Capital Market Equilibrium with Incomplete Information [J]. The Journal of Finance, 1987, 42 (3): 483-510.

[113] Miller G S. The Press as a Watchdog for Accounting Fraud [J]. Journal of Accounting Research, 2006, 44 (5): 1001-1033.

[114] Moe W W, Trusov M. The Value of Social Dynamics in Online Product Ratings Forums [J]. Journal of Marketing Research, 2011, 48 (3): 444-456.

[115] Mrogers E, Wdearing J. Agenda-Setting Research: Where Has It Been, Where Is It Going? [J]. Annals of the International Communication Association, 1988, 11 (1): 555-594.

[116] Murdock G. The Sociology of Mass Communications and Sociological Theory [J]. Journal of Sociology, 1975 (11): 27-30.

[117] Mutchler J F, Hopwood W, Mckeown J M. The Influence of Contrary Information and Mitigating Factors on Audit Opinion Decisions on Bankrupt Companies [J]. Journal of Accounting Research, 1997, 35 (2): 295-310.

[118] Nguyen B D. Is More News Good News? Media Coverage of CEOs, Firm Value, and Rent Extraction [J]. Quarterly Journal of Finance, 2015, 5 (4): 1-38.

[119] Palmgreen P, Clarke P. Agenda-Setting with Local and National Issues [J]. Communication Research, 1977, 4 (4): 435-452.

[120] Pierre N. The Impact of Negative Media on the CEO and Board of Directors [R]. SSRN Electronic Journal, 2012.

[121] Pistor K, Xu C. Governing Stock Markets in Transition Economies: Lessons From China [J]. American Law and Economics Review, 2005, 7 (1): 184-

210.

[122] Pronk M, Matsumoto D, Roelofsen E. What Makes Conference Calls Useful? The Information Content of Managers' Presentations and Analysts' Discussion Sessions [J]. Accounting Review, 2011, 86 (4): 1383-1414.

[123] Prowse S D. The Structure of Corporate Ownership in Japan [J]. The Journal of Finance, 1992, 47 (3): 1121-1140.

[124] Rao T, Srivastava S. Analyzing Stock Market Movements Using Twitter Sentiment Analysis [Z]. Istanbul, Turkey, 2012.

[125] Rhodes-Kropf M, Robinson D T, Viswanathan S. Valuation Waves and Merger Activity: The Empirical Evidence [J]. Journal of Financial Economics, 2005, 77 (3): 561-603.

[126] Roberts J, Sanderson P, Barker R, Hendry J. In the Mirror of the Market: The Disciplinary Effects of Company/Fund Manager Meetings [J]. Accounting, Organizations and Society, 2006, 31 (3): 277-294.

[127] Roberts P W, Dowling G R. Corporate Reputation and Sustained Superior Financial Performance [J]. Strategic Management Journal, 2002, 23 (12): 1077-1093.

[128] Rodrik D. Promises, Promises: Credible Policy Reform Via Signalling [J]. The Economic Journal, 1989, 99 (397): 756-772.

[129] Ross S A. The Determination of Financial Structure: The Incentive-Signalling Approach [J]. The Bell Journal of Economics, 1977, 8 (1): 23-40.

[130] Roychowdhury S. Earnings Management Through Real Activities Manipulation [J]. Journal of Accounting and Economics, 2006, 42 (3): 335-370.

[131] Rupley K H, Brown D, Marshall R S. Governance, Media and the Quality of Environmental Disclosure [J]. Journal of Accounting and Public Policy, 2012, 31 (6): 610-640.

[132] Schipper K. Commentary on Earnings Management [J]. Accounting Horizons, 1989 (3): 91-102.

[133] Shaw D L, Mccombs M E. The Emergence of American Political Issues : The Agenda-Setting Function of the Press [M]. Minnesota: West Publishing Company, 1977.

[134] Shleifer A, Vishny R W. A Survey of Corporate Governance [J]. The Journal of Finance, 1997, 52 (2): 737-783.

[135] Shleifer A, Vishny R W. Large Shareholders and Corporate Control [J].

Journal of Political Economy, 1986, 94 (3): 461-488.

[136] Skeel D A. Shaming in Corporate Law [J]. University of Pennsylvania Law Review, 2001, 149 (6): 1811-1868.

[137] Skinner D J. Why Firms Voluntarily Disclose Bad News [J]. Journal of Accounting Research, 1994, 32 (1): 38-60.

[138] Solomon D, Soltes E. What are We Meeting for? The Consequences of Private Meetings with Investors [J]. The Journal of Law & Economics, 2015, 58 (2): 325-355.

[139] Soltani B. Timeliness of Corporate and Audit Reports: Some Empirical Evidence in the French Context [J]. The International Journal of Accounting, 2002, 37 (2): 215-246.

[140] Spence M. Job Market Signaling [J]. The Quarterly Journal of Economics, 1973, 87 (3): 355-374.

[141] Stulz R M, Williamson R. Culture, Openness, and Finance [J]. Journal of Financial Economics, 2003, 70 (3): 313-349.

[142] Sun B. Executive Compensation and Earnings Management Under Moral Hazard [J]. Journal of Economic Dynamics and Control, 2014 (41): 276-290.

[143] Tetlock P C, Saar-Tsechansky M, Macskassy S. More than Words: Quantifying Language to Measure Firms' Fundamentals [J]. The Journal of Finance, 2008, 63 (3): 1437-1467.

[144] Titman S, Trueman B. Information Quality and the Valuation of New Issues [J]. Journal of Accounting and Economics, 1986, 8 (2): 159-172.

[145] Tsui A S, Gutek B A. A Role Set Analysis of Gender Differences in Performance, Affective Relationships, and Career Success of Industrial Middle Managers [J]. The Academy of Management Journal, 1984, 27 (3): 619-635.

[146] Verrecchia R E. Discretionary Disclosure [J]. Journal of Accounting and Economics, 1983, 5 (1): 179-194.

[147] Verrecchia R E. Essays on Disclosure [J]. Journal of Accounting and Economics, 2001, 32 (1): 97-180.

[148] Westley B H. What Makes It Change? [J]. Journal of Communication, 2006 (26): 43-47.

[149] Whittred G P. Audit Qualification and the Timeliness of Corporate Annual Reports [J]. The Accounting Review, 1980, 55 (4): 563-577.

[150] Winter J P, Eyal C H. Agenda Setting for the Civil Rights Issue [J].

Public Opinion Quarterly, 1981, 45 (3): 376-383.

[151] Xiao G. Legal Shareholder Protection and Corporate R&D Investment [J]. Journal of Corporate Finance, 2013 (23): 240-266.

[152] Zang A Y. Evidence on the Trade-Off Between Real Activities Manipulation and Accrual-Based Earnings Management [J]. The Accounting Review, 2012, 87 (2): 675-703.

[153] Zhang X, Fuehres H, Gloor P A. Predicting Stock Market Indicators through Twitter "I Hope It is Not as Bad as I Fear" [J]. Procedia-Social and Behavioral Sciences, 2011 (26): 55-62.

[154] Zhang Z, Jin X, Yang Q, Zhang Y. An Empirical Study on the Institutional Factors of Energy Conservation and Emissions Reduction: Evidence from Listed Companies in China [J]. Energy Policy, 2013 (57): 36-42.

[155] Zhao Y, Chen K H, Zhang Y, Davis M. Takeover Protection and Managerial Myopia: Evidence from Real Earnings Management [J]. Journal of Accounting and Public Policy, 2012, 31 (1): 109-135.

[156] Zhao Y, Chen K H. Staggered Boards and Earnings Management [J]. The Accounting Review, 2008, 83 (5): 1347-1381.

[157] Zinko R, Ferris G R, Humphrey S E, Meyer C J, Aime F. Personal Reputation in Organizations: Two-Study Constructive Replication and Extension of Antecedents and Consequences [J]. Journal of Occupational and Organizational Psychology, 2012, 85 (1): 156-180.

[158] Zyglidopoulos S C, Georgiadis A P, Carroll C E, Siegel D S. Does Media Attention Drive Corporate Social Responsibility? [J]. Journal of Business Research, 2012, 65 (11): 1622-1627.

[159] 曹新伟，洪剑峭，贾琬娇．分析师实地调研与资本市场信息效率——基于股价同步性的研究［J］．经济管理，2015，37（8）：141-150.

[160] 曹越，胡新玉，刘文溪，张肖飞．媒体报道、市场化进程与高管薪酬［J］．中南财经政法大学学报，2016（3）：97-105.

[161] 晁罡，石杜丽，申传泉，王磊．新媒体时代企业社会责任对声誉修复的影响研究［J］．管理学报，2015，12（11）：1678-1686.

[162] 陈德球，雷光勇，肖童姝．Ceo 任期、终极产权与会计盈余质量［J］．经济科学，2011（2）：103-116.

[163] 陈冬华，胡晓莉，梁上坤，新夫．宗教传统与公司治理［J］．经济研究，2013，48（9）：71-84.

［164］陈红，杨鑫瑶，尹树森．媒体评价、声誉治理与投资者权益保护［J］．中南财经政法大学学报，2014（1）：104-112.

［165］陈克兢．媒体监督、法治水平与上市公司盈余管理［J］．管理评论，2017，29（7）：3-18.

［166］陈钦源，马黎珺，伊志宏．分析师跟踪与企业创新绩效——中国的逻辑［J］．南开管理评论，2017，20（3）：15-27.

［167］陈小林，孔东民．机构投资者信息搜寻、公开信息透明度与私有信息套利［J］．南开管理评论，2012，15（1）：113-122.

［168］程小可，李昊洋，高升好．机构投资者调研与管理层盈余预测方式［J］．管理科学，2017，30（1）：131-145.

［169］醋卫华，李培功．媒体监督公司治理的实证研究［J］．南开管理评论，2012，15（1）：33-42.

［170］醋卫华，夏云峰．声誉机制起作用吗——基于中国股票市场的证据［J］．财经科学，2012（10）：21-29.

［171］醋卫华．公司丑闻、声誉机制与董事会重构［J］．山西财经大学学报，2011，33（2）：76-83.

［172］戴亦一，潘越，陈芬．媒体监督、政府质量与审计师变更［J］．会计研究，2013（10）：89-95.

［173］戴亦一，潘越，刘思超．媒体监督、政府干预与公司治理：来自中国上市公司财务重述视角的证据［J］．世界经济，2011（11）：121-144.

［174］丁慧，吕长江，黄海杰．社交媒体、投资者信息获取和解读能力与盈余预期——来自“上证 E 互动”平台的证据［J］．经济研究，2018，53（1）：153-168.

［175］杜兴强，雷宇．上市公司年报披露的及时性：公司业绩与审计意见的影响［J］．财贸研究，2009，20（1）：133-139.

［176］杜兴强，周泽将．信息披露质量与代理成本的实证研究——基于深圳证券交易所信息披露考评的经验证据［J］．商业经济与管理，2009（12）：76-82.

［177］高洁，孔东民，王瑞敏．社会幸福度、媒体关注与企业社会责任［J］．浙江社会科学，2016（4）：79-89.

［178］龚光明，黄诗音．多元化经营、媒介功用与会计信息质量——来自中国上市公司的经验数据［J］．审计与经济研究，2014，29（4）：50-60.

［179］郭照蕊，黄俊．新闻媒体报道、高管薪酬与企业未来经营绩效［J］．中央财经大学学报，2018（6）：58-71.

［180］韩少真，潘颖，李辉，李辽宁．网络媒体关注、外部环境与非效率投资——基于信息效应与监督效应的分析［J］．中国经济问题，2018（1）：73-85.

［181］何贤杰，王孝钰，孙淑伟，朱红军．网络新媒体信息披露的经济后果研究——基于股价同步性的视角［J］．管理科学学报，2018，21（6）：43-59.

［182］何贤杰，王孝钰，赵海龙，陈信元．上市公司网络新媒体信息披露研究：基于微博的实证分析［J］．财经研究，2016，42（3）：16-27.

［183］胡芳．媒体负面报道对中小投资者保护的作用及其机理研究［D］．广州：华南理工大学，2015.

［184］胡军，王甄，陶莹，邹隽奇．微博、信息披露与分析师盈余预测［J］．财经研究，2016，42（5）：66-76.

［185］胡军，王甄．微博、特质性信息披露与股价同步性［J］．金融研究，2015（11）：190-206.

［186］黄海杰，吕长江，丁慧．独立董事声誉与盈余质量——会计专业独董的视角［J］．管理世界，2016（3）：128-143.

［187］黄辉．媒体负面报道、市场反应与企业绩效［J］．中国软科学，2013（8）：104-116.

［188］黄俊，李挺，李娟．新闻媒体的监督功能：基于上市公司并购事件的分析［J］．中国会计评论，2015，13（4）：431-452.

［189］黄雷，张瑛，叶勇．媒体报道、法律环境与社会责任信息披露［J］．贵州财经大学学报，2016（5）：71-79.

［190］黄琦星，温馨．广告支出、行业竞争与公司绩效［J］．管理学报，2018，15（12）：1838-1845.

［191］黄泽先，曾令华，江群，段忠东．信息揭示与资本市场效率——信息有效与配置有效［J］．经济学（季刊），2008（2）：665-684.

［192］姜付秀，黄继承．经理激励、负债与企业价值［J］．经济研究，2011，46（5）：46-60.

［193］姜凌，许润发．媒体监督、董事会结构与高管薪酬［J］．华南农业大学学报（社会科学版），2014，13（3）：97-106.

［194］姜文．从信息传递的视角看企业间知识共享过程的运行机理［J］．科技管理研究，2012，32（18）：151-154.

［195］蒋义宏，陈高才．缩短上市公司年报披露法定期限的可行性分析［J］．商业经济与管理，2007（4）：68-73.

［196］蒋义宏，湛瑞锋．未预期盈余、审计意见与年报披露及时性——来自

上海证券交易所上市公司年报的证据［J］．上海立信会计学院学报，2008（1）：46-57.

［197］鞠晓生．中国上市企业创新投资的融资来源与平滑机制［J］．世界经济，2013，36（4）：138-159.

［198］孔东民，刘莎莎，应千伟．公司行为中的媒体角色：激浊扬清还是推波助澜？［J］．管理世界，2013（7）：145-162.

［199］雷宇．诚信、亏损与年报披露的及时性［J］．财贸研究，2014，25（5）：130-137.

［200］李常青，陈泽艺，魏志华．媒体报道影响力对重组绩效的影响研究［J］．厦门大学学报（哲学社会科学版），2016（4）：96-106.

［201］李春涛，宋敏，张璇．分析师跟踪与企业盈余管理——来自中国上市公司的证据［J］．金融研究，2014（7）：124-139.

［202］李春涛，赵一，徐欣，李青原．按下葫芦浮起瓢：分析师跟踪与盈余管理途径选择［J］．金融研究，2016（4）：144-157.

［203］李明，叶勇，张瑛．媒体报道能提高公司的透明度吗？——基于中国上市公司的经验证据［J］．财经论丛，2014（6）：82-87.

［204］李明，叶勇．媒体负面报道对控股股东掏空行为影响的实证研究［J］．管理评论，2016，28（1）：73-82.

［205］李培功，沈艺峰．媒体的公司治理作用：中国的经验证据［J］．经济研究，2010，45（4）：14-27.

［206］李培功，徐淑美．媒体的公司治理作用——共识与分歧［J］．金融研究，2013（4）：196-206.

［207］李秋香．论守法的成本与效益［J］．兰州学刊，2005（3）：169-173.

［208］李思龙，金德环，李岩．网络社交媒体提升了股票市场流动性吗？——基于投资者互动视角的研究［J］．金融论坛，2018，23（7）：35-49.

［209］李维安，唐跃军，左晶晶．未预期盈利、非标准审计意见与年报披露的及时性——基于2000～2003年上市公司数据的实证研究［J］．管理评论，2005（3）：14-23.

［210］李小光，邱科科，周易辰．媒体关注、审计投入与审计质量——来自中国传媒上市公司的经验证据［J］．会计与经济研究，2018，32（3）：90-103.

［211］李晓慧，杨坤．媒体关注、审计意见与会计信息透明度研究［J］．中央财经大学学报，2015（10）：52-60.

［212］李焰，秦义虎．媒体监督、声誉机制与独立董事辞职行为［J］．财

贸经济，2011（3）：36-41.

［213］李焰，王琳．媒体监督、声誉共同体与投资者保护［J］．管理世界，2013（11）：130-143.

［214］连玉君，彭方平，苏治．融资约束与流动性管理行为［J］．金融研究，2010（10）：158-171.

［215］梁红玉，姚益龙，宁吉安．媒体监督、公司治理与代理成本［J］．财经研究，2012，38（7）：90-100.

［216］林振兴．网络讨论、投资者情绪与 Ipo 抑价［J］．山西财经大学学报，2011，33（2）：23-29.

［217］凌士显，白锐锋．媒体监督、董事会治理与保险公司代理成本——基于我国股份制保险公司经验数据的实证检验［J］．保险研究，2017（4）：91-101.

［218］刘海飞，许金涛，柏巍，李心丹．社交网络、投资者关注与股价同步性［J］．管理科学学报，2017，20（2）：53-62.

［219］刘启亮，李蕙，赵超，廖义刚，陈汉文．媒体负面报道、诉讼风险与审计费用［J］．会计研究，2014（6）：81-88.

［220］刘启亮，李祎，张建平．媒体负面报道、诉讼风险与审计契约稳定性——基于外部治理视角的研究［J］．管理世界，2013（11）：144-154.

［221］柳木华．大众传媒对会计舞弊的监督：一项经验研究［J］．证券市场导报，2010（8）：43-50.

［222］龙小宁，林菡馨．专利执行保险的创新激励效应［J］．中国工业经济，2018（3）：116-135.

［223］吕敏康，陈晓萍．分析师关注、媒体报道与股价信息含量［J］．厦门大学学报（哲学社会科学版），2018（2）：75-84.

［224］吕敏康，冯丽丽．媒体报道、职业能力异质性与审计质量［J］．审计研究，2017（3）：74-81.

［225］吕敏康，刘拯．媒体态度、投资者关注与审计意见［J］．审计研究，2015（3）：64-72.

［226］吕敏康，冉明东．媒体报道影响审计师专业判断吗？——基于盈余管理风险判断视角的实证分析［J］．审计研究，2012（6）：82-89.

［227］罗宏，张玮倩．媒体报道对高管薪酬的管制作用研究［Z］．重庆，2011.

［228］罗进辉．机构投资者持股、现金股利政策与公司价值——来自 2005~2010 年中国上市公司的经验证据［J］．投资研究，2013，32（1）：56-74.

［229］罗进辉．媒体报道的公司治理作用——双重代理成本视角［J］．金融研究，2012（10）：153-166.

［230］罗进辉．媒体报道与高管薪酬契约有效性［J］．金融研究，2018（3）：190-206.

［231］马壮，李延喜，王云，曾伟强．媒体监督、异常审计费用与企业盈余管理［J］．管理评论，2018，30（4）：219-234.

［232］孟庆斌，汪昌云，张永冀．媒体监督与控股股东侵占——一个理论框架［J］．系统工程理论与实践，2015，35（8）：1905-1917.

［233］孟志青，郑国杰，赵韵雯．网络投资者情绪与股票市场价格关系研究——基于文本挖掘技术分析［J］．价格理论与实践，2018（8）：127-130.

［234］莫冬燕，张颖．双重代理成本视角下微信媒体的公司治理作用研究［J］．郑州大学学报（哲学社会科学版），2017，50（5）：37-43.

［235］南晓莉．新媒体时代网络投资者意见分歧对 Ipo 溢价影响——基于股票论坛数据挖掘方法［J］．中国软科学，2015（10）：155-165.

［236］彭桃英，汲德雅．媒体监督、内部控制质量与管理层代理成本［J］．财经理论与实践，2014，35（2）：61-65.

［237］彭桃英，邱兆东．制度环境、媒体监督与审计质量［J］．财经论丛，2014（8）：60-69.

［238］平新乔，范瑛，郝朝艳．中国国有企业代理成本的实证分析［J］．经济研究，2003（11）：42-53.

［239］钱颖一．市场与法治［J］．经济社会体制比较，2000（3）：1-11.

［240］权小锋，吴世农．媒体关注的治理效应及其治理机制研究［J］．财贸经济，2012（5）：59-67.

［241］权小锋，吴世农．投资者关注、盈余公告效应与管理层公告择机［J］．金融研究，2010（11）：90-107.

［242］冉明东，贺跃．媒体关注、制度环境与审计收费［J］．中南财经政法大学学报，2014（3）：123-130.

［243］冉明东，王成龙，吕敏康．媒体治理对注册会计师收费的影响机理研究［J］．财经论丛，2016（3）：54-61.

［244］石研．中国财经媒体传播失灵现象研究［D］．武汉：武汉大学，2010.

［245］苏冬蔚，熊家财．股票流动性、股价信息含量与 Ceo 薪酬契约［J］．经济研究，2013，48（11）：56-70.

［246］孙鲲鹏，肖星．互联网社交媒体、投资者之间交流与资本市场定价效

率 [J]. 投资研究, 2018, 37 (4): 140-160.

[247] 孙艳梅, 方梦然, 阎晴云. 新媒体治理与股价崩盘风险研究 [J]. 商业研究, 2018 (9): 135-145.

[248] 谭劲松, 林雨晨. 机构投资者对信息披露的治理效应——基于机构调研行为的证据 [J]. 南开管理评论, 2016, 19 (5): 115-126.

[249] 谭松涛, 崔小勇. 上市公司调研能否提高分析师预测精度 [J]. 世界经济, 2015, 38 (4): 126-145.

[250] 谭松涛, 甘顺利, 阚铄. 媒体报道能够降低分析师预测偏差吗? [J]. 金融研究, 2015 (5): 192-206.

[251] 谭松涛, 阚铄, 崔小勇. 互联网沟通能够改善市场信息效率吗?——基于深交所"互动易"网络平台的研究 [J]. 金融研究, 2016 (3): 174-188.

[252] 唐斯圆, 李丹. 普通投资者关注度与股价崩盘风险——基于自媒体的研究 [J]. 投资研究, 2018, 37 (4): 38-56.

[253] 陶莹, 董大勇. 媒体关注与企业社会责任信息披露关系研究 [J]. 证券市场导报, 2013 (11): 20-26.

[254] 佟岩, 程小可. 关联交易利益流向与中国上市公司盈余质量 [J]. 管理世界, 2007 (11): 127-138.

[255] 汪方军, 常华, 罗祯. 公司绩效、财务风险与年报披露及时性的相关性研究——来自我国能源类上市公司的证据 [J]. 管理学报, 2008 (5): 769-772.

[256] 王冰, 潘琰. 新媒体披露对流动性的影响——来自微信的证据 [J]. 华东经济管理, 2017, 31 (10): 143-150.

[257] 王波, 吴倩, 叶勇. 媒体关注、市场化进程与企业社会责任履行——基于中国A股上市公司经验证据 [J]. 现代经济探讨, 2017 (7): 30-36.

[258] 王恩山, 戴小勇. 媒体监督、法律制度与代理成本 [J]. 财经问题研究, 2013 (7): 12-18.

[259] 王帆. 企业社会责任的媒体负面报道影响了会计信息质量吗 [J]. 财贸研究, 2016, 27 (3): 148-156.

[260] 王夫乐, 王相悦. 社会情绪是否会影响股市收益——来自新浪微博的证据 [J]. 山西财经大学学报, 2017, 39 (2): 35-46.

[261] 王卫星, 左哲. 网络新媒体信息披露对民营企业经营绩效的影响研究——基于中小板民营上市公司的实证分析 [J]. 湖南师范大学社会科学学报, 2018, 47 (1): 89-99.

[262] 王孝钰. 高调的"底气": 基于公司微博业绩披露的交易策略 [J].

上海财经大学学报，2016，18（4）：97-107.

［263］王亚平，刘慧龙，吴联生．信息透明度、机构投资者与股价同步性［J］．金融研究，2009（12）：162-174.

［264］王翊，许晓卉．媒体报道、制度环境与公司社会责任履行［J］．财经问题研究，2018（12）：129-136.

［265］魏明海，陈胜蓝，黎文靖．投资者保护研究综述：财务会计信息的作用［J］．中国会计评论，2007（1）：131-150.

［266］温军，冯根福．异质机构、企业性质与自主创新［J］．经济研究，2012，47（3）：53-64.

［267］温素彬，周鎏鎏．企业碳信息披露对财务绩效的影响机理——媒体治理的“倒U型”调节作用［J］．管理评论，2017，29（11）：183-195.

［268］吴超鹏，叶小杰，吴世农．媒体监督、政治关联与高管变更——中国的经验证据［J］．经济管理，2012，34（2）：57-65.

［269］吴德军．公司治理、媒体关注与企业社会责任［J］．中南财经政法大学学报，2016（5）：110-117.

［270］吴伟荣，郑宝红．签字注册会计师任期、媒体监督与审计质量研究［J］．中国软科学，2015（3）：93-104.

［271］吴璇，田高良，司毅，于忠泊．网络舆情管理与股票流动性［J］．管理科学，2017，30（6）：51-64.

［272］希勒．非理性繁荣［M］．北京：中国人民大学出版社，2016.

［273］夏冬林，李刚．机构投资者持股和会计盈余质量［J］．当代财经，2008（2）：111-118.

［274］肖淑芳，彭智佳，刘颖．媒体监督的公司治理作用——基于股权激励公司的经验研究［J］．北京理工大学学报（社会科学版），2014，16（1）：46-51.

［275］肖志超，张俊民．媒体负面报道与审计收费：基于事务所组织形式变更的视角［J］．财经理论与实践，2016，37（6）：74-80.

［276］谢江林，何宜庆，陈涛．中小高新技术企业R&D信息披露的信号传递模型研究［J］．科技进步与对策，2009，26（7）：83-86.

［277］熊熊，罗春春，张烨．股吧和交易：股吧中的信息内容研究［J］．系统科学与数学，2017，37（12）：2359-2374.

［278］徐静，葛锐，韩慧．自媒体传播渠道对内控缺陷披露市场反应的影响研究［J］．审计研究，2018（5）：113-120.

［279］徐莉萍，辛宇，祝继高．媒体关注与上市公司社会责任之履行——基

于汶川地震捐款的实证研究［J］. 管理世界，2011（3）：135-143.

［280］徐莉萍，辛宇. 媒体治理与中小投资者保护［J］. 南开管理评论，2011，14（6）：36-47.

［281］徐菱芳，陈国宏. 基于信号传递博弈的产业集群中小企业融资分析［J］. 中国管理科学，2012，20（4）：74-78.

［282］徐珊，黄健柏. 媒体治理与企业社会责任［J］. 管理学报，2015，12（7）：1072-1081.

［283］徐巍，陈冬华. 自媒体披露的信息作用——来自新浪微博的实证证据［J］. 金融研究，2016（3）：157-173.

［284］徐细雄，刘星. 放权改革、薪酬管制与企业高管腐败［J］. 管理世界，2013（3）：119-132.

［285］薛有志，吴超，周杰. 代理成本、信息不对称与 Ipo 前媒体报道［J］. 管理科学，2014，27（5）：80-90.

［286］杨德明，赵璨. 媒体监督、媒体治理与高管薪酬［J］. 经济研究，2012，47（6）：116-126.

［287］杨晶，沈艺峰，李培功. 网络负面舆论对高管薪酬公平与效率的影响［J］. 经济管理，2017，39（2）：117-134.

［288］杨晶，吴翠凤. 网络舆论压力对高管高薪酬的抑制作用研究［J］. 中国经济问题，2013（6）：97-106.

［289］杨世鉴. 媒体报道与分析师跟踪能够提高信息披露质量吗？——基于我国上市公司业绩预告的分析［J］. 中国注册会计师，2013（7）：72-77.

［290］杨宜，赵一林. 媒体类型、媒体关注与上市公司违规行为——基于倾向得分匹配法的研究［J］. 现代经济探讨，2017（12）：60-69.

［291］姚益龙，梁红玉，宁吉安. 媒体监督影响企业绩效机制研究——来自中国快速消费品行业的经验证据［J］. 中国工业经济，2011（9）：151-160.

［292］耀友福. 新闻媒体报道与内部控制意见购买［J］. 审计研究，2018（4）：111-119.

［293］叶德磊，姚占雷，刘小舟. 公司新闻、投资者关注与股价运行——来自股吧的证据［J］. 华东师范大学学报（哲学社会科学版），2017，49（6）：136-143.

［294］叶勇，李明，黄雷. 法律环境、媒体监督与代理成本［J］. 证券市场导报，2013（9）：47-53.

［295］叶勇，李明，张瑛. 媒体关注对代理成本的影响［J］. 软科学，2013，27（2）：45-49.

［296］伊志宏，姜付秀，秦义虎．产品市场竞争、公司治理与信息披露质量［J］．管理世界，2010（1）：133-141.

［297］尹美群，李文博．网络媒体关注、审计质量与风险抑制——基于深圳主板 a 股上市公司的经验数据［J］．审计与经济研究，2018，33（4）：24-33.

［298］尹美群，张继东，刘帆．社会化网络媒体关注与审计费用——基于微博媒体数据的分析［J］．科学决策，2016（11）：18-38.

［299］尹飘扬，熊守春．网络舆论压力、投资者保护和公司治理——基于股市异常停牌的经验证据［J］．经济体制改革，2017（2）：131-137.

［300］于忠泊，田高良，齐保垒，张皓．媒体关注的公司治理机制——基于盈余管理视角的考察［J］．管理世界，2011（9）：127-140.

［301］于忠泊，田高良，张咏梅．媒体关注、制度环境与盈余信息市场反应——对市场压力假设的再检验［J］．会计研究，2012（9）：40-51.

［302］余玉苗，张建平，梁红玉．媒体监督影响审计师的审计意见决策吗？——来自中国证券市场的实证证据［J］．审计与经济研究，2013，28（1）：26-36.

［303］袁锋，陈晓剑，朱宁．信号传递与 R&D 合作伙伴的选择［J］．中国软科学，2004（11）：110-113.

［304］袁振超，岳衡，谈文峰．代理成本、所有权性质与业绩预告精确度［J］．南开管理评论，2014，17（3）：49-61.

［305］曾颖，陆正飞．信息披露质量与股权融资成本［J］．经济研究，2006（2）：69-79.

［306］张纯，吴明明．媒体在资本市场中的角色：信息解释还是信息挖掘？［J］．财经研究，2015，41（12）：72-83.

［307］张横峰．媒体报道、会计稳健性与控制权私有收益［J］．江西社会科学，2017，37（3）：84-90.

［308］张建平，余玉苗．媒体监督影响审计定价吗——来自中国证券市场的初步证据［J］．山西财经大学学报，2013，35（3）：102-112.

［309］张俊民，肖志超．媒体监督是否能抑制高管薪酬过快增长？——基于 Psm 的再检验［J］．财经论丛，2016（9）：92-100.

［310］张俊民，张晓．经理管理防御、媒体监督与会计信息透明度——基于中国上市企业不同产权性质的研究［J］．财经理论与实践，2017，38（2）：66-73.

［311］张丽达，冯均科，陈军梅．媒体监督、内部控制与审计意见［J］．审计研究，2016（5）：73-81.

［312］张霖琳，刘峰，蔡贵龙．监管独立性、市场化进程与国企高管晋升机制的执行效果——基于2003~2012年国企高管职位变更的数据［J］．管理世界，2015（10）：117-131.

［313］张龙平，吕敏康．媒体意见对审计判断的作用机制及影响——基于新闻传播学理论的解释［J］．审计研究，2014（1）：53-61.

［314］张琦，郑瑶．媒体报道能影响政府决算披露质量吗？［J］．会计研究，2018（1）：39-45.

［315］张松孝．证券市场监管的成本收益分析［J］．证券市场导报，2014（1）：67-69.

［316］张维迎．法律制度的信誉基础［J］．经济研究，2002（1）：3-13.

［317］张玮倩，曲延英，郑迎飞．媒体负面报道能有效监督高管薪酬吗——基于薪酬替代视角的实证分析［J］．山西财经大学学报，2015，37（6）：69-81.

［318］张宗新，杨飞，袁庆海．上市公司信息披露质量提升能否改进公司绩效？——基于2002~2005年深市上市公司的经验证据［J］．会计研究，2007（10）：16-23.

［319］赵梅，祝娜，姚颐，王芳．新媒体对审计师意见决策影响研究——以新浪微博为例［J］．系统工程理论与实践，2017，37（7）：1805-1819.

［320］郑志刚，丁冬，汪昌云．媒体的负面报道、经理人声誉与企业业绩改善——来自我国上市公司的证据［J］．金融研究，2011（12）：163-176.

［321］郑志刚．法律外制度的公司治理角色——一个文献综述［J］．管理世界，2007（9）：136-147.

［322］周冬华，赵玉洁．微博信息披露有利于降低股价同步性吗？［J］．当代财经，2016（8）：109-120.

［323］周开国，应千伟，钟畅．媒体监督能够起到外部治理的作用吗？——来自中国上市公司违规的证据［J］．金融研究，2016（6）：193-206.

［324］周兰，耀友福．媒体负面报道、审计师变更与审计质量［J］．审计研究，2015（3）：73-81.

［325］周兰，耀友福．媒体监督、审计契约稳定性与审计质量［J］．外国经济与管理，2015，37（7）：58-73.

［326］周兰，耀友福．媒体监督、审计师变更与审计意见购买［J］．管理工程学报，2018，32（2）：159-170.

［327］朱学义，谭雪萍．媒体监督、非效率投资与企业价值——来自中国制造业上市公司的证据［J］．南京审计学院学报，2014，11（6）：43-51.